日系多国籍企業の
財務戦略と取引費用

金融子会社，移転価格，タックス・ヘイブンをめぐって

王　忠毅
Chung I, Wang

九州大学出版会

はしがき

　本書は，平成12年に筆者が九州大学大学院に提出した博士号学位論文，「日系多国籍企業の財務戦略と取引費用―金融子会社，移転価格，タックス・ヘイブンをめぐって―」がベースとなっている。

　筆者は1990年4月に交流協会(日本・台湾断交後の日本の台湾窓口)の奨学生として来日，翌年九州大学大学院経済学研究科丑山優教授の研究室に入り，1997年4月に西南学院大学で教鞭を執るようになった。

　筆者が研究者の道を歩んできたきっかけは兵役時代にさかのぼる。台湾には，徴兵制があるため男性全員が軍隊に入る義務(2～3年間)が課されている。この兵役時代，夜の短い休憩時間を利用して基地の近くにあるYMCAの日本語教室に通い始めた。ある程度日本語力を身につけたため，除隊後は日本製の食品機械を扱う商社に入社し，日本のことを知る機会を得た。そこで1年間働いて「何故日本の企業が強いのか，何故厳しい国際競争のなかでトップの地位を維持できるのか，そして日本はどのような国なのか」という極めて素朴な疑問と好奇心を抱き，日本へ留学したいと強く思うようになった。その当時，経済的な問題から留学の実現は困難と思われたが，運良く交流協会の留学試験に合格し，友人の紹介で九州大学の研究生として丑山教授にお世話になることになった。

　丑山研究室で経営財務を学んでいた頃は，日本企業による海外直接投資が最も盛んな時期であったこともあり，日本企業の国際財務戦略に大きな関心を持つようになった。

　国際財務戦略に関する研究を進めるにつれて，これまでに企業の財務問題を説明するために開発された多くの理論は証券ポートフォリオ投資(間接投資)の問題を説明するためには有効であるが，海外直接投資の財務行動を説明するには不十分ではないかという問題意識を持つようになった。というのは，海外直接投資の財務活動は証券ポートフォリオ投資活動とは本質的に異なるものだか

らである。海外直接投資の財務活動は，証券投資のように主にリスクとリターンの変化に基づいた資金の流れだけではなく，投資先子会社の経営支配にともなって実物市場での財の取引を媒介とした資金の移動を中心としたものである。したがって，海外直接投資にかかわる財務行動を説明するためには，金融・資本市場という理論的な枠組みの中で，特に財の取引にかかわる経済理論をも組み入れる必要があるのではないかと考えた。本書は，筆者がこうした問題意識のもとで行ってきた研究をまとめたものである。

なお，本書収録の多くは，筆者の既発表の論稿によっている。初出を列挙すれば以下の通りであるが，多くは大幅に修正・加筆したものである。

第3章 「多国籍企業の移転価格戦略―資金調達の側面を中心として―」『九州経済学会年報』，34集，1996，31-37頁。
第4章 「多国籍企業の移転価格戦略―法人税率の国際的格差問題―」『経済論究』，第93号，九州大学大学院経済学会，1995，1-23頁。
第5章 「日本の海外金融子会社による資金調達の効率性に関する実証分析―グループ金融を中心として―」『商学論集』，第44巻第3・4号，西南学院大学，1998，275-292頁。
第6章 「海外直接投資における資金調達戦略―海外金融子会社のモデル分析―」『経済論究』，第88号，九州大学大学院経済学会，1994，1-25頁。
第7章 「日本企業の海外直接投資の資金調達とその支配戦略に関する考察―海外金融子会社の再評価―」『経済論究』，第87号，九州大学大学院経済学会，1993，313-337頁。
第8章 「タックス・ヘイブンの利用による節税効果」『商学論集』，第46巻第3・4合併号，西南学院大学学術研究所，2000，245-262頁。
補　章 「日本企業の海外金融子会社の為替リスクヘッジ機能について」『九州経済学会年報』，37集，1999，11-18頁。

本書の出版にあたっては，平成14年度科学研究費補助金「研究成果公開促進費」の交付を受けた。本書を執筆する過程で，特に大学院時代の指導教官・丑

山優教授からのご指導がなければ，本書を世に問うことは不可能であった。また，学位指導委員会において同じく九州大学の徳永正二郎教授，塩次喜代明教授に適切な助言をいただき，お世話になった。ここに深く感謝申し上げたい。そして，九州大学出版会の藤木雅幸，二場由起美の両氏，煩雑な校正作業をしてくれたゼミ生の吉田絵理さんには，大変にお世話になった。心から感謝申し上げたい。

　今年は来日12年目にあたるが，娘の恬文と息子の孝文は土・日でも研究室にこもった父親に何も不平不満をいわないばかりか，その無邪気な笑顔は教育・研究上のストレスの癒しとなった。最後に，本書を，人生最良のパートナーとして常に協力をしてくれた妻・貞月，筆者の研究活動を支えてくれた台湾にいる兄弟，十分に面倒をみれない台湾にいる両親に謝意を込めて捧げたい。

　　2002年7月19日　西南学院キャンパスの松林を望む研究室にて

　　　　　　　　　　　　　　　　　　　　　　　　　　王　忠毅

目　　次

はしがき i

序　章　本書の分析視角と構成 3

　はじめに 3
　I.　日系多国籍企業の財務戦略 4
　　(1)　日本の国際財務戦略——90年代中葉までの10年間の動向——　4
　　(2)　国際財務戦略と取引費用　7
　II.　本書の分析視角と構成 10
　　(1)　分析視角　10
　　(2)　本書の構成　11

第1章　日系多国籍企業の財務戦略の発展とその特徴 15
　　　　——1980～90年代中葉まで——

　はじめに 15
　I.　国際財務を取り巻く環境 16
　　(1)　為替相場の急激な変化　16
　　(2)　国際金融・資本市場の発展とその積極的な利用　17
　　(3)　世界各国の租税問題　19
　II.　80年代以降の日本企業財務システムの進展 20
　　(1)　財務活動の国際化と資金調達の多様化　20
　　(2)　資金移動の複雑化　22
　　(3)　進出先立地の選択による節税対策　23
　III.　80～90年代中葉までの財務行動の重要な特徴 26
　　(1)　国際事業活動の拡大に伴う金融拠点の設置　26

  (2) 企業内貿易の拡大に伴う移転価格調整問題　29
  (3) 急増したタックス・ヘイブンへの進出　35
 むすび 37

第2章　金融子会社，移転価格，タックス・ヘイブンの基本的仕組みとその総合的活用 39

 はじめに 39
 I. 日本企業による海外金融子会社の利用 40
  (1) グループ金融タイプ金融子会社利用の仕組み　40
  (2) 日本企業による金融子会社の利用　42
 II. 移転価格（transfer price）戦略 47
  (1) 移転価格設定の仕組みおよびその問題点　48
  (2) 日本企業の移転価格設定　50
 III. タックス・ヘイブンの利用 53
  (1) タックス・ヘイブン利用の仕組み　54
  (2) 日本企業によるタックス・ヘイブン利用の現状　56
 むすび 59
  ――金融子会社，移転価格およびタックス・ヘイブンの総合的運用――

第3章　多国籍企業の移転価格戦略による財務的効果 63
  ――資金調達の側面を中心として――

 はじめに 63
 I. 移転価格設定に対する為替相場の影響 64
 II. 移転価格設定による資金調達効果 67
 III. 移転価格戦略による資金調達効果の意義 71
 IV. 日系多国籍企業の移転価格戦略――30社のケース―― 73
 むすび 77

第4章　多国籍企業の移転価格戦略の財務的合理性 79
　　──法人税率の国際的格差問題──

　はじめに 79
　　I.　企業価値と移転価格戦略との関連性 81
　　II.　多国籍企業の移転価格分析 86
　　III.　移転価格戦略の財務的意義 96
　むすび 99

第5章　日本の海外金融子会社による資金調達の効率性 101
　　──グループ金融を中心として──

　はじめに 101
　　I.　バブル崩壊前とその後の海外金融子会社 102
　　II.　海外金融子会社による資金調達の効率性──実証分析── 106
　　　（1）サンプル企業とデータ　107
　　　（2）両グループの資金調達利子率の平均値の検定　109
　　　（3）回帰分析　110
　むすび 115

第6章　海外直接投資の資金調達戦略 117
　　──海外金融子会社を設立するための意思決定──

　はじめに 117
　　I.　海外金融子会社による資金調達の意思決定式の導出 118
　　　（1）概念規定　118
　　　（2）問題の視角　120
　　　（3）モデル　121
　　II.　金融子会社の利用と企業全体の利益最大化 130
　　III.　海外金融子会社の特殊優位性 134
　むすび 136

第 7 章　海外直接投資における海外金融子会社の役割 ……………… 139
　　　　　——海外金融子会社の再評価——

　はじめに ……………………………………………………………………… 139
　　I．海外直接投資の資金調達 ……………………………………………… 140
　　　(1) 自己資金による設備投資資金調達　140
　　　(2) 現地邦銀への高い依存度　143
　　II．経営支配権の維持と資金源の確保とのジレンマ ………………… 145
　　　(1) 海外子会社に対する経営支配権確保の重要性　145
　　　(2) 金融機関による会社経営への影響　146
　　　(3) 経営支配権の維持と資金源の確保とのジレンマ　148
　　III．支配権維持と資金源確保とのジレンマにおける
　　　　海外金融子会社の役割 ……………………………………………… 148
　　　(1) オランダにおける金融子会社による資金調達　150
　　　(2) 金融子会社による内部金融市場の創出　152
　　　(3) 海外金融子会社の再評価　155
　むすび ………………………………………………………………………… 159
　資　　料 ……………………………………………………………………… 161

第 8 章　タックス・ヘイブンの利用による節税効果 …………………… 165
　はじめに ……………………………………………………………………… 165
　　I．タックス・ヘイブンの利用状況およびその財務効果 ……………… 166
　　II．実証分析 ……………………………………………………………… 167
　　　(1) サンプル企業とデータ　167
　　　(2) 両グループの連結納税状況に関する平均値検定　168
　　　(3) 回帰分析　170
　むすび ………………………………………………………………………… 176

第9章　金融子会社，移転価格，タックス・ヘイブンの
　　　　経済的意義——取引費用の節減を中心として—— 177
　はじめに 177
　　Ⅰ．国際財務戦略と取引費用の概念 178
　　　(1) 取引費用の概念　178
　　　(2) 国際財務戦略と取引費用　186
　　Ⅱ．海外直接投資の財務活動に関する追加的なコスト 187
　　　(1) 異なる税制による追加的な税負担　188
　　　(2) 複数通貨の使用による追加的な費用　188
　　　(3) 進出先の政府規制や文化の違いによる追加的な費用　190
　　　(4) 相違する金融・資本市場の使用による追加的な費用　191
　　Ⅲ．取引費用の節減と財務システムの一元的管理体制 194
　　　(1) 移転価格戦略　194
　　　(2) 海外金融子会社の設立　196
　　　(3) タックス・ヘイブンの利用　198
　　　(4) 取引費用の節減と一元的管理体制の形成　199
　むすび 202

補　章　海外金融子会社の為替リスク・ヘッジ機能 205
　はじめに 205
　　Ⅰ．日本企業の為替リスク対策 205
　　　(1) これまでの為替リスク対策　206
　　　(2) これからの為替リスク対策(1998年4月以降)　207
　　Ⅱ．海外金融子会社の為替決済機能 208
　　Ⅲ．ネッティング・システムの仕組みとその効果 210
　　　(1) 基本的な仕組み　210
　　　(2) 財務的効果　213
　　　(3) 事例——NECの金融子会社によるネッティング・システム　214
　　　(4) ネッティング・システムにおける金融子会社の役割　216

むすび	217
参考文献	219
索　引	225

日系多国籍企業の
財務戦略と取引費用

——金融子会社，移転価格，タックス・ヘイブンをめぐって——

序章　本書の分析視角と構成

はじめに

　戦後，日本の海外直接投資は1951年に商社の米国法人設立の許可があったのがその嚆矢であった。周知のように，日本において1969年10月から5回の段階的自由化措置を経て，さらに1980年の外為法改正と1984年の為替省令改正および翌年のプラザ合意による急激な円高を契機として海外直接投資は飛躍的に増加してきている。日本企業による海外直接投資は1980年代の後半以降大幅に増加し，国際収支ベースで1990年に480億ドル，届出ベースで1989年度に675億ドルとそれぞれ過去最高を記録した。

　特に1980年代後半以降の海外直接投資の急増は日本企業の国際財務戦略に大きなインパクトを与えてきている。具体的に，1970年代までに構築された日本企業の海外直接投資の財務戦略は主に日本に本拠を置いている親会社を中心としたものであった。1980年代の後半になると，日本企業の急速な海外進出にともなう海外生産の進行と海外子会社の規模の急拡大，金融の自由化と国際化，為替管理の撤廃，為替実需原則の廃止などを背景に企業グループ全体の国際資金調達が活発化し，国際資金管理などの財務の高度な技法が大きなテーマに成長してきている。その中で，特に海外直接投資におけるグループ企業の資金調達，グループ全体の租税戦略および為替リスクの問題を含む国際財務戦略は重要な課題になってきている。

　また，国際財務戦略について，外債発行による資金調達，為替リスク対策や租税戦略などの個別の部分およびその技法はすでに多くの研究がなされてきた。しかし，今日に至っては，為替リスク管理，租税戦略，グローバルな資金調達などといった国際財務戦略の部分解を求めてそれで善しとできる段階ではなくなっている。これから，むしろ親会社および国内外子会社を含む企業グループ全体を視野にその財務戦略をいかにして再構築し，そして何よりも重要なこと

は海外直接投資にかかわる財務活動全般を同時に考慮に入れた総合的かつ整合性のある国際財務戦略の枠組みをいかにして構築するかということである。

特に1980年代後半から，海外直接投資を急速なテンポで行っている日本企業にとって，資金調達の効率化，国際租税戦略および為替リスク対策などの国際財務問題は企業の財務管理の核心となってきている。また，この時期に日本企業の企業財務活動は特に次のような顕著な変化がみられている。すなわち，財務活動の国際化と資金調達の多様化，資金移動の国際化と複雑化，進出先立地の選択による節税対策などが挙げられる。こうした財務活動の変化に関する具体的な特徴についてはしばしば次の三つの動きがみられる。具体的に，①国際事業活動の拡大にともなう企業内金融拠点の設置，②企業内貿易の拡大にともなう移転価格の調整，③タックス・ヘイブンへの進出の急増，といった三つの動きである。したがって，本書の分析対象は，特に1980年代から1990年代中葉[1]にかけての日系多国籍企業の財務戦略において，主に海外金融子会社，移転価格戦略およびタックス・ヘイブンの利用に関する問題である。

以下では，まず，1980年代から1990年代中葉にかけての日本企業の国際財務戦略の特徴的な動きおよびその経済的意義に注目しながら，概観を明らかにする。そしてIIでは本書の分析視角および構成が提示される。

I. 日系多国籍企業の財務戦略

(1) 日本の国際財務戦略——90年代中葉までの10年間の動向——

日本企業は1980年代から海外直接投資による企業活動のグローバル化を積極的に進めてきた。その結果，傘下の海外子会社や関連会社が急速に増加した。したがって，事業活動がグローバル化しつつある日本企業の事業戦略は，従来

---

[1] およそ1990年代中頃以降，日系多国籍企業の財務戦略は，急速に展開された世界経済の統合，日本版ビッグバンの推進，アジア通貨危機など様々な要素による経済環境の激変に大きな影響を受けてさらに大きな変貌を遂げようとしている。しかしこれらの新たな問題を分析・解明するためには更なる議論，そして観察する時間を必要とする。したがって，特に1990年代中頃以降の日系多国籍企業の財務戦略に関する問題を検証することは今後に残された課題である。

の本社重視から企業グループ全体の重視に転換せざるを得なくなり，海外子会社にかかわる資金調達，租税戦略，為替リスク管理などをグループ全体の視野から一元的に管理する必要性が迫ってきている。こうした変化の流れの中で，日本企業の海外直接投資にかかわる財務戦略には少なくとも前述した三つの顕著な動きがみられる。すなわち，海外金融子会社の設立，移転価格戦略およびタックス・ヘイブンの利用である。

特に1980年代以降急速に増加した海外子会社の資金ニーズおよび資金の国際的な移動に対応するために多くの日本企業は海外でグループ融資，あるいは国際租税戦略を目的とする海外金融子会社などを設立してきた。具体的には，グループ全体の資金調達コストの最小化や国際間での資金移動にともなう利子源泉税の最小化，低税率国への利益留保の促進のための移転価格設定の在り方などの検討・立案が，これらの金融子会社の役割となっており，また自らもその受け皿となって活動している[2]。

日本において海外金融子会社の利用は歴史的にまだ浅く，本格的に利用されたのはおよそ1980年代からであり，また少数の大企業に限られている。アメリカでは金融子会社の歴史は比較的に古く，1920年代までさかのぼることができる。そして，アメリカでは Finance Company というとき，金融サービス業，特に消費者信用，リース業に従事する金融会社と定義づけられることが多い。しかし，金融子会社は商業銀行と異なり，預金業務を行うことができず，その意味でノンバンクである。前述したように，日本では，1980年代に入ってから海外直接投資の急増による企業のグローバル化，金融自由化の進展，各種規制の緩和による金融商品の拡大（例えば，1986年の CP 解禁など）は事業会社の企業財務の在り方を大きく変えた。こうした背景のもとで設立された海外金融子会社の業務内容は主に次の四つに大別される。すなわち，① グループの海外現地法人向け融資，② 本社あるいはグループ内の余資運用，③ 貿易金融，④ グループ企業の為替の集中決済・管理である。つまり，アメリカ企業の金融子会社が金融サービス型とすれば，日本企業のそれはグループ全体を中心とする財務機能の統合型といえよう。そして特に日本企業の場合においてグループ融資

---

[2] 詳しくは大庭清司・山本功 [1994]，164～193 頁を参照されたい。

型の海外金融子会社はその大半を占めている。

　海外直接投資における財務戦略のもう一つ重要な特徴は移転価格戦略である。移転価格の設定について，一般的に多国籍企業は海外子会社との取引を通じて利益や資金をより政情の安定した国，為替管理の自由な国，あるいは税率の低い国に移転することによって，企業全体の利益最大化を追求するインセンティブを有する。特に1980年代後半以降，日本企業の海外直接投資の急増にともない，日本企業はグループ企業間の取引価格を設定することにより利益や資金を海外や国内の特定の企業に移転するインセンティブがさらに高まっていくと思われる。そして近年の日米租税摩擦は特にこの問題を如実に反映している。またこの移転価格問題は近年の日本の国際課税の分野においても重要になってきている[3]。周知のように，多国籍企業による移転価格戦略に関する具体的な資料を入手するのは極めて困難である。しかし，移転価格戦略の主なルートの一つである企業内貿易に関する報告書から多国籍企業の財務戦略における移転価格戦略の重要性の一端が窺える。米議会の調査機関である議会技術評価局（OTA）は米国内の日系多国籍企業による企業内貿易が欧州系企業などと比べて極めて異質であるとする調査報告書を発表した[4]。同報告書によれば，日系企業では本国から米現地工場への部品材料の企業内輸出が著しく多い。そして1992年の米欧間と日米間の企業内貿易の規模は1,000億ドル弱でほぼ同額である。しかし，日米間では日本の親会社から米子会社への輸出がおよそ600億ドルに達し，日米間の企業内貿易全体の半分以上を占めている。これに対し，米欧間では欧州内の親会社からの対米輸出はおよそ400億ドルである。つまり，この日本企業の企業内貿易の高い割合からみれば，移転価格の設定は日本企業にとって極めて重要な財務戦略であると考えられる。

　日本企業によるタックス・ヘイブンの利用は特に海外直接投資の増加にともなって急増している。例えば，1986年度の日本企業の海外直接投資上位10ヵ国の中で，タックス・ヘイブンである国や地域はその半分以上をも占めている。1987年度における日本企業のパナマ向け直接投資だけでは，許可・届け出ベー

---

[3] 日本では1986年3月に税制改正において移転価格税制が導入された。
[4] 日本経済新聞，1994年10月19日。

スの新規投資額が24億ドルで，当該年度の日本の海外直接投資総額の10.8％にも達している。つまり，タックス・ヘイブンの利用は日本企業の海外直接投資の財務戦略においてすでに定着していると考えられる。

前述したように，海外金融子会社の利用および移転価格戦略は特に日本の多国籍企業の海外直接投資の重要な財務戦略である。しかし，ここで注意すべきことはこの二つの戦略の共通点はタックス・ヘイブンを利用しているということである。タックス・ヘイブンは金融子会社を通じた資金調達行動に最小の調達コスト機会，移転価格戦略に最善の移転ルートを提供する重要な役割を果たしている(これについては第2章と第8章で詳しく議論する)。それによって多国籍企業は最も効率的な財務戦略を達成することできると考えられる。

(2) 国際財務戦略と取引費用

企業は一旦国境を越えて事業活動を行うと国内企業と比べて必然的に様々な追加的な費用を負担しなければならない。例えば，企業が海外直接投資を行う際には明らかに税率の格差，為替リスク，現地政府の規制および利子率の格差などから生じる追加的なコストに直面することになる。これらの追加的な費用は国内企業にとって存在しなく，グローバルな市場を利用することによるものであるため一種の取引費用として捉えることができる。利子率の格差を例としてみてみると，たとえ各国の利子率がそれぞれの国内通貨需要量によって決定されるというメカニズムが完全に機能しているとしても，グローバルな市場が完全に統合されていない限り，多国籍企業は依然として「複数の完全市場（＝世界的に分断された市場）」に直面し，国際的な利子率の格差による余分な費用を負担しなければならない。そして，多国籍企業の財務担当者は何らかの対策を打ち出してこれらの余分な費用を削減しなければならない。以下では，単純化のために多国籍企業の資金調達の問題を例として幾つかの仮定を用い，株主の利益に対する取引費用の影響をみてみる。

まず，全額自己資本の企業は新たな投資案による旺盛な資金需要に対して内部資金の不足分を補うために負債を導入すると仮定する。投資案に対する所要資金を I とし，その資金需要に対する負債比率を q とする。まず，税引後株主資本利益率 ρ は (1) 式のように表すことができる。

$$\rho = \frac{(\tilde{X} - I - R)(1-t)}{S} \tag{1}$$

ただし，$X=$ 企業収益(確率変数)，$I=$ 投資金額，
$R=$ 資金調達コスト，$S=$ 株式時価総額，$t=$ 法人税率

特に多国籍企業の資金調達コストは為替相場，各国の利子率および世界各国の税率などの影響を受けるため[5]，資金調達コスト R は (2) 式のように分解されることができる。

$$R = T(Iq, f, \lambda, M) + r(\lambda)Iq \tag{2}$$

ただし，$T(Iq, f, \lambda, M) =$ 取引費用，$f=$ 各国の為替相場，$\lambda=$ 各国の利子率，$M=$ 手数料や各国市場規制，$r(\lambda) =$ 調達利子率

(2) 式を (1) 式に代入することによって税引後株主資本利益率 ρ は (3) 式のように書き換えられる。

$$\rho = \frac{[\tilde{X} - I - T(Iq, f, \lambda, M) - r(\lambda)Iq](1-t)}{S} \tag{3}$$

(3) 式を $T(q)$ により偏微分することによって (4) 式という関係が得られる。

$$\frac{\partial \rho}{\partial T(q)} = \frac{\partial \rho}{\partial q} \cdot \frac{\partial q}{\partial T(q)}$$

$$\Rightarrow \because \frac{\partial \rho}{\partial q} < 0, \quad \frac{\partial q}{\partial T(q)} > 0$$

$$\Rightarrow \because \frac{\partial \rho}{\partial T(q)} < 0 \tag{4}$$

(4) 式からわかるように，企業収益を所与とすると，資金調達にともなう取引費用は株主資本利益率を引き下げるように作用することがわかった。しかし，現実的には，企業は事業活動を行う際，すべての資金需要を株主資本で賄うのは限界があると考えられる。つまり，負債調達にともなう取引費用の支出は避けて通れないのである。そこで，企業は，金融・資本市場を通じて資金を調達

---

[5] これについては第9章で詳しく議論することにする。

しようとすればこの取引費用の削減策を講じなければならない。図1は取引費用の削減と株主資本利益率との関係を示したものである。

まず，企業の資金調達取引費用関数を T_1 としよう。そして T_1 に対応する株主資本利益率は ρ_1 となる。いま，企業は何らかの財務戦略や手法で取引費用関数を T_1 から T_2 までに引き下げることができるとすれば，直線 T_1 は直線 T_2 にシフトすることになる。例えば，企業はユーロ市場で日本の国内市場より低い手数料や緩やかな市場規制で資金を調達する，あるいはより効率的な資金調達ネットワークや情報システムを構築することによってより低い取引費用で資金を調達することができると考えられる。

つまり，企業は相対的に高い取引費用の市場から低い取引費用の市場へシフトする，あるいはその取引費用を何らかの方法で削減することができるとすれば，企業の期待収益および資金需要が一定とすると，T_2 に対応する株主資本利益率は ρ_1 から ρ_2 まで引き上げられる。また，企業は株主資本利益率を ρ_1 に維持するならば，取引費用関数が T_2 にシフトすることによって企業はより多くの資金（$q_2 - q_1$）を調達でき，より多くの投資案件を行うことができる。したがって，金融・資本市場の不完全性による資金調達の取引費用は企業の財務

図1　取引費用の削減と株主資本利益率との関係

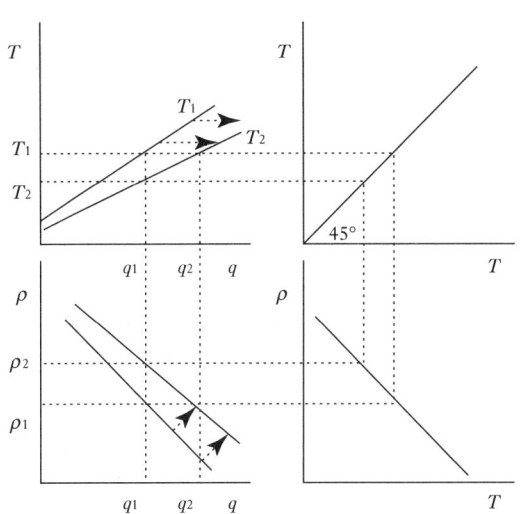

戦略において決して無視できるものではない。特に多数の海外子会社を有する資金需要の旺盛な多国籍企業にとって，取引費用削減策は企業財務において重大な問題である。

次節では，本書の分析視角およびその構成について述べる。

II. 本書の分析視角と構成

(1) 分析視角

多国籍企業が海外直接投資を行う際にその財務活動は国内企業と比べて少なくとも四つの問題(これについては第9章で詳しく議論を行う)に直面する。すなわち，異なる税制，複数通貨の使用，進出先の政府規制や文化の違いそして相違する金融・資本市場の利用である。多国籍企業は国内企業と比べてこの四つの外部環境要素による追加的な費用を負担せざるをえない。実際に，多国籍企業による海外直接投資にともなう国際的な資金の流れはしばしばこの四つの要素によって減少したり，あるいは阻害されたりする。具体的な阻害要因として，国際的な税率の格差による余分な税負担，複数通貨の使用による為替リスク，進出先の政府規制や文化の違いによる追加的な費用の発生，そして相違する金融・資本市場の利用による余分なコストや追加的な利子費用の支払いなどが挙げられる。したがって，多国籍企業は，利子率および税率の国際的格差，政府による為替管理，変動為替相場などの不完全性によって特徴づけられた世界で事業活動を行わなければならないため，上述した幾つかの問題がもたらす追加的なコストの負担を軽減，あるいは回避するために様々な方策を必要としているのである。

前述したように，1980年代後半から急増した日本企業の海外直接投資の財務戦略は少なくとも三つの顕著な動きがある。ここで問題となるのは，海外直接投資の急速な増加にともなって何故前述した三つの財務戦略がよく利用されているのか，多国籍企業にとってこれらの財務戦略は前述した追加的なコストの軽減や回避につながるのかということである。

本書の主な目的はこうした素朴な問題意識から出発して海外直接投資の財務戦略の特徴という現象面を取り上げ，特に取引費用節減の観点に基づいて1980

年代から 1990 年代中葉にかけて日系多国籍企業の三つの財務戦略を分析することによってその性質およびその合理性を明らかにし，さらにその経済的な意義を明確にすることにある。

(2) 本書の構成

本書の主な内容は次の通りである。

第 1 章	日系多国籍企業の財務戦略の発展とその特徴
第 2 章	金融子会社，移転価格，タックス・ヘイブンの基本的仕組みとその総合的活用
第 3～4 章	移転価格戦略について
第 5～7 章	海外金融子会社の利用について
第 8 章	タックス・ヘイブンの利用による節税効果
第 9 章	金融子会社，移転価格，タックス・ヘイブンの経済的意義
補 章	海外金融子会社の為替リスク・ヘッジ機能

第 1 章では，まず日本企業の海外事業活動が最も活発な 1980 年代から 1990 年代中葉までの財務環境ないし国際財務システムの発展を検討する。この検討を通じて，およそこの 10 年間における日系多国籍企業の国際財務戦略の特徴的な動きを抽出し，本書の分析視角を確認する。

第 2 章では，海外金融子会社の利用，移転価格戦略およびタックス・ヘイブンの利用に関する問題について，その仕組みおよび日本企業によるこれらの戦略の実際の利用状況を考察する。この考察によって今後の日本企業のグループ全体としての財務戦略のあり方を提示し，この時期における日系多国籍企業の三つの顕著な財務行動を再確認する。

第 3 章では，多国籍企業の移転価格設定による財務的効果，特に資金調達側面に焦点を合わせて議論を展開する。具体的に，Horst [1971] の移転価格モデルに為替変動リスクおよび資金調達利子率という二つのファクターを組み入れてモデルを拡張する。このモデルの拡張を通じて，多国籍企業が移転価格を調整することによって二重の資金調達効果を得られる可能性が存在するということを証明する。この証明を通じて多国籍企業は市場の不完全性への対応策として移転価格設定を利用することによって金融・資本市場の不完全性による追加

的な費用を回避することができ，そして最後に日本企業が資金や利益を日本にトランスファーするインセンティブを有するということを明らかにする。

第4章では，特に法人税率の国際的格差という市場の不完全性に焦点を合わせて多国籍企業の財務における移転価格戦略の合理性について議論を展開する。具体的に，Senbet [1979] の二国間国際 CAPM モデルを多国間モデルに拡張することによって多国籍企業内部の資金移転を含んだ移転価格設定と企業グループ全体の税引後利益およびそれと企業価値との関連性を確認する。さらにモデルを拡張することによって税率の高い国における多国籍企業のグループ企業間の利益調整と資金調達比率との関係式を導出する。それによって，移転価格設定は企業全体の税引後利益を最大化するだけではなく，国際的な投資家の立場からみてもそれが企業価値を高めるような行動にもなるということを明らかにする。また，第4章では，移転価格戦略が多国籍企業全体の投資，資金調達の立地政策によって左右されているため，多国籍企業全体の資金調達および租税戦略の効率性を達成するためにいわゆる最適移転価格を設定する中央計画財務という概念が必要であることを明らかにする。

第5章では，特に海外金融子会社の資金調達効率性について検証する。1980年代後半，金融子会社を設立することが一時的にブームとなった。バブルの崩壊にともなってその主な機能も大きな変化をみせている。具体的に，バブルの崩壊にともなって金融子会社の事業内容については，バブル期と比較すると業務内容において「資金運用」が減少するのに対し，「グループ融資」が増加しているケースが目立っている。第5章では特にグループ融資型の海外金融子会社を有する企業とそれを有しない企業それぞれ30社の連結財務データに基づいてグループ全体の資金調達利子率に対する海外金融子会社の影響を統計的に検証する。この分析によって，グループ融資型の海外金融子会社の活用がグループ全体の資金調達利子率を引き下げる効果があるということを実証的に明らかにする。

第6章では，第5章の実証結果を踏まえて海外直接投資におけるグループ融資型の海外金融子会社の設立の意思決定をモデル化することを試みる。具体的に，海外金融子会社によるグループ融資と各海外子会社独自による資金調達のケースに分けて，変動為替レートと法人税を同時に考慮に入れた資金調達コス

トを比較することによって海外金融子会社の利用が有利となる条件式を導きだし，それによって海外金融子会社によるグループ融資を行うか否かについての意思決定式を導出する。

　第7章では，海外直接投資の資金調達戦略における金融子会社の機能およびその役割を海外子会社に対する経営支配問題という観点から再評価する。具体的に，1986年と1987年にオランダに海外金融子会社を設立した30企業を取り上げ，その銀行への資金依存度および銀行との人脈関係の9年間の推移を検証する。この検証によって，海外直接投資における経営自主権の維持と資金源の確保というジレンマの中で金融子会社の役割を明らかにし，これからの海外直接投資における金融子会社の存在意義を再評価する。

　第8章では，特に日系多国籍企業によるタックス・ヘイブンの利用を取り上げて検討する。多国籍企業は海外金融子会社および移転価格戦略を行うための基盤としてタックス・ヘイブンをよく利用している。具体的に，グループ全体の資金調達をみてみると多国籍企業は一般的に利子源泉税などの存在していないオランダに金融子会社を設立している。この金融子会社はグループ各社に必要な資金を貸し出すことによってグループ各子会社の資金調達利子率を低減させると同時に税負担を大幅に節約することができる。同様に多国籍企業は国外源泉軽課税のタックス・ヘイブンを基地とした移転価格の調整を行うことによってグループ全体の税負担をも節約することができる。第8章では，限られている利用可能な財務データ（5年間の各社有価証券報告書）に基づいて36社の日系多国籍企業によるタックス・ヘイブンの利用がそのグループ全体の納税状況にどのような影響を与えるかを重回帰モデルで検証することを試みる。つまり，企業がタックス・ヘイブンに子会社を有することはグループ全体の法人税を引き下げる効果があるどうかを実証的に確認する。

　最後に第9章では，これまで検討してきた取引費用の回避ないし節減のための三つの財務戦略にかかわる経済的意義を明確にする。具体的に，財務的な視点に基づいて国内のみに事業を展開している企業と日系多国籍企業とを比較しながら，海外直接投資にかかわる追加的な費用の性格を明確にし，これらの費用をグローバル市場を利用するための取引費用（transaction costs）として捉えなおす。すなわち，異なる税制による追加的な税負担，複数通貨の使用，進出

先の政府規制および相違する金融・資本市場の利用による追加的な費用である。そしてこの概念整理・規定に基づいて取引費用の節約という観点からこれまで検討してきた三つの財務戦略のネットワーク・システムの経済的意義を明確にする。結論を先走っていえば，このネットワーク・システムは外部市場に代わって企業内に資金の調達・運用，租税対策，グループ企業間取引の価格設定，グループ企業間決済などを含めた総合的なグローバル財務センター機能を有していると考えられる。この財務センター機能を活用することによって，多国籍企業は各子会社の財務行動を経営管理命令で統合・調整することを通じて，完全ではないが国際金融・資本市場での取引による追加的な費用をかなり軽減することができる。さらに，この世界規模の財務ネットワーク・システムの形成によって，日系多国籍企業は商品や中間財および資金の取引をより効率的に行うことができる。このような観点から考えると，日本企業の海外直接投資におけるこれらの財務戦略の本質は親会社と海外金融子会社とが一体となって行われたグローバルな資金の一元管理にほかならない。そしてこれらの財務戦略はグローバル市場における取引費用をかなり削減できるという経済的意義を内包していると考えられる。

　近年，規制の緩和や改正，地域経済統合などによる経済状況の変化にともなって海外金融子会社の主な機能も変化しつつある。したがって，本書の最後では特に1998年4月の改正外為法の施行に影響を受けている海外金融子会社の為替リスク・ヘッジ機能を取り上げて検討することにする。補章では日本企業の為替リスク対策およびその対策における海外金融子会社の役割をサーベイ，検討する。周知のように，1985年のプラザ合意以降，日米欧各国の為替相場協調介入によって行われた円高・ドル安誘導の激しさとその持続性はとりわけ日本の多国籍企業の財務戦略のあり方に大きな変化をもたらした。近年の急速な海外進出によって海外生産が急増し，グループ企業間取引を急拡大している日本の多国籍企業にとって，為替レート変動の問題は極めて大きな関心事になっている。補章では特に98年4月の改正外為法の施行が日本企業の為替リスク・ヘッジ方策にどのような影響を与えるか，そしてそれに対する海外金融子会社によるネッティング決済の役割を明らかにする。

第1章　日系多国籍企業の財務戦略の発展と その特徴
―― 1980～90年代中葉まで ――

はじめに

「多国籍企業（Multinational Corporations）」という言葉は，1960年にアメリカで開かれたシンポジウムにおいて，デービッド・リリエンソール（D. E. Lilienthal）の講演で初めて使われた。その当時，氏は多国籍企業を次のように定義した。すなわち，「アメリカの多くの巨大な企業や中規模な会社でさえ，すでにいろいろな仕方で他国において事業を行っている。この場合，実際に経営するということが重要な点であり，それらは有価証券投資のように単に融資上の利害関係をもつということを意味していないし，また単に販売代理店，ディストリビューターに事業活動を委託するだけということをも意味しない。それらは会社の経営責任を直接に伴う産業もしくは商業活動を特に指しているわけである。そのような会社――つまり一国に彼らの本社を持ち，しかもその上，他国の法律と習慣のもとに活動し，生きている会社――を多国籍企業と定義する」[1]。しかし，その後，多国籍企業の概念については，異なった視点によってまた様々な規定が行われた。例えば，国連では多国籍企業の定義を「多国籍企業とは本拠のある国以外で生産またはサービスの設備を所有もしくは支配している企業である」[2] としている。小島清氏は，多国籍企業の定義を「多国籍企業とは，世界中の適地に多数の工場と販売拠点の網の目をはりめぐらし，その世界戦略によって，会社全体の利潤極大を追求している企業である」[3] としてい

---

[1] 亀井正義 [1980]，52頁（Lilienthal [1960] p. 119）。
[2] U.N. [1974]．
[3] 小島清 [1985]，9頁。

る。このような様々な定義や規定の中で，多国籍企業のありうるべき姿をもっとも簡潔明瞭に記述しているのはダニングの定義と思われる。すなわち，「所得を生む資産を複数の国において所有し，支配している」[4]。多国籍企業の定義について様々なものがあるが，国連あるいは多くの経済学者は主に多国籍企業の存在形態，行動様式などの現象面に注目して定義付けを行っている。

　以上述べたように，多国籍企業の概念は多種多様であるが，いずれにしても多国籍企業とは国内と海外で事業活動を行っているものである。そして多国籍企業は一旦海外で事業活動を行うと必然的に様々なリスクや国内と異なった状況に直面する。つまり，多国籍企業は国内企業には存在していないリスクや複雑な状況への対応を迫られるのである。

　本章では，特に日本企業の海外事業活動が最も活発な1980年代から1990年代中葉にかけてその財務環境ないし国際財務システムの発展，そして国際財務戦略を構築する必要性を検討することによって，およそこの10年間の日系多国籍企業の国際財務戦略の特徴を抽出し，本書の分析視角を確認する。

I. 国際財務を取り巻く環境

（1） 為替相場の急激な変化

　戦後，世界貿易が拡大するにつれ，国際通貨であるドルの供給量は急増している需要量に追いつかなくなった状況にあった。さらに米国の国際収支の赤字状態は1950年代後半以降慢性化し，1960年代後半以降完全に定着してしまった。こうしたドルの大量流出の重要な一因は戦後の日本および旧西ドイツの製品が急速に国際競争力をつけて米国市場を席巻するようになったことである。そして特に1960年以降，米国政府はドル防衛策，為替レート支持政策および為替管理の強化など一連の措置を採ったにもかかわらず，1971年にドル危機が顕在化するようになった。その当時，米国のニクソン声明で金・ドル交換制の停止を発表したことによってドルを基軸とした固定相場制としてのブレトン・ウッズ体制は実質的に崩壊した。その結果，1971年のドル交換停止直後の為替

---

[4] Dunning (ed.) [1974], p. 13.

市場は極めて不安定となった。さらに，1972年イギリスがポンド危機に陥り，変動為替相場制に移行したことを皮切りに，日本を含めた多くの先進国が1973年に変動相場制に移行するようになった。

ここで事業活動の国際化観点からすると，変動相場制に移行するまでは多国籍企業は為替相場の問題を無視してもよいが，1973年3月以降，主要国通貨が変動相場制時代に入り，多国籍企業にとって為替相場の変動に伴うリスクの問題はもはや無視できなくなった。さらに1985年のプラザ合意以降，日米欧各国の為替相場協調介入によって行われた円高・ドル安誘導の激しさとその持続性はとりわけ日本の多国籍企業にとって無視できない緊急課題である。例えば，1980年代半ば頃には1ドル＝250円前後であった為替相場は，いまや130円前後(2002年4月現在)で推移している。そして近年の円・ドルの為替相場変動をみると，1995年4月には史上最高値の1ドル＝70円台を経験したのに，半年も経たないうちに1ドル＝100円台まで戻ったなどかなり激しく変動している。そこで日本の多国籍企業がいかにして為替相場の変動リスクを回避するかは特に重要な課題である。

(2) 国際金融・資本市場の発展とその積極的な利用

多国籍企業が海外事業活動を展開するにあたってまず解決しなければならない問題は海外直接投資の資金調達である。海外事業活動を行うためには資本の投下が不可欠であり，そこで必要とされる外貨資金をいかにして低コストかつ効率的に調達するかが問題となる。

近年，国際金融・資本市場の著しい発展は，多国籍企業が直接に低コストで資金を調達したり，効率的に資金を運用する可能性を生み出している。そして，企業活動のグローバル化の進展とともに巨額の資金をグローバルな見地から調達・運用する必要性に迫られているのである。したがって，多国籍企業にとっては金融・資本市場に関する情報をグローバルなレベルで掌握しなければならない。

国際金融の仲介業務は多国籍企業の急速な発展とともに1960年代から70年代にかけて出現した。この時期以降，国際金融・資本市場，特にユーロ市場は急激に増加している国際ビジネス業務の資金需要に対応するために著しい発展

をみせた。

　ユーロドル市場とは，アメリカ国内の企業がその資金をヨーロッパの銀行に預けることによって創出された金融・資本市場である。そしてこれらのヨーロッパの銀行は積極的にアメリカ企業から預金を獲得し，さらにその資金をヨーロッパの企業に貸出している。米ドルは国際貿易基軸通貨としてアメリカ以外の国においても広範に使用されているため，ヨーロッパ諸国のドルに対する需要は一貫して堅調であった。こうした流れの中で，ヨーロッパ以外の地域にある銀行に預けられた資金も含めたドル預金はユーロダラーとして認識されている。1968年にアメリカ銀行による海外貸出が規制されるようになったためにユーロダラー市場がさらに発展してきた。また，アメリカのドル預金の金利に上限が設けられたため，規制のないユーロ市場へのドルの流出が一段と進んできた。ユーロ市場は基本的に幾つかの大銀行から構成されている。これらの大銀行は世界各国の企業の預金を引き受け，そして各国の企業に資金を提供している。

　ユーロ市場のほかに，多国籍企業によく利用されている国際金融・資本市場はヤンキーボンド市場（Yankee bonds），ドイツマルク市場およびスイス外債市場がある。アメリカの外債市場で発行されたドル建て外債はヤンキーボンドとよばれる。ヤンキーボンド市場は特に米ドル資金を必要とする外国の借手にとって重要な資金源となっている。ドイツマルク債市場は，歴史的には古く，発行手続きが簡単など社債発行者の需要に柔軟に対応できる市場である。スイス外債市場については，強い経済力と低いインフレ率，永世中立国という政治的安定を背景にリスクが比較的に低い。また，スイスフラン債は，通貨の安定を背景に他通貨建て外債と比較して利回りがかなり低いことから，多国籍企業にとって魅力的な資金源である。そのため，外国企業による証券発行が多いのはスイス金融市場の特徴であり，またそのほとんどは先進工業国の企業である。そして特に日系多国籍企業はスイス外債市場においてもっとも重要な借手となっている。

　1980年代から日本経済の順調な発展により，日本企業の金融活動はユーロ市場など，国内市場に比較してはるかに市場メカニズムを貫徹する国際市場に広がっている。特に1985年以降，日本企業による海外直接投資が急激に増加する

ことによって海外で資金調達するニーズがさらに高まった。日本企業の海外事業活動の資金調達については，旧通産省の調査[5] によると，現地子会社の設備投資資金調達は 1980 年から 1992 年にかけて自己資金が年々低下している傾向にあり，1992 年現在，海外のグループ企業の所要資金のおよそ 5 割は親会社の信用がもとになって現地で調達したり，あるいは第 3 国金融・資本市場から調達している。このことに対応するために日本の銀行，証券会社の海外事業活動も急速に増加している。それによって，日本を含む世界各国の金融機関の資金供給はグローバル的な規模に拡大し，かつ現地の資金需要をきめ細かく満足させるように行われている。こうした流れでいわゆる金融のグローバル化の波が世界の金融市場に広がっていった。その中で，多くの日系多国籍企業が自ら海外に金融子会社を設立するという動きもよくみられるようになった。つまり，グローバル市場における調達形態が多様化し，かつ円建て，外貨建てなどの通貨面でも種類が増えたことは，金利，為替，そして企業自身の信用度(一般的には格付けランクで判断)などの変化によって調達条件の変動，返済時点までの市場状況の変化などによる多くのリスクを内包することを意味している。そこで，国際財務管理の中で単なる資金調達の側面においても様々な財務リスク対策が必要になる。その結果，多国籍企業が資金調達対策をとる際には，金利の問題だけではなく為替，各国政府規制，さらに租税問題まで極めて複雑な問題を総合的に考慮に入れなければならない状況になった。

(3) 世界各国の租税問題

近年，日本企業のグローバル化や多国籍化は急速なテンポで，かつ大規模に進展している。多国籍企業がこれらの事業活動を通して現地国で獲得する利益が企業グループ全体の発展を支えるほど大きくなった場合，国際的な節税政策の重要性は格段に増加する。つまり，多国籍企業は投資意思決定を行うにあたって投資先国の租税制度や当該国と日本との間で結んでいる租税条約などを慎重に考慮に入れなければならない。というのは，現地の租税制度は企業の純

---

[5] 通産省産業政策局第 1, 2, 3, 4, 5 回の海外事業活動基本調査『海外投資統計総覧』1983, 1986, 1989, 1992, 1995 年。

利益を大きく左右する要因であるからである。また，国や地域によって租税制度が異なっているため，それぞれ立地している企業の負担する税額は大きく変わってくる。例えば，多国籍企業は異なった国で全く同様な事業活動を行って同様な売上をあげても，各国にある子会社の税引後利益にかなりの格差が生じてくる。実際に OECD 加盟諸国において実効税率が最も低いアイルランドと最も高いドイツの税率の格差は 46.5% もある[6]。つまり，多国籍企業は一旦税率の高い国で事業活動を展開する意思決定を行うと，税率の格差によるグループ全体の税負担が増加するという事態に直面する。実際に多国籍企業が税率の高い国で投資活動を完全に行わないことは困難で非現実的である。その結果，多国籍企業の財務担当者はこの税率の大きな格差を意識しながら投資意思決定を行わなければならない。したがって，多国籍企業はグローバルな事業活動を展開するにあたってその所得と資産を世界的な規模で捕捉することによって，税金対策を練り，さらに二重課税を防止するなどの租税最小化目標を追求しなければならない。

　しかし，このような租税目標自体は常に租税逋脱（tax evasion）として違法行為と批判されている。ここで注意すべきなのは，租税節約（tax saving）自体の合法性ということである。租税節約とは税法規定を遵守しつつ法律の定める枠内において租税負担の軽減をはかることである。例えば，種々の租税上の特典措置や両国間租税条約を有効利用するなどして節税がはかられる。多国籍企業が法律の定める範囲内において税負担を最小化することはむしろ株主に対する経営者の受託責任の一環として捉えなければならない。

II. 80年代以降の日本企業財務システムの進展

(1) 財務活動の国際化と資金調達の多様化

　日本の高度成長期では，実質経済成長率は10%前後と高かったため，一般に設備投資や在庫投資などの資金需要が大きく，留保された利益や減価償却などの内部資金のみで資金需要を満たすことはできなかった。したがって，日本企

---

[6] OECD [1990].

業は成長をはかるために外部資金調達に依存せざるをえなかった。しかし，当時の日本国内の金融・資本市場の環境をみてみると株式市場や証券市場の発展度合いは低く，さらに増資形態は額面発行が中心であった。つまり，配当金は借入金金利と異なって税引後利益から支払われるため，税込みの配当コストは借入金金利と比べて高く，株式発行は不利な状況にあったと考えられる。このような状況で，その当時の株式市場や社債市場での資金調達は補完的なものにすぎなかった。

　1973年に始まった第1次石油ショックは，日本経済の体質をそれまでの高度成長から低成長へと大きく変化させた。1970年代半ばには，日本経済全体の成長率が急激に低下したために投資機会が減少し，製造業の設備資金需要は大きく減少した。そのため，1970年代後半，経済全体として外部資金需要の低下と固定費削減の必要性から企業は借入金の返済を進めた。1980年代に入るといわゆる「減量経営」は一段落し，企業の設備投資はふたたび増大する傾向を示しているが，内部留保および減価償却などの内部資金も増大しているため，全体として外部資金需要はそれほど増大していなかった。特に多くの産業(例えば，鉄鋼，化学など)の資金需要はおおむね内部資金を大きく超えていなかった。そのため，これらの産業に属する企業は，転換社債などを発行することによって低コストの資金を調達し，全体として借入金の返済，金利コストの低減を財務目標にしていた。さらに，産業構造の変化によって，半導体，電子機器関連などのハイテク産業の資金需要は急激に増大しており，これらの企業は盛んに時価発行増資や内外資本市場での普通社債，転換社債の発行を行っていた。

　以上述べたように，日本企業は1970年代後半から財務の効率化を進めてきており，その結果，資金調達の多様化が進んできている。日本企業による海外の資本市場での資金調達は，株式および社債ともに1960年代から始まった。そして第1次石油ショックの後に外債発行制限の緩和が行われたことを契機に日本企業による海外での証券発行は本格的に増大し始めている。特に1980年の外為法改正により，対外取引が原則自由化され，外債発行が許可制から事前届出制に移行したことは海外証券発行増大の要因となった。1983年度に日本企業による資金調達における海外調達比率は45.3％にまで増大した。すなわち，日本企業は，株式，社債のおよそ半分弱を海外の資本市場で発行していたということ

である。1985年以降，プラザ合意による急激な円高を契機に日本企業の海外直接投資が急速に増加してきている。この事業活動の一環として財務の国際化はさらに急速に進展している。この時期，企業活動の国際化がもたらした新たな財務問題は，世界各地に散らばる子会社の資金調達，変動為替相場，租税対策などの問題である。

　特に80年代後半以降，日本企業による海外直接投資が盛んに行われているため，現地子会社の設立にあたっては，進出する国あるいは第3国でいかに低コストの資金を調達するかが重要な課題である。そして資金調達を行う際に，様々な取引コスト，世界各国の制度の違い，通貨ごとの流動性の相違，為替レートの変化，そしてカントリー・リスクなどの要因が存在するため，各国あるいは各国通貨の市場の間での調達コストは大きな差異が生ずる。さらに，同一市場の中でも，様々な資金調達方法によって調達コストに大きな格差が生ずることもある。もちろん，調達コストの格差は競争の結果(例えば，金融機関同士の競争)や経済状況の変化(例えばEUなどの地域経済の統合)で消失して均衡状態に達する可能性があるということは否定できない。基本的に，多国籍企業は金融情報を十分に利用し，より高度な資金調達手法を駆使して多国籍企業グループ全体の資金調達コストを最小限にしなければならない。

(2)　資金移動の複雑化

　前述したように，特に1985年以降日本企業の海外直接投資は急速に進展している。その結果，企業グループ全体の資金の流れは国境に跨って極めて複雑な様相を呈している。多国籍企業が，グループ企業内で相互に移転する資金項目とその財務ネットワークは極めて多面的である。例えば，グループ企業間においては，配当送金，企業内貿易に対する支払い，長・短期借入に対する利子の支払い，その他の支払債務に対する元本と利子の支払い，各種サービス・特許・ノウハウに対する支払いなどが挙げられる。そして財務ネットワークの数は子会社の増加に伴って急激に増加する。さらに，これらの資金項目の増加や財務ネットワークに加え，使用する国の通貨の増加に伴う為替リスクの増大，各国の金融規制および租税制度への対応が多国籍企業の資金の流れを極めて複雑化してしまう。

多国籍企業の財務管理システムの重要な特徴の一つは，親会社と海外子会社間を結ぶ財務ネットワークを通じて行われる資金調達，利益送金，企業内貿易における移転価格設定などの業務意思決定のほとんどがある程度親会社の最終決定を要する管理体制である。そこで，多国籍企業の財務活動を支える戦略的理念は「企業内資金最適配分」であると考えられる。すなわち，多国籍企業は与えられた一定の資金を，グローバルな視野に立って，システム内部で最適配分し，それを効率的に活用してシステム全体の目標である利益最大化をはかろうとする。また，多国籍企業の財務戦略はこのような理念および目標にそって展開される。国際財務にかかわる戦略意思決定行動は各国に存在する制度，慣行，財務環境，経済情勢などの条件で規定される。そのため，多国籍企業は各国の物価水準，インフレ，調達コスト，為替リスク，税率および会計制度などの格差，つまり企業を取り巻く国際財務環境に注目しながら，これらの制度的な相違，そして多様かつ複雑な環境条件に起因する情報ギャップを克服しなければならない。さらに多国籍企業の財務システムは，単なる親会社や子会社など個別事業主体ではなく，グループ全体のシステムとして機能しなければならない。

（3）　進出先立地の選択による節税対策

　前述したように，多国籍企業は異なった国で全く同じ事業活動で同じ売上をあげても税引後利益にかなりの格差が生じてくる。そこで，多国籍企業の財務担当者は企業グループ全体を含む節税対策を考えなければならない。ここで注意しなければならないのは租税節約（tax saving）自体の合法性ということである。例えば，税法上二つ以上の代替的方法が選択できる場合には，企業経営者自身の判断で合理的な選択肢を選択することによって納税額の最小化をはかる，あるいは各国の租税上の特典や優遇措置を有効に利用するなどをして節税がはかられる。

　以下では，各国間で結んでいる租税条約を利用することによる節税効果について簡単な例で説明することにする。

　日系多国籍企業がアメリカに投資することによって100億円の利子所得があるとする。この場合，海外子会社は日本の本社にどのように送金すれば税金が

図 1.1

```
（手取り額）        （経由地）
90 億円      アメリカ → 日本
98.9 億円    アメリカ → オランダ → 日本
98.8 億円    アメリカ → バルバドス → 日本
98.7 億円    アメリカ → オランダ → キプロス → 日本
                              ↘ リヒテンシュタイン ↗
98.6 億円    アメリカ → オランダ → アンティール諸島 → 日本
98.1 億円    アメリカ → オランダ → バージン諸島 → 日本
```

出所：NHK 特集＝緊急レポート，1986 年『世界の中の日本・経済大国の試練』154〜155 頁。

最も少なくてすむかという問題が生じる。図 1.1 は様々な送金経路とその節税効果を示したものである。

図 1.1 に示されたように，アメリカから直接日本に送金すれば，10% 課税され，手取り額は 90 億円になる。多国籍企業はオランダに子会社を設立してそこを経由して日本に送金すれば，税金は 1.1% で手取り額は 98.9 億円となる。つまり，この場合，多国籍企業は二国間租税条約を巧みに利用すれば 8.9 億円の節税効果があげられる。ちなみに，日本製造業企業の売上高利益率はおよそ 3% であるため，企業はおよそ 300 億円の売上を増やすことがなければ 8.9 億円のキャッシュを獲得することができない。そして，ここで日本企業はオランダで海外金融子会社あるいは輸出入の貿易拠点を設立することだけでおよそ 9 億円のキャッシュを生むことができる。

実際に，1986 年度から日本企業のタックス・ヘイブンへの直接投資は急速に増加している。また，日本企業は特にオランダで金融子会社を設立してグループ融資を行っている。オランダの最大の特徴は，金融子会社としての活動にあたってあらかじめ税務当局から課税についての見解（Advanced Tax Ruling）[7]を取得できることである。具体的に，オランダ税務当局の課税についての見解を通して，通常の転貸取引の場合には平均借入金額の 0.25% 程度が，関係会社

---

[7] Advanced Tax Ruling: 大蔵省または地方検査官は納税者からの要請により，将来意図される取引に対する税務当局の見解について意見書を作成することがあり，当該取引にかかわる事実が正しく提示されている限り，実際の税務処理もその意見書によって進めることができる（大塚順次郎 [1991]，285 頁）。

からの借入が転貸原資である場合にはその平均借入金額の 0.125% 程度が適正マージンとみなされることとなり，移転価格税制上の極めて面倒な議論を回避することができるのである。

　また，近年，日本企業がシンガポールで地域統括本部（OHQ）を設立する動きはよくみうけられている。シンガポールの OHQ は基本的に外資導入政策の一環である。具体的に，OHQ のステータスを獲得した企業に対する優遇措置として，次の項目が挙げられている。

① 在外関連会社から受け取るマネジメント・フィー，利息に対して 10% の低減税率を適用できる（通常は 31%）。
② 在外子会社から受け取る配当所得については免税。

そして OHQ 認可の条件は次の通りである。

① 資本金：　50 万 S ドル以上。
② 年間経費：　200 万 S ドル以上（含人件費）。
③ 傘下関係会社の数：　最低 2〜3 社（域内 2〜3 ヵ国を統括）。
④ オペレーションの範囲：　少なくとも 1 項目以上（1999 年改訂）。
⑤ 上級管理職および上級専門職の数：　4〜5 名。

　1991 年 3 月現在シンガポールにおける OHQ 企業として 29 社（99 年 2 月現在 150 社）が認定されている。そのうち日本企業は 7 社がある（フジクラ，オムロン，ソニー，松下，日立，NEC，東芝）。多国籍企業の組織的な側面から考えると，OHQ は地域間ネットワークの調整役として重要な存在である。例えば，ソニーの OHQ ではアジア各国の営業は直接日本とダイレクトに結んでおり，アジアの各生産拠点のサポートと全世界の部品調達機能を持っている（ただし，その機能は一般的に日本の地域統括本部に多くみられる販売集約型とは異なり，オペレーション・センターであり，全ソニーの部品供給基地としての役割を果たしている）[8]。ここで注意しなければならないのは，その中で多くの日本企業の OHQ は金融子会社の機能を有しているということである。例えば，松下（資金調達，資金管理，為替オペレーション）やフジクラ（販売，資材，資金

8　経済同友会 [1991]，12 頁。

調達)はそれである。多国籍企業の場合において，前述したように複数の国に跨る多数の子会社の存在および激しく変化する経営環境のため，資金の流れは極めて複雑な状況をみせる。例えば，子会社に対して親会社あるいは子会社間の出資や貸付，配当金，受取利息などが環流し，またグループ企業間契約によりロイヤリティー，手数料が発生する。つまり，財務的な観点から考えると，OHQの機能であるマネジメント・サービス，あるいはグループ融資などにともなう資金の流れなどは特にシンガポールの租税優遇措置に大きな影響を受けている(21%の減税ないし免税)。

　実際に，多国籍企業は租税優遇措置が目的でシンガポールにOHQを設立するケースも少なくない。例えば，東芝シンガポール社長安井氏は東芝のOHQについて次のように述べている。「……OHQのステータスを取りますとシンガポール政府から法人税が31%から10%に下がるといった優遇措置を受けられます」[9]。フジクラ・アジアのジェネラル・マネージャー大沼氏は「税金面が大きいですね……東南アジアのわれわれの関連会社に出資しますと，その見返りの配当収入があるわけですが，これが全く免税になるわけです」[10] と述べている。

　つまり，多国籍企業にとって海外直接投資を行うにあたって進出先国の各種税率や投資先国の租税制度はグループ企業全体の収益性に直接関係しているため，様々な考慮事項と並んで投資を行うか否かの意思決定に際して極めて高い重要性をもっている。

III. 80〜90年代中葉までの財務行動の重要な特徴

(1) 国際事業活動の拡大に伴う金融拠点の設置

　80年代後半から90年代中葉にかけてのこの10年間あまり，日本企業のグローバル化が進む中で特に目立った動きは三極体制(北米，ヨーロッパおよびアジア)による世界戦略の展開である。三極体制では地域内の事業計画とコントロールを地域本社が指揮を執る。ここで注意しなければならないのは地域本社

---

[9]　中垣昇 [1993]，152頁。
[10]　同上書，159頁。

の主な業務をみてみると現地子会社と本社の調整のほかに資金調達などの財務機能が極めて大きなウェイトを占めているということである。

　北米をみてみると，北米本社の設立場所は主に世界的な金融・資本市場であるニューヨークが多い。北米本社と地域内子会社との資本関係は画一ではないが，北米本社に日本の親会社が100％出資し，域内子会社の株式を北米本社が取得して日本の親会社の孫会社とする例が多くみられる。そして北米本社の主な業務内容についてみてみると[11]，現在行っている主な業務は，「現地子会社と本社の調整」，「資金調達」，「域内子会社の株式保有」とされている。さらに今後予定の業務については「新事業計画策定」，「資金調達」，「財務管理」，「域内子会社の株式保有」などのウェイトが高まってくる。具体的な業務活動について，例えば，ニューヨークの地域本社あるいは金融拠点は，全米各地に散在する多数の支店や子会社，販売代理店などの資金需要を賄うために，日本親会社の信用力に基づいて直接 CP，MTN（中期社債）などを発行して所要資金を低金利で調達し，それを全米各拠点に貸し付けている。ちなみに，この場合，親会社の信用力は低金利で資金を調達できるか否かを大きく左右するようになる。

　次にヨーロッパの事業活動についてみてみよう[12]。ヨーロッパにおいて販売，開発拠点の設置は北米と比べて遅れているが，金融拠点はほぼ整備されている状況にある。多くの日本企業はロンドンやオランダに地域本社あるいは金融拠点を設置し，ユーロ市場で資金の調達・運用とグループ融資を行っている（これについては第2章で詳しく述べる）。ヨーロッパの拠点については生産拠点と同じようにイギリスとオランダに集中する傾向がみられるが（推計ではほぼ7割），市場規模でドイツとフランス，税制面でベルギーを選択する企業もある。ヨーロッパ拠点が行っている主な業務内容については，米国の場合と同様に「現地子会社と本社の調整」，「資金調達」，「域内子会社の株式保有」などに重点が置かれている。

　最後にアジアの拠点の状況をみてみよう。アジアの統括本社の場合については，アジア地域における金融・資本市場がまだ十分に整備されていないため，

---

[11] 社団法人企業研究会［1992］，30〜31頁。
[12] 同上書，32〜34頁。

ほとんどシンガポールあるいは香港に集中している。前にも述べたように、これは主にシンガポールの税制優遇および香港の金融・資本市場と貿易機能に注目している結果であると考えられる。そしてシンガポールに設置している統括本社は主にシンガポール、マレーシア、インドネシアへのグループ融資およびこの3国を対象とした物流の機能を果たしている。

　日本企業による国際財務活動について、1980年代初頭までに概ね海外各地の子会社はそれぞれ独自に財務活動を行ってきた。1980年代後半になってくると、三極体制に移行し、域内の組織化が進むに伴って資金の調達・運用、租税管理、為替管理などの財務機能が地域本社ないし金融子会社に集約され、地域グループ企業全体を対象とした組織的な財務活動を行うことになる。以下では特に海外事業活動において不可欠な資金調達という側面を取り上げてみてみよう。

　まず、北米子会社の資金調達をみてみよう。当時、現地子会社の長期資金調達は主にIRB（Industrial Revenue Bond）、レバレジッド・リースおよび銀行の長期タームローンを利用していた。また、日本の親会社からの借入は主に期間5～7年のドル建てが多かった。短期資金調達では基本的に銀行借入が多いが、信用力のある大企業はCPを積極的に利用していた。この場合、日本の親会社の保証が一般的に必要である。そして、特に1980年代後半になってくると、こうした所要資金の調達は金融拠点に集約するようになった。例えば[13]、日立製作所は北米統括本社日立アメリカ（以下HAL、1987年）を設立して様々な統括機能の一つとして金融拠点の役割を持たせている。具体的に、HAL経理部門の財務担当者と日立本社の財務部門とが緊密な連携のもとにグループ融資、一括調達、グループ資金を一括管理するキャッシュ・マネジメント・システムによる資金の効率的運用にあたっている。HALの財務的な側面の主な目的の一つは、HAL本社に資金調達機能を集中化することであり、その結果、低金利で資金調達が可能となり、日立の北米グループ企業に対して低金利で生産設備資金と運転資金を提供することができるようになった。特に1990年代に入ると、資金需要規模は1987年度に対して、1991年度には6倍にも拡大している。

---

[13] 同上書、87～91頁。

資金調達方法として，HAL では CP と MNT のプログラムを設定することによって活用している。その割合については 1992 年 3 月現在 CP が 70%，MTN が 30% となっている。また，HAL が調達した資金の 47% は現地子会社向け，53% は日立関連会社向けのものである。

次にヨーロッパのケースをみてみよう。ヨーロッパでは生産，販売，物流，開発の各拠点の新設や拡充に伴って巨額の投下資金が必要となっている。ヨーロッパにおける事業活動資金は基本的に社債を主体にし，不足分は銀行借入やリースなどによって補完されている。特に多国籍企業の節税観点から，社債の発行企業は一般的にオランダの金融子会社を利用することが多い。オランダ金融子会社であれば，ローンの金利支払い，発行コストの支払に対する源泉税は免除されることとなっている。また，オランダは多数の国と二国間租税条約を締結していることも極めて重要な点である。特にオランダにある海外金融子会社については第 2 章でふたたび詳しく議論する。最後にアジアでの資金調達のケースをみてみよう。

アジアでは，香港とシンガポールを除いて総じて金融・資本市場が十分発達してなく，また金融・資本市場は存在してもその規模が小さく，様々な制度がまだ十分に整備されていないのが現状である。さらに，外資系銀行の進出に対する規制が厳しいため，現地国の銀行が金融市場の中心となっている。しかし，アジアにおいては国内貯蓄がまだ限られていることから，金利水準も高く，現地通貨での調達は厳しいため，主に短期借入が中心となる。そのため，アジア地域の拠点としては主にシンガポールと香港に置かれている。例えば，アジア地域においてシンガポールのアジア松下電器（AMS）は OHQ 資格を取得することによってグループ金融や為替決済など多様な活動を行っている。しかし，アジア地域といっても，各国の税制や為替管理面での格差の大きさ，さらに通貨の安定性に対する不安感などから，日本企業は一般的に資金調達などで全体としての共通戦略が採りにくい状況にあると思われる。

(2) 企業内貿易の拡大に伴う移転価格調整問題

企業内貿易とは，多国籍企業の本社と海外子会社との間の，そして海外子会社相互間の企業内取引である。周知のように，移転価格の問題は企業内貿易と

表 1.1　日本企業の海外子会社(製造業)の各地域からの輸出に占める同一企業グループ内の取引比率　(%)

輸入地＼輸出地	北米	欧州	アジア
日　本	80.7	87.6	76.5
欧　州	58.6	23.2	50.5
アジア	1.8	1.6	20.1
北　米	—	40.6	58.1

出所：通産省第3回海外事業活動『海外投資統計総覧』1988年, 14頁。

結び付いたものである。つまり, 企業内貿易は, 移転価格の調整を有効に機能するための場を提供し, 移転価格と不可分的な関係にある。

　1980年代において日本企業の企業内貿易進展状況については旧通産省の海外事業活動基本調査『海外投資統計総覧』が参考になる。日本企業の各地の海外子会社からの輸出に占める同一企業グループ内取引の比率は表 1.1 のように示されている。表 1.1 からわかるように, 北米の子会社から日本への輸出に占める企業内貿易の比率は 80.7%, 同じくアジアからは 76.5%, ヨーロッパからは 87.6% と非常に高い比率を占めている。そして, アジアから欧州と北米への輸出に占める企業内貿易の割合はそれぞれ 50.5% と 58.1% である。欧州から北米, 北米から欧州への輸出に占める企業内貿易の比率はそれぞれ 40.6% と 58.6% と非常に高い割合にある。つまり, 日本企業の企業内資金の流れは必ずしも本社と子会社の間に集中されるのではなく, 子会社間の資金の移転や調整もかなり行われていると推測できる。

　表 1.2 と表 1.3 は売上高と商品・原材料の仕入高についての日本企業の海外現地法人の企業内取引の比率を示したものである。表 1.2 からわかるように, 海外現地法人の売上高に占めるグループ企業内取引の割合において, 全体からみると 87 年度の 12.9% から 96 年度の 21.7% とほぼ倍増した。特に海外現地法人から日本向け輸出の貿易においてその同一企業内取引は 87 年度の 39.0% から 96 年度の 50.2% に急増した。また, 産業別にみてみると, 企業内貿易は特に精密機械, 電気機械など特定の産業に集中している。そして表 1.3 に示されたように, 海外現地法人の仕入高に占めるグループ企業内取引の割合において, 日

第1章　日系多国籍企業の財務戦略の発展とその特徴

表1.2　日本企業の海外現地法人における同一企業グループ内の取引比率(売上高)

(全地域、単位：％)

	現地販売 (A)				日本向け輸出 (B)				第3国向け輸出 (C)				合計 (A+B+C)			
	87年	90年	93年	96年	87年	90年	93年	96年	87年	90年	93年	96年	87年	90年	93年	96年
農林漁業	3.6	35.1	0.2	27.2	49.0	73.3	77.3	73.4	59.2	18.0	5.5	35.1	38.0	51.1	25.0	49.5
鉱業	0.1	0.0	4.6	2.5	39.6	8.5	39.3	12.7	35.1	1.2	67.1	4.5	32.3	2.8	46.3	9.1
建設業	5.1	0.9	1.8	5.8	0.0	11.6	94.0	99.0	0.2	33.1	0.0	71.3	4.8	1.6	4.1	6.3
製造業	6.3	8.1	17.4	20.6	75.9	61.6	78.3	81.5	22.2	44.2	37.7	38.0	14.1	16.8	24.7	29.8
食料品	0.0	16.2	5.2	4.5	71.9	77.5	84.6	68.1	7.8	22.7	11.7	8.9	17.0	30.2	22.7	15.1
繊維	6.3	3.6	3.1	19.7	57.8	55.5	40.1	53.4	2.3	14.4	11.2	19.4	9.3	12.0	9.7	24.6
木材紙パルプ	0.6	1.0	2.3	8.6	50.2	54.7	80.9	62.7	0.0	13.0	0.0	10.1	23.7	24.3	27.3	30.8
化学	1.5	2.1	9.2	3.2	77.1	75.0	50.4	84.3	12.8	32.4	24.7	11.9	12.4	13.0	16.0	8.7
鉄鋼	0.9	0.8	0.0	4.7	65.1	65.0	16.2	47.3	30.0	10.7	1.0	12.1	5.6	1.8	0.2	6.8
非鉄金属	10.6	10.5	7.8	9.9	89.6	35.1	82.6	55.1	0.0	10.0	43.4	16.0	32.8	14.0	26.4	21.8
一般機械	10.2	22.5	18.3	15.4	94.9	96.8	91.2	102	26.5	59.7	67.4	51.0	16.4	33.8	32.9	29.7
電気機械	6.4	9.1	17.2	9.2	73.8	63.0	86.2	86.6	39.7	55.0	38.2	38.7	13.0	20.7	29.9	28.5
輸送機械	14.1	9.0	24.5	37.0	70.1	33.6	49.0	69.9	48.1	46.2	49.5	59.6	21.4	11.6	26.0	39.7
精密機械	17.9	4.7	7.5	30.3	86.4	47.2	95.1	97.7	10.3	44.0	39.9	73.5	18.3	14.3	28.6	63.1
石油石炭	11.2	6.2	0.0	―	90.9	100	100	80.1	0.0	0.0	6.3	22.1	82.9	15.4	3.4	52.8
その他	0.6	3.5	5.5	6.0	81.3	76.0	62.0	79.9	12.2	35.7	28.2	19.1	5.0	12.0	11.4	14.0
商業	7.7	2.1	3.7	11.3	29.7	37.7	34.8	37.0	10.8	14.9	11.1	9.4	11.8	14.0	11.2	15.0
サービス業	5.2	2.5	3.7	22.7	91.9	23.5	85.0	67.5	3.1	92.5	9.1	20.4	9.5	14.1	6.8	29.5
その他	20.3	9.8	20.0	27.7	32.1	54.3	71.6	85.9	0.7	30.7	90.5	23.1	17.4	13.9	49.2	32.3
合計	7.2	4.5	9.4	16.2	39.0	39.3	42.3	50.2	14.8	18.0	22.6	19.8	12.9	14.3	16.7	21.7

注：各項目の売上高に占める同一企業グループ内取引の比率。
出所：通商産業省編『海外投資統計総覧』大蔵省印刷局、各年版、通商産業省編『我が国企業の海外事業活動(第26回　平成8年度海外事業活動動向調査)』大蔵省印刷局、1998年、より作成。

表 1.3 日本企業の海外現地法人における同一企業グループ内の取引比率(仕入高)

(全地域、単位:%)

	現地調達 (A)				日本からの輸入 (B)				第3国からの輸入 (C)				合計 (A+B+C)			
	87年	90年	93年	96年	87年	90年	93年	96年	87年	90年	93年	96年	87年	90年	93年	96年
農林漁業	0.1	22.3	0.0	5.4	74.4	75.0	55.4	62.8	0.0	9.2	57.1	61.5	0.3	25.4	2.1	8.6
鉱業	7.4	0.9	43.9	18.2	0.0	0.0	0.0	15.3	0.0	0.0	99.7	2.0	7.4	0.1	75.3	16.6
建設業	0.0	0.2	1.0	1.9	3.2	85.8	15.1	46.7	0.0	1.7	0.4	54.0	0.7	0.9	1.1	2.2
製造業	22.6	5.1	9.0	16.2	73.4	82.5	84.3	79.9	34.7	38.3	56.8	43.2	52.7	43.3	45.8	44.2
食料品	0.4	1.9	5.4	9.0	99.8	71.9	93.1	38.8	0.0	18.1	60.2	34.5	2.1	4.7	15.7	12.4
繊維	10.6	3.6	15.1	14.0	40.0	21.9	37.1	40.7	11.0	22.3	29.1	33.1	15.6	12.8	24.6	27.6
木材紙パルプ	7.2	0.2	6.3	24.0	93.8	83.2	30.1	28.7	0.0	0.0	0.0	—	7.1	2.3	8.0	23.2
化学	2.2	1.2	13.5	10.9	46.4	83.2	81.7	54.3	39.0	35.4	30.8	27.0	13.8	15.5	32.9	24.2
鉄鋼	16.0	2.0	0.7	6.7	67.2	96.2	2.0	43.3	14.4	57.6	0.0	42.5	37.9	36.3	0.8	18.4
非鉄金属	0.0	5.8	8.4	14.9	48.4	55.4	67.6	92.5	0.0	2.5	14.2	39.8	4.4	14.2	15.6	34.7
一般機械	14.5	0.5	28.7	7.0	95.1	82.4	90.8	80.2	96.9	62.4	51.7	46.6	69.9	45.8	60.3	46.4
電気機械	56.6	13.3	16.6	22.8	77.3	90.5	76.0	86.7	50.9	49.6	67.4	53.2	71.0	65.4	58.2	57.0
輸送機械	16.5	4.7	3.3	16.1	44.5	72.3	98.6	75.9	22.9	17.4	64.2	44.5	30.9	38.2	44.2	40.5
精密機械	4.9	3.3	9.9	33.9	91.4	93.8	74.9	86.7	51.8	93.3	85.1	78.5	72.1	75.6	62.1	67.4
石油石炭	0.0	0.0	0.0	—	0.0	98.8	100	86.8	0.0	0.0	38.3	2.0	0.0	48.8	11.4	3.1
その他	3.2	2.9	4.3	7.4	63.0	81.2	72.2	98.3	13.0	21.6	30.4	42.9	39.4	33.0	24.4	42.3
商業	14.3	7.1	12.3	15.5	72.9	66.6	77.4	72.9	22.3	10.1	22.3	31.5	50.3	26.1	39.4	38.5
サービス業	55.9	5.4	17.3	3.6	57.0	54.6	96.7	80.1	68.1	0.0	24.8	23.4	56.9	6.1	47.3	18.6
その他	25.0	5.1	19.5	65.9	94.1	16.1	72.7	38.6	0.0	6.9	85.5	1.3	52.7	8.9	60.6	52.0
合計	17.0	6.4	11.0	16.6	73.1	71.0	79.7	76.3	24.2	10.4	29.7	34.5	50.2	28.2	41.4	40.5

注: 各項目の仕入高に占める同一企業グループ内取引の比率
出所: 表 1.2 に同じ。

本からの輸入はかなり大きな比重を占めている。96年度に日本から輸入した中間財や部品などの76.3%は同一企業グループから輸入したものである。以上は日系企業の海外現地法人からみた企業内貿易である。次に日本本社を中心とした企業内貿易をみてみよう。

表1.4は日本にある親会社の輸出入に占める企業内貿易の比率を示したものである。表1.4からわかるように，日本にある親会社の輸出入における企業内貿易は一貫して増加している傾向にある。全産業ベースでみれば，輸出総額に占める海外現地法人への輸出比率は87年の32.0%から98年の58.9%に増加し，輸入総額に占める海外現地法人からの輸入比率は87年の26.0%から98年の

表1.4 日本本社の輸出入に占める企業内貿易の割合　　　　　　　　　（単位：%）

	輸出に占める現地法人向け輸出						輸入に占める現地法人からの輸入					
	87年	90年	93年	96年	97年	98年	87年	90年	93年	96年	97年	98年
農林漁業	37.8	0.3	15.7	11.4	28.4	28.7	10.2	2.3	40.1	2.4	30.2	7.7
鉱業	0.1	8.0	15.7	0.0	8.7	55.8	82.3	24.8	46.5	9.1	57.1	56.2
建設業	13.9	1.9	2.6	11.9	0.8	2.6	0.7	3.6	3.3	18.7	18.7	12.7
製造業	39.2	41.1	49.5	48.5	55.6	63.3	23.4	30.9	37.4	32.2	41.3	44.4
食料品	7.8	18.6	12.8	43.0	41.5	42.5	11.4	14.8	14.8	42.3	38.8	31.2
繊維	7.2	3.3	11.0	16.9	19.2	34.9	27.9	14.8	27.2	47.4	45.9	34.1
木材紙パルプ	0.0	5.2	5.7	2.8	5.5	7.6	25.7	22.9	32.1	24.2	17.6	50.3
化学	9.4	21.9	25.9	30.4	34.3	43.3	17.1	9.9	17.4	15.9	25.9	26.0
鉄鋼	8.3	1.4	9.3	8.3	32.8	42.8	11.0	0.5	8.6	14.4	4.1	3.9
非鉄金属	8.3	19.2	23.3	30.2	31.8	23.7	2.9	5.7	12.2	15.7	16.3	21.1
一般機械	32.2	43.8	43.3	43.1	44.4	49.9	12.0	34.2	52.4	68.3	62.4	56.9
電気機械	43.3	50.9	57.1	71.1	57.2	63.6	49.2	35.8	33.3	34.8	49.1	53.5
輸送機械	43.7	41.1	56.5	35.8	67.0	72.5	21.9	36.0	39.2	16.4	32.7	46.6
精密機械	59.6	52.8	55.5	55.9	53.5	68.7	36.4	38.1	57.7	80.3	74.8	82.6
石油石炭	73.6	36.5	2.4	8.6	21.6	34.1	25.9	51.8	49.4	35.3	36.0	34.3
その他	35.0	43.8	53.8	42.6	50.1	60.5	35.9	25.1	34.8	36.8	46.7	56.1
商業	23.4	24.4	20.3	14.3	35.7	38.5	26.7	28.3	19.8	17.0	40.2	45.9
サービス業	6.3	30.6	48.6	43.7	3.1	36.3	14.5	41.5	28.0	22.0	35.9	49.0
その他	0.0	13.3	20.8	76.7	53.6	73.1	50.0	23.1	61.4	19.9	49.1	26.0
合計	32.0	32.7	43.4	32.8	50.6	58.9	26.0	28.7	27.4	21.8	40.5	44.2

　注：輸出に占める現地法人向け輸出比率＝現地法人への輸出/輸出総額
　　　輸入に占める現地法人からの輸入比率＝現地法人からの輸入/輸入総額
　出所：表1.2に同じ。

44.2%に増加している。また，業種ごとにみていくと，やはりかなりの差異がみられる。例えば，98年度において農林漁業における現地法人からの輸入比率は極めて低いのに対し，一般機械，電気機械，精密機械などについてはかなり高い数値を示している。そして98年度に日本企業の輸出と輸入貿易に占める企業内貿易の割合はそれぞれ6割弱と4割強にも達している。これらの企業内貿易はすべて直接投資によって形成された日系多国籍企業内での国際的なネットワークによって行われたものである。そして，この国際的な企業内ネットワークによって行われた貿易は日本企業の輸出入貿易全体のおよそ半分を占めている。

　最後に日本の製造業企業における現地子会社と本社企業との関係をみてみよう。表1.5はそれを示したものである。表1.5からわかるように，特にNIEsを含むアジアにおいておよそ8割の海外子会社は本社企業と同一製造工程(半製品，最終財を含む)を行っている。さらに，大半の海外子会社は本社企業と同一生産工程を行っているため，企業内貿易を通じて親会社からの技術供与および親・子会社間の製品・半製品の相互供給は事業活動の展開に欠かせない重要な要素となっている。このことは，日系多国籍企業の生産活動における生産物・中間財・ノウハウのかなり大きな部分が企業内貿易を通じて移転されているということを示唆している。

　周知のように，1985年のプラザ合意以降，為替レートの調整に伴って日本は1988年に環太平洋地域における最大の直接投資国となった。そしてこうした海外直接投資の急拡大は日系多国籍企業の内部での貿易取引を急増させた大きな原因である。また，近年日本を含む世界各国の多国籍企業による中国などのアジア諸国での現地生産は急速に拡大している。その結果，多国籍企業内での国際的な生産システムは特に中国を中心とする多国間の貿易・生産ネットワークを形成するようになった。したがって，多国籍企業はこうした世界的規模で投資と貿易の戦略を結びつけるとともに，国際貿易に占める企業内貿易の比重は今後一段と高まることが予想される。特に企業内貿易における移転価格設定方法によってグループ企業間の資金の流れが大きく変化する。そのため，こうした企業内貿易の拡大にともなって移転価格の設定は以前にも増して重要な問題となってくる。

表 1.5 製造業における現地子会社と本社企業との関係　　　　　　（単位：％）

	北米	米国	中南米	アジア	アセアン	NIEs
本社企業と同一製造工程	54.9	55	61.2	65.3	66.4	65.4
原材料を半製品にする工程	4.3	4.1	7.5	7.0	9.1	5.6
半製品を最終財にする工程	9.3	9.5	13.4	13.4	15.1	9.5
上記以外の工程	11.3	11.9	11.2	6.6	7.4	4.7
販売子会社	19.8	19.0	6.7	7.5	2.0	14.2
仕入子会社	0.0	0.0	0.0	0.2	0.0	0.4
金融子会社	0.5	0.5	0.0	0.1	0.0	0.2

	中東	ヨーロッパ	EC	オセアニア	アフリカ
本社企業と同一製造工程	22.2	47.4	48.2	33.3	72.2
原材料を半製品にする工程	33.3	3.1	3.3	10.5	0.0
半製品を最終財にする工程	22.2	8.6	8.2	21.1	27.3
上記以外の工程	11.1	7.2	6.9	10.5	0.0
販売子会社	11.1	32.5	32.4	22.8	0.0
仕入子会社	0.0	0.5	0.5	1.8	0.0
金融子会社	0.0	0.7	0.5	0.0	0.0

出所：通産省産業政策局第5回の海外事業活動基本調査『海外投資統計総覧』1992年版より作成。

(3) 急増したタックス・ヘイブンへの進出

多国籍企業のグローバル税務戦略としては，適切なタックス・ヘイブンを見いだし，それを活用することが現代の多国籍企業の国際租税計画の大きな特徴の一つである。一般的に，タックス・ヘイブンとは主として軽課税などの課税上の特典が享受できる特定の国または地域をいい，次のように分類することができる。

① タックス・パラダイス（tax paradise）：所得税，法人税等の関係諸税が一切存在しないか，あるいはそれに近い国や地域(バハマ，バミューダ，ケイマン諸島等)。

② タックス・シェルター（tax shelter）：国内所得には通常の課税を行うが，国外源泉所得には免税もしくは極端に低い税率で課税する国や地域(パナマ，バルバドス，リベリア等)。

③ タックス・リゾート（tax resort）：特定の事業活動に限って租税上の恩典を与えている国や地域(オランダ，スイス，ルクセンブルク等)。

日本では，租税特別措置法との関係で法人所得に対する実効税率が，日本の

表1.6 日本企業のタックス・ヘイブンへの進出状況 (単位: 件数)

		特定外国子会社の数				
		85.4～86.3	86.4～87.3	87.4～88.3	88.4～89.3	89.4～90.3
国別	パナマ	1,263	1,386	1,496	1,483	1,479
	リベリア	558	582	545	492	532
	香港	487	527	615	678	693
	その他	191	216	234	258	289
	合計	2,499	2,711	2,890	2,911	2,993
業種別	製造業	307	347	375	391	382
	卸売業	386	470	425	412	490
	運輸通信その他の公益事業	633	625	642	644	748
	サービス業	873	938	1,004	973	841
	その他	300	331	444	491	532
	合計	2,499	2,711	2,890	2,911	2,993

注: 1. 資本金1億円以上の法人。
　　2. 特定外国子会社とは、タックス・ヘイブンに本店等を有する外国法人で我が国法人が直接または間接に保有する株式の割合が50%超となっているものをいう。
出所: *International Taxation*, Vol. 11, No. 5, p. 4.

税率(およそ50%)に比べて2分の1未満(およそ25%未満)の場合を基準として財務大臣がタックス・ヘイブンにあたる国や地域を指定することになっている。また、日本では、1989年の旧大蔵大臣の告示によってパナマ、リベリア、香港など41ヵ国・地域が指定されている。

特に1980年代後半、日本企業による事業活動の活発な国際化に伴ってタックス・ヘイブンへの進出は多くなってきているのが事実である。表1.6は資本金1億円以上の日本企業のタックス・ヘイブンへの国別・業種別進出状況を示したものである。

表1.6からわかるように、85年から89年まで毎年タックス・ヘイブンへの進出件数はおよそ3,000件で、5年間合計で14,000件相当の進出件数がある。日本では特に1980年代からタックス・ヘイブンの活発な利用が始まった。タックス・ヘイブンへの直接投資は1986年度から急速に増加している。例えば、1986年度の日本の海外直接投資上位10ヵ国の中でタックス・ヘイブンへの投資はパナマ(2位)、ルクセンブルク(3位)、ケイマン(5位)、バハマ(7位)、オランダ

(8位),香港(9位)があり,その半分以上をも占めている。そして1980年から1995年までに海外直接投資総額に占めるタックス・ヘイブンへの投資額は平均して21%に達している。また,輸出入の動きからみると,日本企業によるタックス・ヘイブンの活発な利用はさらに明らかになる(これについては第2章でさらに詳しく述べる)。毎年の輸出入総額に占めるタックス・ヘイブン経由の輸出入額の割合は平均してそれぞれおよそ12%と6%である。そして,1996年においてタックス・ヘイブンへの輸出額は6兆円にも達し,輸出総額の14%に至っている。しかし,この数値は単なる日本からの輸出金額であり,タックス・ヘイブンを経由する子会社間の取引実態はほとんど知られていない。

タックス・ヘイブンの多くは市場規模がかなり小さいのにもかかわらず,貿易取引の規模が大きいことからタックス・ヘイブンの積極的な利用がうかがえる。つまり,特に1980年代後半から日本企業の海外直接投資においてタックス・ヘイブンの利用はこの時期の財務行動の重要な特徴の一つに違いない。

むすび

本章の目的は,特に1980年代から1990年代中葉にかけて日系多国籍企業の財務システムの発展,財務環境,そして財務戦略の生成原因を検討することによっておよそここ10年間における国際財務戦略の特徴を抽出し,本書の分析視角を確認することにある。日本企業は1980年代から積極的に対外事業活動を行うに伴って,その財務管理システムが大きな変化をみせている。具体的に,財務活動の国際化と資金調達の多様化,資金移動の複雑化および進出先立地の選択による節税対策などが挙げられる。そして80年代～90年代中葉までにおけるこうした財務システムの変化の流れの中で,特に次の三つの重要な特徴がみられる。すなわち,国際事業活動の拡大に伴う金融拠点の設置(海外金融子会社の設立),企業内貿易の拡大に伴う移転価格調整問題(日米租税摩擦にも反映される移転価格設定の在り方)および急増したタックス・ヘイブンへの進出が挙げられる。

前述したように,多国籍企業の財務管理システムの最も重要な特徴は,親会社と海外子会社間を結ぶ財務ネットワークを通じて行われる資金調達,利益送

金，移転価格設定，為替リスク・ヘッジなどの意思決定をグループ全体の視野にたって一元管理するところにある。この財務戦略によって多国籍企業は企業グループ全体の資本コスト，そして国際的な納税額を最小限に抑え，資金効率性を最大限にすることができると考えられる。

　以下の各章では，特に海外金融子会社，移転価格戦略およびタックス・ヘイブンの利用を取り上げてその効率性と経済的意義を議論することにする。

第2章　金融子会社，移転価格，タックス・ヘイブンの基本的仕組みとその総合的活用

　はじめに

　周知のように，日本企業の海外直接投資は1950年代から徐々にはじまり，1960年代に入って次第に増加した。しかし，この時期は高度成長によって国内市場が急速に拡大し，輸出貿易も順調であったため，海外直接投資はまだ事業活動の中心問題にはならなかった。1970年代に入って海外直接投資は日本国内での賃金上昇，変動相場制による円高体制への移行，日米貿易摩擦の激化などを背景に上昇過程に入った。そして1980年代後半になると，日本企業による海外直接投資は急激なスピードで増加している。こうした企業活動の国際化の一環として企業財務の国際化も急速に展開している。特に1980年代後半の日本企業による海外直接投資急増はその財務戦略に大きなインパクトを与え，それに大きな変化をもたらしている。具体的に，70年代までに構築された日本企業の財務戦略は主に日本にある親会社を中心とした財務問題であった。しかし，1980年代になると，日本企業の急速な海外進出による海外生産の急増や海外子会社の規模の急拡大，さらに金融の自由化と国際化などを背景に国際資金調達が活発化し，企業グループ全体としての国際資金管理などの高度な財務的な技法が大きなテーマに成長している。

　第1章で確認したように，こうした財務活動の国際化の流れの中で，日本企業による海外直接投資におけるその財務戦略として少なくとも次の三つの顕著な動きがみられる。すなわち，海外金融子会社の設立，グループ企業間の移転価格設定およびグローバルな租税戦略である。

　本章では特に日本の製造企業が海外直接投資を行うにあたってその財務戦略

に関する問題を中心として議論を進める。具体的に，海外金融子会社の利用，移転価格戦略およびタックス・ヘイブンに関する問題を取りあげ，その仕組みおよび実際の利用状況を述べ，そして今後の日本企業のグループ全体としての財務戦略の在り方を提示すると同時にその海外直接投資の財務戦略の特徴を再確認する。

I. 日本企業による海外金融子会社の利用

1980年代後半以降日本では海外直接投資の急増にともない，メーカーによる海外金融子会社の設立が多く見られるようになった。その業務内容は主に次の四つに大別される。すなわち，グループの海外現地法人向け融資，本社あるいはグループ内の余資運用，貿易金融，グループ企業の為替の集中管理・決済などである。特に融資や為替決済などの機能からみれば，金融子会社は商業銀行と似ているような業務を行っている。ただし金融子会社は商業銀行と異なり，預金業務を行うことができない。

以下では特に海外直接投資の資金調達と大きく関連しているグループ金融タイプの金融子会社を中心に議論を進める。

(1) グループ金融タイプ金融子会社利用の仕組み

企業は海外直接投資を行うにあたってまずそのための資金調達問題に直面する。そして企業は海外で子会社を設立するための初期投資資金を調達するだけではなく，その子会社を継続的に運営する，拡大するための資金をも調達しなければならない。海外子会社の資金調達については基本的に二つの方法がある。すなわち，親会社による資金の提供および海外子会社自ら海外で資金を調達するという二つの方法である。一般に海外子会社の資金需要については設備投資を除いて現地あるいは第3国で資金を調達することが多い[1]。しかし，現地子会社による現地資金調達は様々な問題に直面する。例えば，多数の海外子会社を有する多国籍企業においてはその傘下のそれぞれの海外子会社の資金調達力が

---

[1] 王忠毅 [1996] を参照されたい。

異なるため，高い利子率で資金を調達せざるを得ない子会社が存在する。さらに進出先にその資金需要を満たせるほどの金融・資本市場が存在しているかどうかも大きな問題である。

1980年代後半以降，日本企業による海外直接投資では特にグループ金融を主な業務とする海外金融子会社の設立が多く見受けられている。このタイプの海外金融子会社は一般的に親会社の信用保証を受けることによって親会社並みの高い格付けを取得して低金利で調達した資金をグループ企業に提供することを主な業務とする。つまり，海外金融子会社の資金調達については親会社が信用補強を行うのが一般的である。

例えば，親会社が Keepwell Agreement[2] の保証を供与することによって金融子会社は一般的に親会社並みの高い格付けを取得して低金利での資金調達を行うことができる。ここで注意しなければならないのは，一般に企業グループのそれぞれの子会社は直接当該グループの親会社の保証を受けることによって資金調達の利子率を低減することができるため，海外金融子会社を設立する必要性が必ずしもないということである。しかし，現実的に子会社数および投資先国数が多ければ，各子会社は親会社の保証を得られるとしても，その資金調達の利子率は依然として調達規模およびそれぞれの国の金融・資本市場の規模や規制に制限される可能性が常に存在している。つまり，特に海外子会社を多数保有する企業にとっては最も適切な金融・資本市場で親会社の保証を有効に利用できる資金調達専門の子会社を設立することによってグループ全体の必要資金を一括調達した方が有利であると考えられる。実際に日本企業の海外金融子

---

[2] Keepwell Agreement とは，支援者（親会社の場合が多い）が CP やノートの発行者を信用維持の面でサポートする旨の合意書であり，次のような内容のものがある。a: 支援者が 100% の議決権株式を保持し続ける（51% 以上とするケースもある）。b: 発行体が一定額の純資産の維持ができないときの支援者の増資払い込み義務（純資産1ドル以上の維持義務＝債務超過とならないための支援義務といった軽いものから，より大きな純資産額の維持義務を約束するものまである）。c: 最低水準の fixed charge coverage の維持義務（例えば，1.25倍以上），fixed charge coverage というのはインタレスト・カバレッジと似た概念で，支払利息やレンタル料など固定的な金融費用を利益額でどの程度負担できるかについてみるための財務指標である。d: 万一流動性危機が発生した場合の，金融支援義務（大庭清司・山本功 [1994]，193頁）。

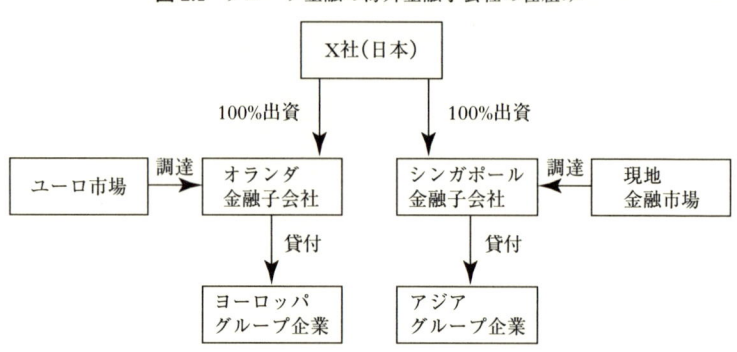

図 2.1　グループ金融の海外金融子会社の仕組み

```
                    X社(日本)
              100%出資    100%出資
                 ↓          ↓
ユーロ市場 →調達→ オランダ    シンガポール ←調達← 現地
              金融子会社   金融子会社         金融市場
                 ↓貸付      ↓貸付
              ヨーロッパ    アジア
              グループ企業  グループ企業
```

会社がグループ企業の必要資金を一括調達して各子会社に配分するのが有利か否かについての実証研究[3]においては，グループ金融型の海外金融子会社の存在がグループ全体の資金調達利子率を引き下げる効果があるということが確認されている。

　図 2.1 はグループ金融の海外金融子会社の具体的な仕組みを示したものである。まず日本にある親会社 X 社はオランダおよびシンガポールに 100% 出資のグループ金融を主業務とする海外金融子会社を設立する。そして X 社はオランダおよびシンガポールにある金融子会社を通してユーロ CP や社債を調達することによってアジアとヨーロッパの各子会社に海外投資資金を提供する。このようにして，本社企業は複数の金融子会社を設立することによって各地域の子会社が事業活動に専念できるよう資金を提供する。具体的に，金融子会社は地域別(英国・オランダなどのヨーロッパ，シンガポール・香港などのアジア)でそれぞれの現地子会社に必要な資金をタイムリーに提供することによって資金供給を円滑化・効率化することができる。

（2）　日本企業による金融子会社の利用

　日本企業の海外金融子会社の多くはグループ金融を主な業務としている。このタイプの金融子会社は特にオランダに集中して設立されている。第 1 章で述

---

[3] これについては第 5 章で詳しく議論する。

第 2 章 金融子会社，移転価格，タックス・ヘイブンの基本的仕組みとその総合的活用 43

表 2.1 主要企業の海外金融子会社による CP の発行

親企業	発行企業	期日	金額(注)	使途
日立製作所	HIHO	87.9	1 億ドル	海外生産投資資金
小松製作所	Komatsu Finance	87.9	1,000 万ドル	現地子会社の運転資金
久保田鉄工	Kubota Finance	87.10	1,000 万ドル	欧米の子会社運転資金
三菱商事	MCF	88.6	*12 億ドル	資金運用
三菱化成	MKC Finance Amsterdam	88.11	1,150 万ドル	現地生産子会社へ融資
三洋電機	SEFC	89.9	700 万ドル	北米子会社の資金調達
三菱石油	Mipetro	89.10	1 億ドル	石油製品購入
商船三井	Euro MOL	90	*1 億ドル	欧州物流拠点の整備
松下電工	MEW Netherland	90.1	5,000 万ドル	欧州地域の運転資金
サッポロビール	Sapporo Finance Netherland	90.1	*1 億ドル	欧州の事業展開の資金
日本酸素	Nippon Sanso Netherland	90.3	*1 億ドル	為替リスク回避
川崎汽船	K Line Netherland	90.7	*1 億ドル	現地法人の運転資金
松下電器	Panasonic Finance	90.12	*50 億ドル	MCA の買収資金
三菱地所	MEC Finance	91.3	1 億ドル	米での不動産開発，運転資金
ソニー	Sony Euro Finance B.V.	91.10	*2 億ドル	欧州販売会社の運転資金
トヨタ	Toyota Motor Credit Corp.	94.10	*15 億ドル	米子会社の運転資金
東芝	Toshiba Capital Asia	96.1	*8 億ドル	アジアの事業拡大資金

注： *印は CP の設定枠である。
出所： 87 年～96 年日経 4 紙(日本経済新聞，日経金融新聞，日経産業新聞および日経流通新聞)より作成。

べたように，オランダの最大の特徴は金融子会社としての活動にあたってあらかじめ税務当局から課税についての見解（Advanced Tax Ruling）を取得できることである。この税務当局の見解を取得することによって，金融子会社はグループ企業への貸付において移転価格税制上の極めて面倒な議論を回避することができるのである。さらに利子源泉税が存在しないなどの優遇措置もグループ全体にとって大きな利点である。1996 年 3 月末現在で日本の製造業海外金融子会社数[4] は総計 213 社以上にのぼり，オランダに設立されている金融子会社(98 社)の占める割合は 46% に達する。さらにオランダに設立されている金融子

---

[4] 金融子会社についての公式データはまだ整備されていないが，ここでは東洋経済『海外進出企業総覧 97(国別編)』において現地法人が金融業でその業務内容にグループ金融，余資運用，為替対策，販売金融，税務戦略などを記載している企業を金融子会社とする。

表 2.2 主要企業の海外金融子会社による社債発行

親会社	発行企業	期日	金額	使途
日本鋼管	NKK International Finance BV	88.6	ユーロ円建て SB, 80 億円	グループ全体海外活動活発化に伴う資金需要
松下電器	Panasonic Finance BV	88.11	ユーロ円債, 100 億円	欧州地域での運転資金
日本郵船	NKK, International Netherland	90.6	MTN, 5,000 万ドル	欧州での物流拠点整備
シャープ	Sharp International Finance	90.8	ユーロ円建て債, 200 億円	欧州の家電生産子会社や販売子会社などの設備・運転資金
神戸製鋼所	Kobe Steel International America	90.11	ユーロドル建て SB, 1,000 万ドル	米国の鉄鋼、アルミなどの子会社の設備投資資金
松下電器	MCA Funding	91.3	MTN, 7 億ドル	MCA の買収資金借り換え
三菱商事	MCF	91.6	リラ建て MTN, 200 億リラ	資金運用
岡村製作所	Okamura International	92.2	ユーロ円 SB, 100 億円	東南アジアでの生産物流拠点
神戸製鋼所	Kobe Steel International Netherland	92.5	MTN, 1 億 3,000 万ドル	欧州での事業活動
商船三井	Euro MOL BV	92.11	MTN, 7,000 万ドル	海外子会社の設備投資
セガ	Sega International Finance BV	93.11	MTN, 5 億ドル(枠)	欧州子会社の運転資金
日本石油	Nippon Oil Finance Netherlands	94.7	MTN, 4 億ドル	メキシコ湾岸の保有鉱区の開発
商船三井	Euro MOL BV	94.8	MTN, 3 億ドル	船舶建造
マキタ	Euro Makita Corp. BV	96.3	ユーロ円債, 40 億円	欧州の製造・販売子会社への貸付

出所: 88年～96年日経4紙(日本経済新聞, 日経金融新聞, 日経産業新聞および日経流通新聞)より作成。

会社98社の中では75社がグループ金融を主な業務としている。

　資金調達において特に1980年代後半から海外金融子会社によるCPの発行がしばしばみられるようになった。表2.1に示されている日本企業の海外金融子会社の米国国内CP枠やユーロCP枠をみると，パナソニック・ファイナンス(米)50億ドル，トヨタモータークレジット(米)15億ドルなどかなり巨額になっている。資金の使途を見てみると，三菱商事ファイナンス（MCF）を除けば調達された資金はほとんど海外子会社の運転資金などに回されている。したがって，海外金融子会社によるCPの発行はグループ各社の短期資金需要にかなり貢献していると考えられる。そして，表2.2に示されているように，同じく三菱商事ファイナンスを除けば海外金融子会社の社債発行によって調達された資金はほとんど海外子会社の事業活動などに回されている。このように海外金融子会社による資金調達は海外のグループ企業の短期資金需要だけではなく中長期資金の調達にも大きく貢献していると思われる。

　高倉信昭氏が日本の主要企業を対象にその1990年代の財務戦略についてアンケート調査[5]を行った。この調査によると，今後の海外金融子会社の活用については「積極化」とする企業が7割に及ぶ。「予定なし」は3割だが，理由は「国際化が進展していない」，「資金ニーズがない」を挙げている。そして海外金融子会社を積極的に活用する具体的内容については「資金調達の多様化および資金調達力の強化」や「グループ金融機能の強化」が56％にも及ぶ。つまり，海外直接投資の資金調達において海外金融子会社はますます重要な役割を果たすようになると考えられる。

　表2.3は松下電器の海外金融子会社[6]の概要を示したものである。パナソニック・ファイナンス・インク（PFI）とパナソニック・キャピタル・コーポレーション（PCC）はそれぞれ北米地域の短期資金および中・長期資金の調達に特化され，北米のグループ企業に安定的に資金を供給している。MCAファンディング・コープ（MFC）は1991年に設立された北米の3番目の金融子会社である。この金融子会社は1990年の年末に買収したMCA社のグループ資金

---

[5]　社団法人企業研究会［1992］，43～62頁。
[6]　特に松下電器産業の海外金融子会社の問題については王忠毅［2002］を参照されたい。

表 2.3 松下電器産業の海外金融子会社

社名	パナソニック・ファイナンス・インク	パナソニック・キャピタル・コーポレーション	MCA ファンディング・コープ
略称	PFI	PCC	MFC
所在地	アメリカ(ニューヨーク)	アメリカ(ニュージャージー)	アメリカ(ニューヨーク)
設立時期	1985年7月	1987年7月	1991年2月
主要業務	短期資金調達(CP・BA)，グループ貸付，地域事業会社資金管理助成，為替オペレーション，財務広報	長期資金調達(ユーロ SB・MTN)，グループ貸付	MCA 社事業資金の調達(CP・MTN)
社名	イギリス・パナソニック・ファイナンス	オランダ・パナソニック・ファイナンス	アジア松下電器[注](為替・財務ディビジョン)
略称	PIF	PFN	AMS
所在地	イギリス(ロンドン)	オランダ(アムステルダム)	シンガポール
設立時期	1986年5月	1986年5月	1989年4月
主要業務	資金調達(ユーロCP・銀行借入)，グループ貸付，地域事業会社資金管理助成，財務広報	資金調達(ユーロ SB・ユーロMTN)，グループ貸付	資金調達(NIF・銀行借入)グループ貸付地域事業会社資金管理助成，為替オペレーション

注： この会社は同地の仲介貿易を行っているが，89年から同社内の為替・財務事業部がアジア地域の金融拠点としての機能を果たしている。
出所： 社団法人企業研究会 [1992]，235頁。

を集中的に管理し，かつ必要に応じて資金調達を実施する役割を有している。また，ヨーロッパにおいて，英国・オランダの2社体制としたのはグループ金融を実施するにあたってのオランダの有利性とロンドンの金融・資本市場をともに重視した結果である。そしてアジア地域においてシンガポールのアジア松下電器（AMS）はグループ金融や為替決済など多様な活動を行っている。このように，松下電器は複数の海外金融子会社を利用することによって海外直接投資におけるグループ全体の資金調達システムを確立しようとしていると考えられる。実際に，松下電器の連結長期負債総額に占める金融子会社による長期借入金の割合は96年度の37.12%から一貫して上昇している傾向にあり，2001年度に72.64%までにも達するようになった(松下電器産業年次報告書，各年版)。つまり，松下電器産業の金融子会社は実質的にグループ全体の長期資金を調達する機能を果たしている。

ちなみに，1998年4月1日の改正外為法実施を受け，松下は，日本，アメリカ，英国，シンガポールの金融子会社に加えて，中国に返還された香港に金融拠点を設けているほか，さらに1998年6月にマレーシアに「パナソニック・ファイナンシャル・センター・マレーシア」を設立した。このシステムによって各拠点内のグループ企業間では資金取引をネッティング[7]する。また，アメリカとアジアなど各拠点の資金も2000年度までに本社内に設置する「グローバル・キャッシュ・マネージメント・センター」を通じ，ネッティング処理できるようにする。こうした新体制により，松下は世界6ヵ所の金融拠点(日本，アメリカ，英国，シンガポール，香港，マレーシア)で域内取引をネッティングし，拠点間でも資金決済できるようにした。さらに余裕資金のあるグループ子会社は各地域の金融拠点に貸し出し，資金不足の子会社がそこから資金を借り入れることができるため，グループ全体の資金効率性が大幅に高くなると考えられる。

II. 移転価格 (transfer price)[8] 戦略

移転価格の設定は同一企業グループ内における財やサービスの移転にかかわる問題である。この同一企業グループ内における財やサービスの取引(移転)は一般的に企業内貿易 (intrafirm trade) として認識されている。そして企業が海外直接投資を行うと，親・子会社間の取引すなわち企業内貿易がしばしば行われることになる。このグループ企業内の取引における移転価格設定の仕方によってグループ企業間の資金の流れが変化する。そして特にこの資金の流れが国境を越えると様々な問題が発生し，いわゆる移転価格の問題として提起されている。以下では，特に移転価格設定の具体的な仕組みおよびその財務効果を取り上げて議論し，幾つかの調査報告に基づいて日本企業の移転価格戦略を考察することにする。

---

[7] この問題については本書最後の補章で詳しく議論する。
[8] 移転価格の問題は基本的に財・サービスの移転と資金の移転の2種類が存在する。その取引の範囲は完成品，中間財だけではなくロイヤリティー，マネジメント・フィー，免許料および借入金金利をも含む(国際連合・OECD報告書 [1980]，1頁)。

(1) 移転価格設定の仕組みおよびその問題点

　多国籍企業が移転価格を調整する動機およびそれによる財務的な効果は一般的に次のようにまとめることができる。

　まず，グローバル規模での節税目的のために，多国籍企業はより低い税率が適用されている国での利益を高め，より高い税率の国での利益を低くするように財とサービスの企業内取引の価格設定を行うことによりグループ全体としての税負担を最小化しようとする。

　次に，多国籍企業は，移転価格の設定を用いて弱い通貨（下落傾向にある通貨）の保有を極力回避することにより，為替相場の変動から生じる損失を最小限にすることができる。

　また，新設あるいは赤字子会社に対し，親会社ないし他の子会社からの輸入価格を低めに設定し，当該子会社に競争上の優位性あるいは成長のテコともいうべき大幅な利益マージンを与えることもある。

　以上のような観点から，多国籍企業の移転価格戦略は特に企業グループ全体の資本蓄積の促進および参入障壁の克服に対して大きな役割を果たすことができると考えられる。

　以下では移転価格設定の仕組みについて一つ簡単な例を示そう。

　まず，日本の自動車会社が米国の販売子会社に原価100万円の自動車をドル建てで輸出し，米国で2万ドルで販売するとする。表2.4に示されているように，輸出価格が15,000ドルで輸出当初の為替レートが1ドル＝150円であれば自動車一台当たりの輸出販売による企業全体の円換算税引後利益は1,115,000円になる。しかし，日本の実効税率が米国のそれよりかなり高くなっているため，この自動車会社が企業グループ全体の税負担を節約しようとすれば，米国への輸出価格を引き下げ，つまり利益を税率の低い米国にシフトしたほうが有利である。この場合，もしこの自動車会社が輸出価格を12,000ドルまでに引き下げれば，自動車一台あたりの輸出販売による企業グループ全体の円換算税引後利益は1,196,000円になる。移転価格調整によって企業は自動車一台あたりの輸出に81,000円の税額を節約することができる。

　しかし，もし輸出当時の為替レートは1ドル＝150円だが，輸出を行った後に円相場が急激に上昇して1ドルが100円になれば，企業は大きな為替差損を

第 2 章 金融子会社, 移転価格, タックス・ヘイブンの基本的仕組みとその総合的活用 49

表 2.4 移転価格の変更と為替レートの変動についてのシミュレーション

	為替レートが変動しない場合
価格調整前: 輸出価格 為替レート グループ全体の 円換算税引後利益	15,000 ドル 150 円 $(15,000 \times 150 - 1,000,000) \times (1 - 0.51)$ $+ (20,000 - 15,000) \times (1 - 0.33) \times 150$ $= 1,115,000$
価格引き下げ: 輸出価格 為替レート グループ全体の 円換算税引後利益	15,000 → 12,000 ドル 150 円 $(12,000 \times 150 - 1,000,000) \times (1 - 0.51)$ $+ (20,000 - 12,000) \times (1 - 0.33) \times 150$ $= 1,196,000$
価格引き上げ: 輸出価格 為替レート グループ全体の 円換算税引後利益	15,000 → 18,000 ドル 150 円 $(18,000 \times 150 - 1,000,000) \times (1 - 0.51)$ $+ (20,000 - 18,000) \times (1 - 0.33) \times 150$ $= 1,034,000$
	急激な円高が発生する場合
価格調整前: 輸出価格 為替レート グループ全体の 円換算税引後利益	15,000 ドル 150 → 100 円 $(15,000 \times 150 - 1,000,000) \times (1 - 0.51)$ $+ (20,000 - 15,000) \times (1 - 0.33) \times 100$ $= 947,500$
価格引き下げ: 輸出価格 為替レート グループ全体の 円換算税引後利益	15,000 → 12,000 ドル 150 → 100 円 $(12,000 \times 150 - 1,000,000) \times (1 - 0.51)$ $+ (20,000 - 12,000) \times (1 - 0.33) \times 100$ $= 928,000$
価格引き上げ: 輸出価格 為替レート グループ全体の 円換算税引後利益	15,000 → 18,000 ドル 150 → 100 円 $(18,000 \times 150 - 1,000,000) \times (1 - 0.51)$ $+ (20,000 - 18,000) \times (1 - 0.33) \times 100$ $= 967,000$

注: 1. 日本の実効税率はおよそ 51% であり, 米国のそれはおよそ 33% である。
 2. ここではわかりやすく説明するため, 関税や移転価格税制などの問題を考慮しないことにする。

こうむることになる。表 2.4 に示されたように，円相場が 1 ドル = 100 円になると，企業が価格引き下げを行っていない場合の税引後利益は 947,500 円，価格引き下げを行った税引後利益は 928,000 円になる。移転価格調整を行った結果，企業全体の税引後利益は逆に減少してしまうことになる。急激な円高による為替差損が移転価格調整による節税額を上回ったため，価格調整後の企業全体の税引後利益は逆に減少した。この場合，米国の実効税率が日本のそれよりかなり低いにもかかわらず，この自動車会社は輸出価格を逆に 18,000 ドルまで引き上げれば企業全体の税引後利益は 967,000 円になる。つまり利益を税率の高い日本に残すことによって急激な円高による為替差損をある程度カバーできることになる。

したがって，グループ全体の税負担を最小化する戦略はグループ全体の利益最大化という前提のもとでは必ずしも適切でない場合も生じることがわかる。多国籍企業は移転価格の設定で弱い通貨の保有を回避することによってある程度為替リスク[9]による損失を回避することができるが，税率の国際的格差を考慮に入れた場合，この戦略も再検討する必要がある。つまり特定の財務効果を満たすための最適な価格設定は存在するが，多くの場合他の効果との間にトレード・オフ関係が存在するため，グループ全体にとっての最適移転価格はそれぞれの財務効果の間の折衷的な価格にならざるをえない。この問題については第 3 章で再び詳しく議論する。

また，合弁事業のパートナーが常に最大限の収益配分を主張するため，多国籍企業の移転価格設定はしばしば現地パートナーとの利益相反という事態を引き起こす。さらに，多国籍企業は政府の規制の程度および特に設定した移転価格が税制当局から見れば問題になるかどうかを考慮に入れなければならない。これらの制約要因は常に多国籍企業の移転価格の設定に大きな影響を与える。

(2) 日本企業の移転価格設定

移転価格の設定には多くの方法がある。例えば，原価基準，原価プラス基準，市価基準および市価マイナス法などがある。ここではいくつかの調査報告に基

---

[9] 日本企業による為替リスク・ヘッジの方法は一般的に為替予約等の方法がよく使われている。

表 2.5 日本企業の移転価格設定（地域・製品別）　　　（単位: %）

主たる製品の地域別移転価格設定				
	日米間	日欧間	欧米間	日亜間
市価基準	45.9	38.7	42.3	28.0
原価	0.0	0.0	0.0	0.0
原価プラス基準	35.1	41.9	37.5	58.2
その他	18.9	19.4	20.8	14.0
主たる部品・中間財の地域別移転価格設定				
	日米間	日欧間	欧米間	日亜間
市価基準	43.4	40.0	47.6	35.1
原価	3.3	0.0	0.0	2.7
原価プラス基準	43.4	48.0	42.9	54.0
その他	10.0	12.0	9.5	8.1

出所: 小畠信史・清水孝 [1996]，233〜237 頁より作成。

づいて日系多国籍企業の移転価格の設定に関する問題を考察する。

　まず，日本企業の移転価格の設定方法をみてみよう。佐藤康男氏が 1991 年 2 月に実施したアンケート調査[10] によると，日本企業の移転価格の設定基準はおよそ半数の企業は原価プラス基準を採用しており，ついで市価基準となっている。Roger Y. W. Tang[11] は，日本企業の移転価格設定方法についてより詳細な調査を行った。Roger Y. W. Tang は移転価格の設定方法をさらにコスト関連とコスト無関連とに分類している。コスト関連については佐藤康男氏が行った調査と同じような結論を示している。すなわち，コスト関連の設定方法の中で，原価プラス基準は日本の多国籍企業によって最も採用されている方法である。これは原価をベースとする価格の設定がより大きな柔軟性をもっているため，企業が価格調整を行う目的も容易に達成できると考えられる。

　そして，小畠・清水氏は日本企業の移転価格設定についてさらに地域別に分けて調査を行った。表 2.5 はその調査結果をまとめたものである。基本的には日本企業によって最も採用されている方法は原価プラス基準である。これは佐藤氏および Roger Y. W. Tang が行った調査と同じような結果を示している。

---

[10] 佐藤康男 [1991b]，68 頁。
[11] Roger Y. W. Tang [1979]，p. 65。

表 2.6　日本企業の移転価格設定要因

移転価格を設定する際に考慮する要因	86年調査 重視度（%）	95年調査 重視度（%）
1　企業グループ全体の利益を最大化すること	74	72
2　グループ内各企業の自律性を損なわないこと	65	73
3　グループ内各企業の評価を容易にすること	39	49
4　財務諸表作成を容易にすること	26	26
5　グループ内各企業の利益を最大にするように最適価格を見つけ出すこと	61	57
6　わが国の税法やその他諸法令に従うこと	73	71
7　外国の税法や関税制度に従うこと	65	74
8　価格決定に影響力を持ちうるように関係企業の持ち株比率を高めること	10	7
9　遊休生産能力の利用を最大にすること	24	19
10　独立企業間価格での取引を促進すること	28	56
11　計画通りの費用と利益に配分すること	15	20
12　一般に認められた会計原則に従うこと	55	69
13　価格政策は親会社に集権化されているので価格に関して議論の余地はない	21	26
14　親会社の価格決定担当部門が購買部門，販売部門，融資部門の提出したデータから評価を行うこと	39	29
15　親会社のトップが各部門の提出したデータから評価を行う	24	11
16　価格についての意見の対立は各企業のトップ間の協議を経て，購買・販売各部門の各企業レベルで解決される	34	35
17　各企業レベルでまず調停がなされ，各企業レベルで合意が得られない場合親会社のトップが調停，解決する	11	19
18　企業グループ内に対立を解決するための調停機関がある	0	0
サンプル数	$n=97$	$n=112$

注：　重視度…「極めて重要」，「かなり重要」，「まずまず重要」，「あまり重要でない」，「全く関係ない」の5段階評価において「極めて重要」，「かなり重要」の選ばれた比率を重視度とよんでいる。
出所：　村上睦 [1996]，121～123頁より作成。

しかし，地域別に分けてみてみると，特に日米間の移転価格設定では市価基準を用いるケースが原価プラス基準を用いるケースを上回っている。これは近年米国政府の対外資系企業の課税強化の政策によって日本企業が米国の移転価格税制に適用される事態を回避するために採用した価格設定の結果と思われる。さらに日欧間と日亜間を見ると，原価プラス基準が市価基準を上回り，特に日

亜間では6割近い企業が原価プラス基準を採用しているということがわかった。

次に，日本企業の移転価格設定に影響を与える要因をみてみよう。表2.6に示されたように，日本企業の移転価格設定の重視度を高い順でみていくと，「企業グループ全体の利益を最大化すること」は両調査年度においてかなり重視されていることがわかった。特に1995年度においては「外国の税法や関税制度に従うこと」が最も重視される項目である。これは近年の租税摩擦の激化を反映している結果と思われる。ちなみに，これと類似している研究を行ったのはWu & Sharp[12] および Roger, Walter & Raymond[13] の分析であった。時期的にはやや古いが Wu & Sharp の分析では米国企業がもっとも重視しているのはまず「外国の税法や関税制度に従うこと」，次に「企業グループ全体の利益を最大化すること」である。Roger, Walter & Raymond は日米企業を同時に調査対象としており，それによると日米企業は双方とも企業全体の利益を最優先に取りあげている。つまり，移転価格設定に影響を与える要因はさまざまであるが，一般的に日米企業とも最優先事項として取り上げているのは企業全体の利益を最大化することである。そして少なくとも1970年代から米国企業はかなり外国の税法および関税制度を重視してきたのに対し，日本企業は近年の租税摩擦の回避策として外国の税法や制度を重視するようになっていると考えられる。

世界各国の税制当局は自国から企業利益を逃すような措置を許さず，是正を求める。しかし，それぞれの国の利益が対立し，結局妥協的な価格[14] によって仕切るよう求められることになる。つまり，移転価格の設定には，政治的あるいは法律的な制約が常に存在しており，それを設定する，あるいは運用する際に限界があるということを念頭に置かなければならない。

III. タックス・ヘイブンの利用

第1章で述べたように，タックス・ヘイブン（Tax Haven）とは主として軽

---

[12] Frederick H. Wu and Douglas Sharp [1979].
[13] Roger Y. W. Tang et al. [1979].
[14] 例えば，トヨタ，日産の自動車移転価格問題をめぐって日米最終合意では日米の関連会社間の利益配分を8対2から6対4に変更した（薄木正治 [1988]，132頁）。

課税などの課税上の特典が享受できる特定の国または地域をいう。一般的に，タックス・パラダイス（tax paradise），タックス・シェルター（tax shelter）およびタックス・リゾート（tax resort）に分類することができる。

　タックス・ヘイブンの多くは資源が乏しく人口の少ない小さな島国や地域であり，外国資本を競って誘致するため様々な税制特典を施している。ただし，タックス・ヘイブンは全く税制がないわけではない。例えば，全所得や国外源泉所得には税金がかからないが，会社登録税や印紙税，固定資産税などの税制は存在している。それらの税収入はタックス・ヘイブンの重要な財源となっている。例えば，人口わずか17万人のアンティールの場合では登録している外国会社数はおよそ3万社で，年間予算の4割は外国企業からの税収によって賄われているといわれている。

（1）　タックス・ヘイブン利用の仕組み
　タックス・ヘイブンの利用方法については一般的に次のようなものがある。
① 販売会社：　外国にあるグループの販売会社との取引によって利益をプールしようとするものである。
② 持株会社：　グループ企業の利益をプールし，資金をグループ全体からみて最も効率よく運用したり再投資する。
③ 金融子会社：　この場合，タックス・ヘイブンではその金融子会社の支払う利子に対して源泉徴収税の課税がないのが一般的である。例えば，オランダはそれにあたる。

　その他に海運会社や保険会社[15]など様々な利用方法がある。次にパナマの輸出入販売子会社を利用する仕組みについて一つの簡単な例を示そう。
　日本の自動車会社が原価10,000ドルの自動車を米国の子会社に15,000ドルで販売し，そして米国の子会社が輸入した自動車を20,000ドルで販売したとす

---

[15] 例えば，キャプティブ保険などがある。これは大手企業が事業に伴う特定のリスク対策として企業内に資金を確保する代わりに，自社の専属保険会社を設立するものである。その中で特に支払保険料が損金となる税制のメリットが注目されている。ちなみに，2001年現在タックス・ヘイブンに進出している日本企業においてトヨタ自動車，日本航空などを含んでおよそ80社はキャプティブを設立している。

第2章 金融子会社，移転価格，タックス・ヘイブンの基本的仕組みとその総合的活用　55

図2.2 多国籍企業の送金ルートの一例

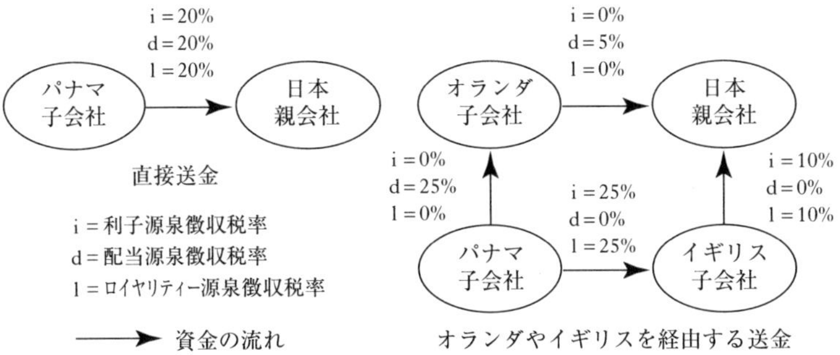

```
         i = 20%                           i = 0%
         d = 20%                           d = 5%
         l = 20%                           l = 0%
  パナマ  ────→  日本         オランダ  ────→  日本
  子会社         親会社        子会社           親会社
                              ↑                    ↑
  直接送金                    i = 0%              i = 10%
                              d = 25%             d = 0%
  i = 利子源泉徴収税率        l = 0%              l = 10%
  d = 配当源泉徴収税率              i = 25%
  l = ロイヤリティー源泉徴収税率    d = 0%
                              パナマ   ────→   イギリス
  ────→ 資金の流れ           子会社    l = 25%  子会社

                            オランダやイギリスを経由する送金
```

出所：OECD［1990］，中元文徳［1992］，より作成。

る。この場合，日本・米国での利益各5,000ドルにそれぞれ課税される。しかし，外国源泉所得非課税のパナマに販売子会社を設立して，形式的に日本の親会社が自動車をパナマの子会社に12,000ドルで売り，パナマの子会社が米国の子会社に18,000ドルでさらに売るようにすれば，日本の親会社と米国の子会社が得た2,000ドルの利益にそれぞれ税金がかかるだけで，パナマの子会社の6,000ドルの利益には税金がかからないことになる。また多国籍企業はタックス・ヘイブンにプールした資金を本国に送金しようする場合，各国間で結ばれている租税条約を利用することによって税負担がかなり軽減できる。例えば，パナマなどの海外子会社から日本の親会社に送金する場合，直接送金するよりも他の租税条約締結国を経由して日本に送金したほうが税負担を軽減できる。図2.2に示されたように，パナマの子会社に資金を貸し出して1億円の利子所得があったとすると，パナマより直接日本に送金する場合，20％の利子源泉税が徴収され手取り額は8,000万円になってしまうが，オランダの子会社を経由すれば利子源泉税が存在しないため，手取り額は1億円となる。ここに2,000万円の節税効果があげられることになる。また，配当やロイヤリティーによる送金の場合においても多国籍企業にとっては最適送金経路が存在する。これは主に各国における法人税制の相違や各国間で結ばれている租税条約によって生ずるものである。

　しかし，ここで注意すべきなのはこの蓄積された利益は他の国や地域を経由

しなくても本国に送金しない限りその期間だけ税金を延納する効果があるということである。特に多国籍企業の場合ではその利益を海外で再投資できるため，海外子会社の資金調達の点からも意義は大きいと思われる。

(2) 日本企業によるタックス・ヘイブン利用の現状

日本では特に 1980 年代からタックス・ヘイブンの活発な利用が始まった。タックス・ヘイブンへの直接投資は 1986 年度から急速に増加している。1986 年度の日本の海外直接投資上位 10 ヵ国の中でタックス・ヘイブンへの投資はパナマ(2位)，ルクセンブルク(3位)，ケイマン(5位)，バハマ(7位)，オランダ(8位)，香港(9位)があり，その半分以上をも占めている。1989 年現在タックス・ヘイブンに進出している日本企業の子会社は 2,890 社にも達している。そして 1996 年度においてタックス・ヘイブンへの直接投資額が 8,845 億円で件数としては 463 件に達している。1980 年から 1995 年までに海外直接投資総額に占め

図 2.3 日本企業による輸出入総額に占めるタックス・ヘイブンへの輸出入の割合

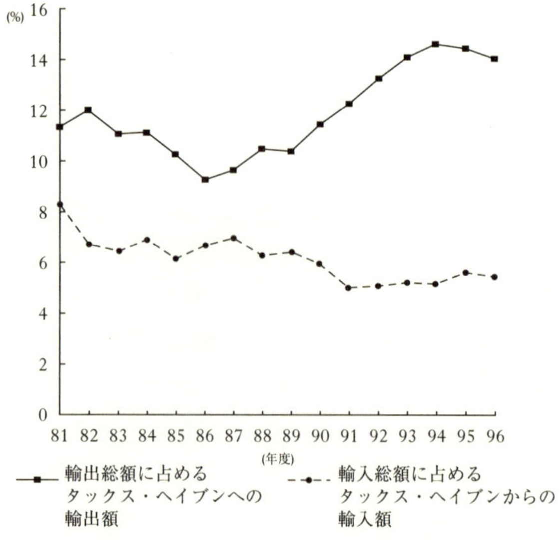

― 輸出総額に占めるタックス・ヘイブンへの輸出額
--- 輸入総額に占めるタックス・ヘイブンからの輸入額

出所: 日本関税協会『外国貿易概況』各年版より作成。

第 2 章　金融子会社，移転価格，タックス・ヘイブンの基本的仕組みとその総合的活用　57

表 2.7　パナマにおける日本の製造企業による直接投資

日本側企業名	現地法人名	事業内容や投資内容
本田技研工業	United Car Transport Corp. SA	船舶所有
服部セイコー	Atlantic Times, SA	時計販売業
富士興産	Fuji Kosan de Panama SA	石油製品販売，購入
不二越	Nachi Intl. Panama Corp.	ベアリング販売
日立製作所	Hitachi Sales Corp.de Panama SA	本社家電製品の卸売販売
日野自動車工業	Motores Hino de Panama SA	補修部品基地として中南米地域をカバーする
日本ビクター	JVC Latin America SA	卸売り
東洋エンジニアリング	TEC Investment & Service Ltd.	金融
東芝	Toshiba de Panama SA	家電製品の販売
大和工業	Yamatokogyo Investment Bahama Ltd.	金融業
川崎製鉄	Kawasaki Steel Intl.	焼結鉱の販売
新日本製鉄	Nippon Marine Intl. SA	海洋工事受注
松下電器産業	Panasonic Latin America, SA	国内，中南米地域への市販商品，OA 機器の輸入販売
住友重機械工業	SHI (Panama) SA	関連会社に対するグループ金融など
山之内製薬	Syntex Corp.	塩酸ニカルジピンの特許権
三菱電機	Melco Sales Latinamerica	家電製品販売
三菱石油	MOC Trading Inc.	原油の取引
三井造船	Sanzo Management (Panama) SA	資金調達運用・金融業
光洋精工	Koyo Latin America, SA	ベアリングの輸入販売
ヤマハ	Yamaha de Panama SA	楽器類輸入卸販売
トクヤマ	Petrochemical Del Sur SA	投資会社
ソニー	Sony Corp. of Panama SA	自社製品の販売
Sony Corp. of Panama S.A.	Ventas Electronica, SA	電子機器の販売
キャノン	Canon Latinamerica Inc.	当社製品の南米向販売
アイワ	AIWA Latinamerica, SA	販売
アイシン精機	Aisin Panama SA	当社製品の輸出入販売
ケンウッド	Kenwood Electronics Latinamerica SA	音響通信機器販売
NTN	NTN Sudamericana SA	NTN 製品販売
JUKI	Tokyo Juki SA	当社製品の販売

出所：経済調査協会［1995］『企業別海外投資（上場企業編）』第 24 集より作成。

るタックス・ヘイブンへの投資額は平均して21%に達している。つまり日本企業の海外直接投資においてタックス・ヘイブンの利用はすでに定着していると考えられる。

また，輸出入の動きからみれば，日本企業によるタックス・ヘイブンの活発な利用はさらに明らかになる。図2.3からわかるように，毎年の輸出入総額に占めるタックス・ヘイブン経由の輸出入額の割合は平均してそれぞれおよそ12%と6%である。そして，1996年においてタックス・ヘイブンへの輸出額は6兆円にも達し，輸出総額の14%に至っている。しかし，この数値は単なる日本からの輸出金額であり，タックス・ヘイブンを経由する子会社間の取引実態はほとんど知られていない。タックス・ヘイブンの多くは市場規模がかなり小さいにもかかわらず，貿易取引の規模が大きいことからタックス・ヘイブンの積極的な利用がうかがえる。

表2.7に示されているように，パナマに設立された日本の製造業企業の子会社の多くは輸出入販売を行っている。パナマにおいて所得税は国内源泉所得に対してのみ課せられ，外国源泉所得は非課税となっている。また次の活動から発生する所得は国内源泉所得から除外される。すなわち，①パナマ設立の事務所の商品売買について，当該商品がパナマ外だけを移動する場合，②パナマ設立の事務所から取引を指揮するが，その取引の効果が外国で発生するもの，③パナマ国外で生ずる所得からの配当額である[16]。

国境をまたがって事業活動を行っている多国籍企業にとって節税問題は特に経営全体の大きな課題になっている。例えば，1億円の増益を目指す場合を考えてみよう。売上高利益率が1%だとすると，1億円の増益には100億円の売上増が必要である。他方，その企業の利益が全体で100億円があったとすると法人税が1%低いだけで手元に残る資金が1億円増えることになる。したがって，税率の国際的格差が存在する限り，企業が完全無課税国または海外所得非課税国などのタックス・ヘイブンを利用することはグループ全体として有効な財務戦略であると考えられる。

しかし，近年，世界各国は特にタックス・ヘイブンに対してかなり厳しい批

---

[16] 若杉明［1994］，104頁。

表2.8 OECD が認定したタックス・ヘイブン（計31ヵ国・地域）

《米州》15ヵ国・地域
アンギラ, アンティグアバーブーダ, バハマ, バルバドス, ベリーズ, 英領バージン諸島, 米領バージン諸島, ドミニカ, グレナダ, モンセラト, パナマ, セントクリストファーネビス, セントルシア, セントビンセント・グレナディーン, タークスカイコス諸島
《欧州》6ヵ国・地域
アンドラ, ジブラルタル, ガンジー, ジャージー, リヒテンシュタイン, モナコ
《アジア太平洋》8ヵ国・地域
クック諸島, マーシャル諸島, モルディブ, ナウル, ニウエ, サモア, トンガ, バヌアツ
《中東・アフリカ》2ヵ国・地域
バーレーン, リベリア

出所: 日経金融新聞, 2001年7月11日。

判をしている。OECD は2000年6月に35ヵ国・地域におよぶタックス・ヘイブンのリストを公表し，該当する各国・地域に制度見直しを求めている。非協力国には租税条約の見直しなどの対抗措置を採ろうとしている。そのうち，セーシェルやマン島(英)など4ヵ国・地域が是正を表明し，このリストから除外されている。主要7ヵ国の企業や金融機関などからタックス・ヘイブンに投じられた資金は，1990年代だけで2,000億ドルを超すという。これに歯止めをかける包囲網は現在より緩むことはないと思われる。つまり，国際的なマネー取り込みを進めてきた各国・地域だけでなく，日本を含む各国の企業や投資家の資金運用も見直しを迫られる[17]。表2.8は OECD が認定したタックス・ヘイブンを示したものである。

むすび——金融子会社, 移転価格およびタックス・ヘイブンの総合的運用——

前述したように，多国籍企業は税率の国際的格差，変動為替相場および政府の規制ないし参入障壁などによって特徴付けられた市場で事業活動を行わなければならない。多国籍企業によるタックス・ヘイブンの利用は税率の国際的格差への有効な対応策である。そして，多国籍企業グループ全体の立場からみるとタックス・ヘイブンを窓口として海外金融子会社，さらに移転価格戦略の総

---

[17] 日経金融新聞, 2001年7月11日。

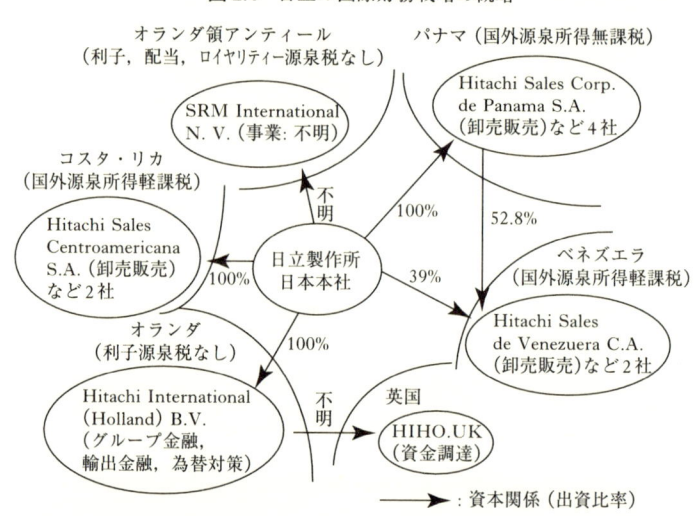

図 2.4　日立の国際財務戦略の概略

オランダ領アンティール
（利子，配当，ロイヤリティー源泉税なし）
SRM International N. V.（事業: 不明）

パナマ（国外源泉所得無課税）
Hitachi Sales Corp. de Panama S.A.（卸売販売）など4社

コスタ・リカ（国外源泉所得軽課税）
Hitachi Sales Centroamericana S.A.（卸売販売）など2社

日立製作所 日本本社

不明　100%　52.8%　39%　100%

ベネズエラ（国外源泉所得軽課税）
Hitachi Sales de Venezuela C.A.（卸売販売）など2社

オランダ（利子源泉税なし）
Hitachi International (Holland) B.V.（グループ金融，輸出金融，為替対策）

不明

英国
HIHO.UK（資金調達）

→：資本関係（出資比率）

出所：社団法人企業研究会［1992］，223〜232 頁，有価証券報告書および東洋経済『海外進出企業総覧 97』709〜715 頁，より作成。

合的運用は多国籍企業の財務戦略をより高い次元に引き上げるための組織的な対応になる。

　例えば，多国籍企業グループ全体の資金調達をみてみると，多国籍企業は利子源泉税などの存在していないタックス・ヘイブンで金融子会社を設立する。この金融子会社はグループ各社に必要な資金を貸し出すことによって企業グループ全体の資金調達システムを確立すると同時に税負担を大幅に節約することができる。同様に，国外源泉軽課税のタックス・ヘイブンを基地とした商品取引を行うことによってグループ全体の税負担をも節約することができる。この世界規模のグループ企業内ネットワークの形成によって，多国籍企業は商品や中間財および資金の取引をより効率的に行うことができる。

　しかし，前述したように，このような戦略自体は常に租税逋脱（tax evasion）として違法行為と批判されている。ここで注意すべきなのは，租税節約（tax saving）自体の合法性ということである。租税節約とは税法規定を遵守しつつ法律の定める枠内において租税負担の軽減をはかることである。例えば，種々の租税上の特典措置や両国間租税条約を有効利用するなどして節税がはかられ

る。多国籍企業が法律の定める範囲内において税負担を最小化することはむしろ株主に対する経営者の受託責任の一環として捉えなければならない。

図2.4は日立製作所の国際財務戦略の概略を示したものである。図2.4に示されたように，日立は世界各地複数のタックス・ヘイブンで卸売販売子会社を設立し，さらにタックス・ヘイブンを基地とするグループ金融の海外金融子会社を設立することによってグローバルな資金調達および租税戦略を展開している。具体的に，日立はまず海外源泉所得無課税のパナマに卸売販売会社を設立し，そしてパナマの卸売販売会社がさらに国外源泉軽課税のベネズエラに卸売販売会社を設立するなどタックス・ヘイブンを二重に利用している。また，利子源泉税などが存在していないオランダやオランダ領アンティールに海外金融子会社を設立してグループ金融や輸出金融などを行っている。日立はこれらの海外拠点を活用することによって企業グループ全体の利益を最大化しようとしていると考えられる。ちなみに，グループ企業間における実際の移転価格設定の詳細は不明であるが，グローバルな利益を最大化するためにグループ企業間の取引や資金移動などにおいて移転価格戦略は重要な役割を果たしていると考えられる。

以上述べてきたように，海外直接投資の資金調達の問題，グループ企業間取引における移転価格設定およびそれによるグローバルな租税問題などの国際財務戦略をグループ全体として設定し，それに対応するための組織体制をいかにして作り上げるかが今後の日本企業のグローバル化において最も重要な課題の一つになる。

第3章　多国籍企業の移転価格戦略による財務的効果
——資金調達の側面を中心として——

はじめに

　企業が海外直接投資を行うと，親・子会社間の取引すなわち企業内貿易が行われることになる。その際，親会社–子会社間，子会社–子会社間に資金の流れが発生し，この資金の流れは海外直接投資の研究において主要な課題の一つとして提起されている。いわゆる移転価格の問題である。

　一般に，多国籍企業は海外子会社との取引を通じて利益や資金をより政情の安定した国，為替管理の自由な国，あるいは税率の低い国に移転する動機を有する。というのは，多国籍企業は税率の国際的格差，変動為替相場および政府規制ないし投資障壁などによって特徴付けられた不完全市場で活動しなければならず，もし多国籍企業が企業グループ間の取引を正規市場で行えば，こういった市場の不完全性による追加的な費用を負担しなければならないからである。これらの追加的な費用を回避するために，多国籍企業は内部市場（企業グループ内の取引）を創出することによって移転価格を設定する。そして，多国籍企業は一定の目的に沿っていわゆる最適移転価格を設定して利益や資金の移転を行っていると考えられる。

　ここで，問題となるのは，多国籍企業がある特定の目的を達成するために移転価格をいかに設定するのか，また複数の目的を達成しようとすればその価格をいかに設定するのかということである。また，多国籍企業はグループ全体の利益最大化あるいは為替リスク・ヘッジや節税などの目的で企業内取引の価格を調整する結果，必然的に利益や資金をどこかに蓄積するようになる。つまり次に問題となるのは，この移転価格戦略が実行に移された結果としての蓄積さ

れた利益や資金は多国籍企業の財務戦略，とりわけ資金調達においてどんな意義を持つのか，すなわち多国籍企業の資金調達行動にどんなインパクトを与えているのかということである。

本章では，多国籍企業グループ全体という観点から，多国籍企業内部での移転価格設定による財務的効果，特にグループ全体の資金調達側面に焦点を合わせて議論を進める。具体的には，

（A）　多国籍企業が移転価格を設定する様々な動機を取り上げて議論し，単純化のために最終消費財の取引を想定するモデルによってその価格設定の仕組みおよびその問題点を検討する。

（B）　多国籍企業は税率の格差や変動為替相場という市場の不完全性に注目しながら移転価格を設定することによって結果として利益や資金をどこかに移転するようになる。そしてこの移転価格の設定過程およびその結果としての資本蓄積は多国籍企業全体の財務戦略に対してどのような意義を持つのか，グループ全体の資金調達にどのような影響を与えるのかということを中心に議論する。

（C）　最後に，取引費用の観点からみたこの資金調達効果の意義を論ずる。

I.　移転価格設定に対する為替相場の影響

多国籍企業は税率の国際的格差，変動為替相場および政府の規制ないし参入障壁などによって特徴付けられる不完全市場で事業活動を行わなければならない。これらの市場の不完全性による潜在的な費用の存在は，しばしば多国籍企業に移転価格を調整するインセンティブを与える。多国籍企業が移転価格を設定する動機およびそれによる財務的な効果は前章で述べたように一般的に次のように簡単にまとめることができる。

まず，グローバル規模での節税目的のために，多国籍企業は，より低い税率が適用されている国での利益を高め，より高い税率の国での利益を低くするように財とサービスの企業内取引の価格設定を行うことにより，企業全体としての税負担を最小化しようとする。

次に，多国籍企業は，移転価格の設定を用いて弱い通貨の保有を極力回避す

ることにより，為替相場の変動から生じる損失を最小限にすることができる。

最後に，新設あるいは赤字子会社に対し，親会社ないし他の子会社からの輸入価格を低めに設定し，当該子会社に競争上の優位性あるいは成長のテコともいうべき大幅な利益マージンを与える。このような観点から，多国籍企業の移転価格戦略は特に子会社の資本蓄積の促進あるいは参入障壁という市場の不完全性の克服に対して大きな役割を果たしていることになる。

しかしながら，ここで注意しなければならないのは，多国籍企業がある一つの特定の目的を達成するために設定した移転価格が達成されることを予想した利益額を上回る予想外の損失を招く場合があるということである。例えば，日本の本社企業がアメリカ子会社へのドル建て輸出価格を切り下げることによってグループ全体のグローバル納税額を節約しようとしても，急激な円高によって為替差損が節税額を上回る，あるいは相殺してしまう可能性もある。以下，われわれは移転価格設定に関する Horst [1971] のモデルに為替というファクターを組み入れることによってこの問題点を吟味する。

単純化のために多国籍企業が一つの子会社しか持たないと仮定する。ここでは問題をより明確にするために最終消費財を想定する。親会社と海外子会社は両方とも最終消費財を生産するが，海外子会社は同時に親会社からその最終消費財を輸入して販売する。

最終消費財を輸出する親会社とそれを輸入する子会社の税引き後の本国通貨建ての利益はそれぞれ (1) 式と (2) 式で表すことができる。

$$\pi_1 = [R_1(X_1 - Z) - C_1(X_1) + PZ](1 - t_1) \tag{1}$$

$$\pi_2 = \left[R_2(X_2 + Z) - C_2(X_2) - P(1 + \tau)\frac{Z}{e_0}\right](1 - t_2)e_1 \tag{2}$$

s.t. $\mathrm{MC} \leqq P \leqq \mathrm{Market\ Price}$

π_1 と π_2 はそれぞれ親会社と子会社の利益である。R_1 と R_2 は親会社と子会社の収益関数であり，C_1 と C_2 はそれぞれの費用関数である。X_1 と Z はそれぞれ親会社の最終消費財の生産量と輸出量であり，X_2 は子会社の最終消費財の生産量である。t_1 と t_2 はそれぞれ本国と海外現地の法人税率である。e_0 は本国通貨の直物為替レート，e_1 は本国通貨の先物為替レートである。そして，P は移転価格，τ は関税率である。

また現実問題（arm's length principle: 例えば，原価基準，時価基準など）として，移転価格を市場価格より高くあるいは限界コストより低く設定することは難しい。というのは，多国籍企業はそのような価格を設定すれば，移転価格税制を適用されるおそれがあるからである。

(1) 式と (2) 式によって，企業全体の本国通貨建ての税引き後利益 π は (3) 式になる。

$$\pi = [R_1(X_1 - Z) - C_1(X_1) + PZ](1 - t_1) \\ + \left[R_2(X_2 + Z) - C_2(X_2) - P(1 + \tau)\frac{Z}{e_0}\right](1 - t_2)e_1 \tag{3}$$

次に，移転価格設定と企業全体の利益との関係をみてみよう。(3) 式を P により偏微分すると，(4) 式になる。

$$\frac{\partial \pi}{\partial P} = Z\left[(1 - t_1) - (1 + \tau)(1 - t_2)\frac{e_1}{e_0}\right] \tag{4}$$

(4) 式からわかるように，多国籍企業はグループ全体の利益を最大にしようとすれば，$(1 - t_1)$ と $(1 + \tau)(1 - t_2)e_1/e_0$ との関係を考慮しなければならない。つまり，$(1 - t_1)$ が $(1 + \tau)(1 - t_2)e_1/e_0$ より大きければ多国籍企業は輸出価格を市場価格までに切り上げ，$(1 - t_1)$ が $(1 + \tau)(1 - t_2)e_1/e_0$ より小さければ多

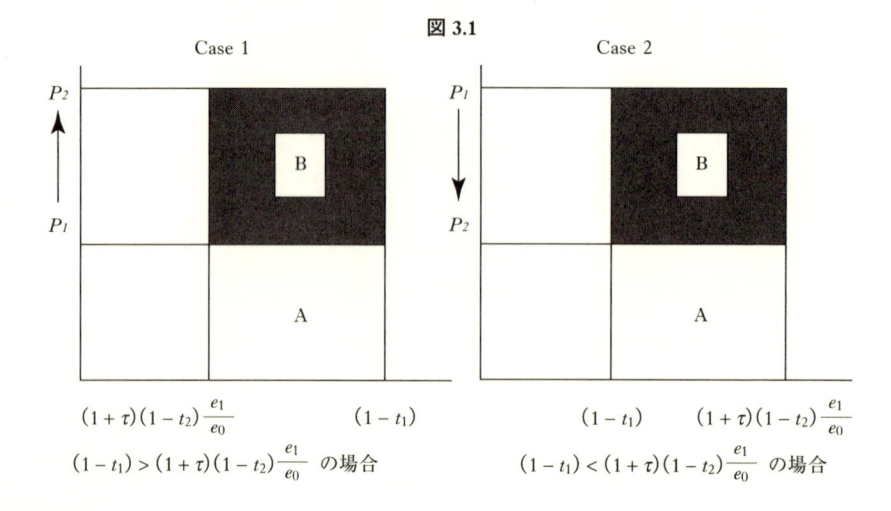

図 3.1

Case 1: $(1 + \tau)(1 - t_2)\frac{e_1}{e_0}$　　$(1 - t_1)$
$(1 - t_1) > (1 + \tau)(1 - t_2)\frac{e_1}{e_0}$ の場合

Case 2: $(1 - t_1)$　　$(1 + \tau)(1 - t_2)\frac{e_1}{e_0}$
$(1 - t_1) < (1 + \tau)(1 - t_2)\frac{e_1}{e_0}$ の場合

国籍企業は輸出価格を限界コストまでに切り下げるべきである。図 3.1 は親会社の輸出価格(移転価格)の設定による単位当たりの利益(損失または費用)の変化を示したものである。

図 3.1 の Case 1 において，P_1 は多国籍企業全体の利益を考慮せず，独立企業として設定された価格であり，P_2 は多国籍企業全体の利益を考慮に入れて調整された移転価格である。そして，A の部分は企業全体の新価格設定前の単位当たり利益であり，B の部分は価格の切り上げによる企業全体の単位当たり利益の増分である。図 3.1 の Case 2 において，A と B は価格設定前の輸出による企業全体の単位当たり納税額あるいは為替差損であり，B は価格の切り下げによって節約できる税額あるいは為替差損の縮小額である。

(4) 式からわかるように，為替相場の変動を考慮に入れると，グループ全体の税負担を最小化する戦略はグループ全体の利益最大化という前提のもとでは必ずしも適切でない場合も生じることがわかる。また多国籍企業は移転価格の設定の仕方によって為替リスクによる損失を回避することができるが，税率の国際的格差を考慮に入れた場合，この戦略も再検討する必要がある。つまり特定の目的(例えば，為替リスクのヘッジ)を満たすための最適な価格設定は存在するが，多くの場合他の目的との間にトレード・オフ関係が存在するため，企業全体にとっての最適移転価格は各目的間の折衷的な価格にならざるをえない。このモデルにおいては，多国籍企業の移転価格設定は少なくとも四つの要素の影響を受けている。すなわち本国と輸出先の法人税率，輸出先の関税税率および為替相場である。

II. 移転価格設定による資金調達効果

多国籍企業はグループ全体の利益最大化を目的として移転価格を設定するが，その場合でも短期間の利益最大化しか達成できないであろう。というのは，多国籍企業が為替相場の変化に応じて移転価格を随時調整することは現実的には困難であるからである。したがって，移転価格の設定は，単なる短期的な利益最大化を目的にするよりも，むしろ長期的な資本コストの引き下げあるいは資金調達条件の改善を目的にすべきである。その場合の新たに生じる課題は，移

転価格の決定によって，つまり利益や資金をどこに蓄積すればグループ全体として今後の資金調達状況が最も有利になるのかということである。

まず多国籍企業は，グループ全体を見据えた上で，ある資金調達主体の資金調達条件を改善しながらそれを維持することを最優先の財務戦略とすると仮定する。また単純化のために資金調達主体は一つしかないとする。その際多国籍企業はその資金調達条件を維持するために，その資金調達主体の収益力をある程度維持しなければならない。そのため多国籍企業は毎年資金調達主体の収益力をある程度維持するための最低限の利益をその資金調達主体に移転する必要がある。しかしながらこのことを可能にする移転価格は，グループ全体の納税額の増大や為替差損の発生を回避するための価格設定の方向性と一致すれば問題はないが，相反する可能性も存在している。この場合，多国籍企業は財務戦略を遂行するためにどのように移転価格を設定するのかが問題になってくる。

以下では，多国籍企業の資金調達主体あるいは子会社に対する信用供与主体を親会社とする。そして，より有利な条件で資金を調達できる財務体質を維持するために，親会社の輸出価格を最低でも P_2 まで切り上げなければならないと仮定する。

以上の仮定と (4) 式から，移転価格の変更による多国籍企業全体の税引き後利益の変化は (5) 式で表される。

$$\pi^* = (P_2 - P_1)Z \left| (1+\tau)(1-t_2)\frac{e_1}{e_0} - (1-t_1) \right| \qquad (5)$$

多国籍企業の資金調達主体に対する利益や所得の移転のための価格設定がグループ全体の納税額の増大や為替差損の発生を回避するための価格設定の方向性と一致すれば，移転価格設定による資金調達効果は (6) 式のようになる。

$$F_1 = Q(i_1 - i_2) + Z(P_2 - P_1)\left| (1+\tau)(1-t_2)\frac{e_1}{e_0} - (1-t_1) \right| \qquad (6)$$
$$\text{s.t. } \text{MC} \leqq P_1 < P_2 \leqq \text{Market Price}$$

Q は資金調達額，MC は最終消費財を生産するための限界コスト，i_1 と i_2 はそれぞれ移転価格変更前後の資金調達コストである。ここでは，移転価格の変更を通じて市場での様々な不完全性による余分な費用(例えば，為替相場の変動による損失や国際税率格差による追加的な納税額)を節約することによって，

第3章 多国籍企業の移転価格戦略による財務的効果　　　　69

多国籍企業は資金調達主体に安定した収益性をもたらし，結果としてその資金調達主体がより高い格付け，あるいはより高い株価を獲得できると仮定する。したがって，i_1 は i_2 より高いことになる[1]。(6) 式の右辺の第1項は価格設定による資金調達コストの節約額であり，右辺の第2項は価格設定によるグループ全体の納税額の節約や為替差益である。つまり，(6) 式の右辺の第1項は資金調達コストの節約額，すなわち価格設定による資金調達の間接効果である。右辺の第2項はグループ全体の節税額あるいは為替差益，すなわち価格設定による資金調達の直接効果ともいえよう[2]。

次に，税率の格差および為替相場に対する価格設定の方向性が一致しない場合をみてみよう。この時，移転価格設定による資金調達効果は (7) 式のようになる。

$$F_2 = Q(i_1 - i_2) - Z(P_2 - P_1) \left| (1+\tau)(1-t_2)\frac{e_1}{e_0} - (1-t_1) \right| \quad (7)$$
s.t. $MC \leqq P_1 < P_2 \leqq \text{Market Price}$

(7) 式の右辺の第2項は価格設定によるグループ全体の納税額の増大や為替差損を表す。(7) 式が正でなければ，多国籍企業は移転価格を変更するインセンティブを持たない。したがって，多国籍企業による移転価格の設定幅は次のようになる。

$$Q(i_1 - i_2) - Z(P_2 - P_1) \left| (1+\tau)(1-t_2)\frac{e_1}{e_0} - (1-t_1) \right| > 0$$

---

[1] ここでは，i は二通りの概念がある。すなわち，債券の利子率およびエクイティー・ファイナンスのコストである。エクイティー・ファイナンスの場合においては，一定の条件を所与とすると株価の上昇に伴ってその資金調達のコストが相対的に低下する。債券発行の場合では，例えば，94年3月末現在で，ムーディーズの格付けによるアメリカ国内社債に生じた Aaa, Aa, A, Baa 格社債間相互の平均流通利回り格差は次のようになっていた。すなわち，Aaa–Aa 間: 0.21%，Aa–A 間: 0.14%，A–Baa 間: 0.3%。

[2] ここでいう資金調達の直接効果とは多国籍企業が移転価格を変更することによって節約されたグループ全体の納税額あるいは為替差益ということである。間接効果とは多国籍企業が移転価格を変更することで得られた資金調達の直接効果によって，その資金調達主体がより健全な財務体質を維持することができ，そしてより高い格付け，あるいはより高い株価を獲得することによる資金調達コストの節約ということである。

$$\Leftrightarrow (P_2 - P_1) < \frac{Q(i_1 - i_2)}{Z\left|(1+\tau)(1-t_2)\frac{e_1}{e_0} - (1-t_1)\right|} \qquad (8)$$

多国籍企業の移転価格の設定幅は (8) 式の右辺以内に抑えなければならない。この場合,移転価格 P_2 の範囲は (9) 式のようになる。そして,図3.2 はその価格設定の効果を示したものである。

$$P_1 < P_2 < P_1 + \frac{Q(i_1 - i_2)}{Z\left|(1+\tau)(1-t_2)\frac{e_1}{e_0} - (1-t_1)\right|} \qquad (9)$$

s.t. $MC \leqq P_1 < P_2 \leqq$ Market Price

図3.2 からわかるように,移転価格を少なくとも P_2 まで切り上げなければ,影の部分 BDGI という価格設定による資金調達コストの節約効果は現れない。BCHI は価格変更による追加的な納税額もしくは為替差損である。つまり,CDGH が移転価格の変更による正味の資金調達効果であり,多国籍企業にとって最適な移転価格の設定は BDGI という範囲にあることになる。そして,P_2

図3.2 価格設定による資金調達効果

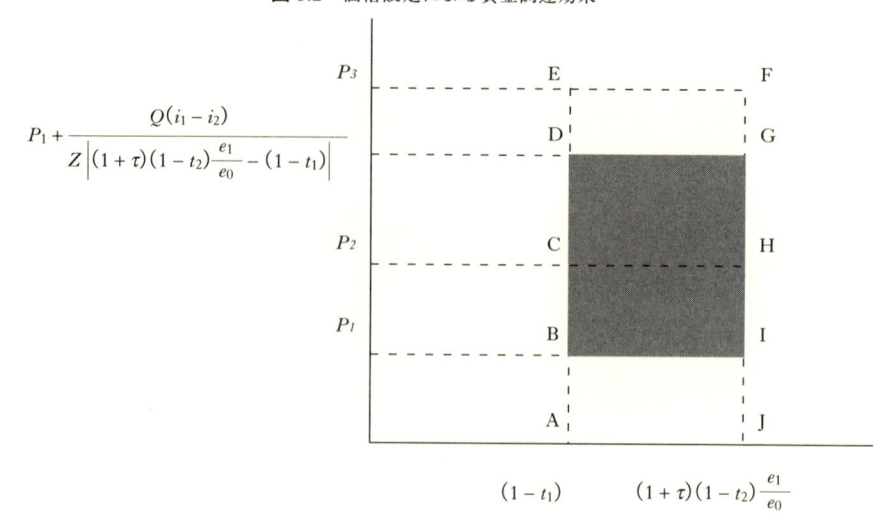

注:影の部分 BDGI は価格調整による単位当たりの利益 = $\frac{Q(i_1 - i_2)}{Z}$

が最適な移転価格である。というのは，多国籍企業は，P_2 以上に移転価格を切り上げれば，正味の資金調達効果が減少するからである。また，もし多国籍企業が価格を P_3 まで切り上げると，DEFG という損失が発生することになる。ただし，多国籍企業の移転価格の必要最低水準 P_2 が (9) 式の範囲内に入る保証はない。つまり移転価格設定に関する利益の移転と税率や為替レートとの方向性が一致しない場合においては，多国籍企業は必ずしも利益を特定の資金調達主体(親会社)にシフトするインセンティブを持たない。この場合において，多国籍企業にとっては利益を税率や為替レートの価格設定方向性が一致しているグループ企業に移転させれば，(6) 式の二重の資金調達効果が現れてくる。そうすることによって，理論的に多国籍企業は最適移転価格を設定することができる。

III. 移転価格戦略による資金調達効果の意義

これまでの移転価格戦略に関する議論は主に課税の最小化，為替変動に対するヘッジあるいは現地国政府規制の回避などを中心に議論されてきた。多国籍企業の移転価格戦略におけるその資金調達効果はこれまでに見落とされてきた。

前節では，多国籍企業は移転価格を変更することによって二重の資金調達効果を得られる可能性が存在しているということを明らかにした。以下では，主に取引費用の節減という観点から，移転価格戦略によるこの二重の資金調達効果がどのような意義を持つのかを検討する。

まず，多国籍企業の移転価格設定による資金調達の直接効果をみてみよう。資金調達の直接効果とは，多国籍企業が移転価格を変更することによって節約されたグループ全体の納税額あるいはそれによる為替差益ということである。ここで注意しなければならないのは，多国籍企業の移転価格の変更によって節約あるいは得られた新たな資金のコストはほとんどゼロ，あるいは極めて低いと考えられる。というのは，これらの資金は，本来，(国際的な法人税率の格差および変動為替相場が存在しない)完全市場のもとで多国籍企業に帰属すべきものであるからである。そして，多国籍企業は単なる企業の内部市場を経由することによって不完全性による追加的な費用を取り除いただけである。

また，前述したように，多国籍企業は税率の国際的格差，変動為替相場および政府規制ないし投資障壁などによって特徴づけられた不完全市場で活動しなければならない。そして，多国籍企業は，親会社の事業部と海外子会社間で資源や中間生産物などの要素を配分するために，経営管理の命令を発する。この場合においては，当然ながら移転価格戦略が利用されるであろう。もし，多国籍企業は，企業グループ間の取引の価格を外部市場での取引と同じように設定すれば，こういった市場の不完全性による追加的な費用を負担しなければならない。これらの追加的な費用を回避するために，多国籍企業は必然的に内部市場(企業グループ内の取引による価格システム)を創出することによって移転価格を調整すると考えられる。

　次に，多国籍企業の移転価格設定による資金調達の間接効果をみてみよう。資金調達の間接効果とは，多国籍企業が移転価格を変更することで得られた資金調達の直接効果によって，その資金調達主体がより健全な財務体質を維持することができ，そしてより高い格付け，あるいはより高い株価を獲得することによる資金調達コストの節約ということである。

　この資金調達の間接効果は移転価格の変更による付随的なものとはいえ，多国籍企業にとってはこの間接効果によって得られた利益が直接効果のそれよりはるかに大きいと考えられる。もし，多国籍企業は，移転価格の変更を通じて市場での様々な不完全性による余分な費用を節約することによって，資金調達主体に安定した収益性をもたらし，すなわち健全な財務体質を維持することができ，その資金調達主体がより高い格付け，あるいはより高い株価を獲得できるとすれば，多国籍企業はより低いコストで資金を調達することができる。この場合，多国籍企業が移転価格戦略の実行によって得られた利益はその資金調達の量に比例して増加すると考えられる。

　そして，ここで問題となるのは，多国籍企業が移転価格戦略の実行によって得られた利益の源泉はどこにあるのかということである。前にも言及したように，もし，税率の国際的な格差および変動為替相場という不完全性が存在しなければ，多国籍企業は，移転価格を設定する必要性がなくなるであろう。そして，市場での様々な不完全性による余分な費用も発生しない。本来，多国籍企業に帰属すべき資金(市場の不完全性によって発生する費用)は企業の外部に流

出しないため，多国籍企業は市場の不完全性が存在する場合と比べれば，より健全な財務体質を維持することができ，より低いコストで資金を調達することができると考えられる。以上の観点から，多国籍企業が移転価格戦略を行うことによって「利益」を獲得することができるというよりも，むしろ移転価格戦略を行うことによって「本来企業に帰属すべき資金」を取り戻すといったほうが適切であろう。

移転価格戦略が投資先の国内資本形成や租税収入に対して確かにマイナスの影響が存在するということは否定できない。そのため，移転価格戦略はしばしば「支配的市場力の濫用」，「租税逃避」として批判されている。そして，各国政府は移転価格操作に対して様々な規制を課している。しかしながら，実際に各国政府は，法人税率の国際的な調整を行い，為替管理などの資本フローに対する障壁を除去することによって多国籍企業のこのような行動を簡単に阻止できるであろう。というのは，多国籍企業にとって移転価格戦略の誘因が取り払われてしまうからである。逆にいえば，これらの誘因が存在するからこそ，移転価格の調整はむしろ多国籍企業にとって合理的な行動であると考えられる。すなわち，多国籍企業は移転価格の調整によって，「本来企業に帰属すべき資金」を取り戻すということである。そして，取引費用の節減という概念からみれば，移転価格の設定はむしろ外生的な市場不完全性への効率的対応策という積極的な意義を持っている。

IV. 日系多国籍企業の移転価格戦略——30社のケース——

本章のIからIIIまでは特に多国籍企業内部での移転価格設定による二重の資金調達効果を明らかにした。そして本節では，必ずしも厳密とはいえないが入手可能な財務データを利用することによって日系多国籍企業30社を取り上げてその移転価格戦略の方向性を検討することを試みる。

以下では，特に海外生産活動を活発に行っている企業をサンプルとして取り上げて検証することにする。具体的に，東証一部の上場企業で海外生産比率および輸出比率それぞれ20%以上，そして海外売上高の連結売上高に占める割合が30%（サンプル企業全体の平均は50.8%）以上の企業30社を取り上げてその

図 3.3.

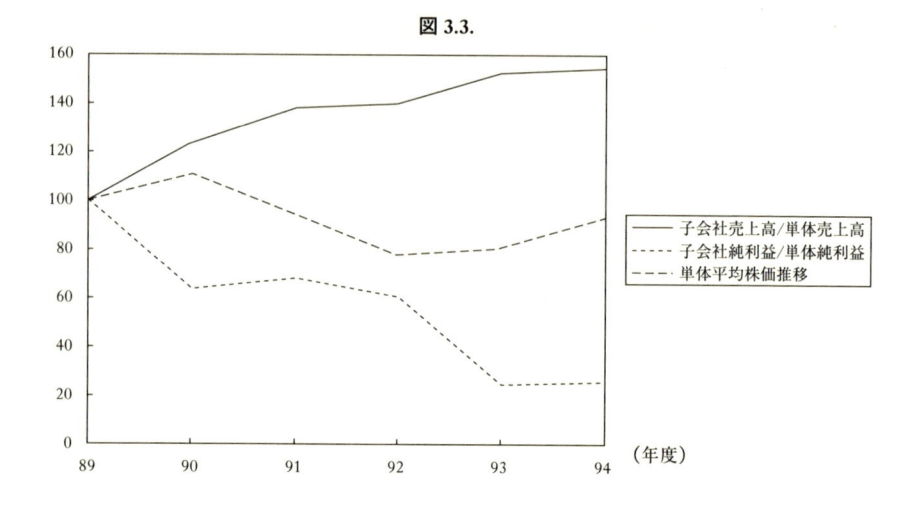

子会社売上高/単体売上高
子会社純利益/単体純利益
単体平均株価推移

連結と単体の財務データを抽出して検証する[3]。この 30 社の平均連結子会社数はおよそ 50 社で，分析の対象としてはかなり海外取引に依存している企業を取り上げている。さらに，この 30 社の中で 93 年の時点で格付け A 以上のワラント債を発行している企業が 25 社ある。つまり，この 30 社は一般的に安定した収益性および健全な財務状況を有する優良企業と考えられる。図 3.3 は 1989 年を 100 として 30 社の[子会社売上高/親会社売上高（SPs）]と[子会社純利益/親会社純利益（SPp）]および親会社の平均株価の推移を示したものである。

図 3.3 からわかるように，SPs は 1989 年から持続的な上昇傾向にある。1990 年代初期の世界的な不況にもかかわらず，この 30 社の子会社全体の販売状況は本社企業と比べれば相対的によい実績をあげていると考えられる。しかしながら，SPp からみれば，親会社に対して連結子会社全体の純利益は 1989 年度から 93 年度までの連続 5 年間でむしろ相対的に減少している。また，単なる本社企業をみれば，この 30 社の本社企業は一般的に格付け A 以上の債券を発行している優良企業であると思われるが，企業のグループ全体からみればその純利

---

[3] 海外売上高の連結売上高に占める割合

	30–40%	41–50%	51–60%	61–70%	71% 以上
企業数	6	8	5	8	3

益は伸び悩んでいるといえる。つまり，グループ子会社に対する本体の売上高は相対的に低下しているにもかかわらず，その純利益は逆に相対的に上昇している状況にある。そして，1990年のバブル崩壊を除いてこの30社の本社企業の株価は92年から徐々に回復している。また，SPs の持続的な上昇傾向から考えれば，この30社の子会社はかなり安定的で良好な販売実績を維持していると考えられる。逆に本社企業は必ずしも安定した販売実績を持っているとは限らない。このような観点からみれば，本社企業の相対的な利益水準の高さはむしろ同グループの子会社によって支えられていると考えられる。つまり，この30社に限ってみれば，日系多国籍企業は，円の持続的な上昇傾向という為替リスクの回避もあって子会社へ利益をシフトするよりも，むしろその資金を日本の親会社に蓄積することによって親会社の財務状況や信用力を維持する傾向があるであろう。

これまで日本の上場企業の株価は親会社の単独決算の数値だけで決められる傾向が強かったため，日本企業は，資金を親会社に移転することによって外部資金調達をより容易にし，資金調達にともなう利子費用を節約してきたと考えられる。結論的に，この30社に限って日系多国籍企業は利益を本社に蓄積するという移転価格戦略を選好する傾向があると推測できるであろう。それによって，親会社は海外子会社に対して資金を提供でき，または信用力を供与できる財務体質を維持していると考えられる。

例えば，「生産子会社から本社へ納入する価格の決定権は本社が握り，価格を低くすることで生産子会社の利益率を抑えることができる。いわば本社による利益配分の管理システムである。アイワの対田恒雄専務は生産量の決定，為替管理，商品企画など経営に関する大半のリスクは本社が負っており，それに合わせて本社に利益が集まるよう価格を決めている」と説明する[4]。また，ソニーやパイオニア，ミツミ電機も同じような戦略を採用している。「ミツミ電機は海外の販売拠点を支店にすることで単独決算の利益を確保している。マレーシアや中国で生産するFDD（フロッピーディスクドライブ）など電子機器は，それぞれシンガポールと香港の支店を通じて全世界に出荷される。支店という形態

---

[4] 日本経済新聞，1995年8月10日。

なので，生産子会社からの仕入価格と，顧客への販売価格の差益は会計上，本社の利益として計上できるわけだ」[5]。つまり，「日本は単独決算が基準になっているという面が大きい。商法上，株主への配当金は単独利益が原資となるため，いくら連結決算が好調でも，単独利益が落ち込めば配当を維持できなくなる。金融機関の与信も親会社の収益力などがベース，人材確保も本社のネームバリューがものをいう。株式市場の評価も単独決算が中心だ」[6] という実情がある。

　日本企業の現状を照らし合わせてみると，確かに単独決算が中心という面が大きいが，その移転価格の設定を裏付ける資金調達コストの節約という合理性をも見落とすことはできない。ただし，図3.2からもわかるように，過度に移転価格の調整を行うとマイナスの効果をもたらすことになる。その調整はあくまでも一定の範囲内に抑えなければならないのである。

　以上，われわれは東証一部上場企業から海外依存度が極めて高く一般的に財務状況が健全と思われる企業30社を分析対象として取り上げ，幾つかの財務データの分析によって日本企業の移転価格戦略に関する価格調整の方向性の推測を試みた。しかしこれはあくまでも推測であるため，より具体的なデータや直接的な数値によって補完されなければ十分に説得的とはいえないと思われる。

　ちなみに，ここで注意しなければならないのは，特に先進国において多国籍企業が移転価格を調整する際にその調整幅を，適切かどうかを問わず各国の税制当局の「許容範囲内」[7] に抑えなければ移転価格税制に適用されかねないということである。例えば，1980年にアメリカのIRS（内国歳入庁）はトヨタと日産自動車の米子会社に移転価格税制を適用，合計約2,500億円という莫大な追

---

[5] 同上，1995年8月10日。
[6] 同上，1995年8月10日。
[7] 移転価格に対する利益マージンの考え方は各国によって異なるが，場合によって，企業は確認方式で現地の税制当局の移転価格に対する合意を得られる。例えば，米国は1993年3月に歳入手続91-22を制定し，外国の納税者または国内の納税者が行う一定の国際取引にかかる移転価格算定方式の将来の年度における決定および適用について，米国税務当局から「事前確認の合意」が得られる。
[8] 『週刊ダイヤモンド』，1991年4月20日，44頁。

徴請求を行った。結局，国税庁は 960 億円の法人税をアメリカに移転した[8]。また，IRS は松下電器産業が米国販売子会社への VTR 輸出価格を高く設定して子会社の利益を圧縮していたとして，1981 年および 1982 年度分で約 800 万ドルの追徴請求を行っていた[9]。IRS に移転価格税制を適用された主な日本企業は，自動車ではトヨタ，日産，ホンダなどがある。エレクトロニクスでは東芝，松下，日本電気，日立，富士通，そして，古くは日商岩井のケースがある[10]。近年になると，移転価格税制に対する日米摩擦が激化するにつれて，これからの多国籍企業の移転価格戦略はかなり難しい状況に直面しているのであろう。

むすび

本章では，多国籍企業による外生的な市場不完全性への対応策という観点から資金調達に関する移転価格戦略の効果を取り上げて議論した。移転価格をめぐる経済状況は多種多様であるため，多国籍企業は価格設定によってある特定の目的を達成できるが，他の目標を犠牲にせざるを得ない場合がしばしばある。多国籍企業は各国の税率や為替レートに関する価格設定の方向性および企業全体の財務戦略をも考慮したうえで移転価格を設定する必要がある。そして，多国籍企業は，長期的な資本コストの引き下げあるいは資金調達条件の向上を財務戦略の最優先目標とすれば，特に前述した移転価格における資金調達の直接効果と間接効果が移転価格設定の大きな誘因になると考えられる。

つまり，多国籍企業のグループ全体からみれば，移転価格は恣意的な数値ではなく，むしろ外生的な市場の不完全性(各国税制の格差や変動為替レートおよび政府規制)に対して，多国籍企業全体の財務戦略を機能させるのに必要とされる企業内部の適正管理価格である。このような観点からみれば，多国籍企業によって設定された移転価格は外生的な経済事情や金融状況に関する適切な情報をすべて組み込んだものでなければならない。より具体的にいえば，多国籍企業は，課税率の国際的格差，変動為替相場，政府の規制ないし投資障壁などの

---

[9] 日本経済新聞，1991 年 3 月 17 日。
[10] 『週刊ダイヤモンド』，1991 年 4 月 20 日，42 頁。

市場不完全性による追加的な取引費用を回避するために移転価格を設定せざるをえないと考えられる。

第4章 多国籍企業の移転価格戦略の財務的合理性
―― 法人税率の国際的格差問題 ――

はじめに

　多国籍企業は世界各地で事業活動を展開する際に様々な市場の不完全性の要因(税率格差, 利子率の格差, 政府規制など)に直面している。多国籍企業はこれらの市場の不完全性を回避ないしそれを利用するための様々な方策を用いてきている。例えば, 外国政府が製品の輸入制限を設けると, 多国籍企業は直接投資を行うことによってその輸入制限を回避することができる。このことは, 資本が相手国に移動することを意味する。その際, 国際的法人税率の格差が存在する場合には, 多国籍企業は移転価格をどのように設定するかによって利益を低課税国に移転させることも可能である。このことは, 市場不完全性の要因の存在が多国籍企業による国際的な資金移動の主要な動機の一つになっていると考えられる。ここで問題となるのは, 市場不完全性の要因の存在が, 資金や利益の移動を引き起こすが, そのことが企業財務の意思決定にどのようなインパクトを与えているのかということであり, その点に焦点を合わせて以下分析していくこととする。

　近年, 多国籍企業の移転価格戦略に関する文献の多くは, その戦略を企業全体の利益最大化に関連づけて論じる場合が多い。その代表的なものとして, ニッケレス (Nieckels [1976]) による研究をあげることができる。彼は, ヒルシュライファー (Hirschleifer [1956]) やグールド (Gould [1964]) らの国内の状況について設定した研究を国際的次元に拡張し, そして移転価格の調整によって多国籍企業が業績を改善させていることを証明した。また, これと同じような結論を導出したのは, ホースト (Horst [1971, 1977]), コピソーン (Copithorne [1971]),

ブース＝ジャンセン（Booth and Jensen [1977]），エデン（Eden [1978]）である。これらの研究は主に多国籍企業の税引後利益の最大化を目指して分析されたものである。しかしながら，これまでの移転価格戦略の議論において投資家の富である企業価値の問題はまったくされていなかった。従来，移転価格戦略の議論が，多国籍企業を一つの組織体とみて国際的税率の格差，国際間に跨っているものを，同一企業内の財やサービスの移転，会計的表示調整による利益額の操作の問題から出発し，企業全体の税引後利益最大化をもたらしているという分析であった。この限りでは，投資家レベルまでの分析は必要ではなかった。しかしながら，現在のように企業が大規模化し証券金融が盛んに行われ，金融・資本市場が発達した段階において，特に企業内資金の移転を問題にする際に，多国籍企業の移転価格戦略を企業全体の税引後利益という観点だけではなく，多国籍企業への資本提供者である国際的な投資家（株主と債権者）の観点からみて果たしてその行動が投資家の利益にもつながるかどうかを検証する必要がある。換言すれば，多国籍企業の移転価格戦略による企業全体の利益最大化行動は世界各国に散在する株主と債権者の富である企業価値という観点からみて合理的な行動であるかどうかを検証する必要がある。

　本章の主な目的は移転価格戦略におけるこれまでの議論の着眼点と異なり，企業価値という視点から多国籍企業による移転価格戦略の重要性および企業財務の意思決定におけるその役割を明確にすることにある。具体的には，

　①　法人税率の国際的格差を中心として，多国籍企業が移転価格戦略によって企業全体の税引後利益を最大化するだけではなく，企業価値という観点からみてその戦略が合理的な行動であるかどうかを検証する。

　②　それによって，移転価格戦略による資金や利益の移動における財務政策の意思決定を多国籍企業の企業価値の観点から，多国籍企業全体の投資，資金調達立地政策と移転価格戦略との関係を明らかにすることによって，より具体的な投資，資金調達政策を導出する。

　③　市場の不完全性という前提条件のもとで多国籍企業の財務政策の意思決定における移転価格戦略の位置付けを明確にする。

第4章 多国籍企業の移転価格戦略の財務的合理性　　　　　　　　　81

I. 企業価値と移転価格戦略との関連性

　企業価値を問題とする場合，それは主に投資家の観点から議論されてきていた。というのは，企業価値の増大が企業への資本提供者の富の増大をもたらすという考え方に基づいているからである。この視点からの展開としては，まず国内企業の資本構成と資本コストに関する MM 資本構成無関連命題が挙げられるであろう。その後，MM 理論とは独立に開発されてきた資本資産評価理論（CAPM）の研究は，結果的には MM の無関連命題を確認することとなっている。この研究の流れの中で，センベット（Senbet [1979]）は国内 CAPM を国際的次元まで拡張することによって，国際資本市場における MM 無関連命題の諸条件を導いている。本節ではセンベットの国際 CAPM モデルに依拠しながら，財とサービスおよび資金の移転を含めた多国籍企業の移転価格戦略が企業価値に対していかなる影響を及ぼしているかを明らかにすることを試みる。
　センベットの国際 CAPM モデルは以下の仮定を設定している。
　(a)　完全競争的国際資本市場が存在する。
　(b)　投資家による危険資産の将来利回りと為替相場の変動に関する予想が一致する。
　(c)　国内資本市場における借入利子率と貸付利子率が一致する，各国資本市場間の名目利子率が一致しない。
　(d)　投資家によるリスク回避的行動と期末実質富の期待効用最大化的行動を仮定する。
　(e)　空売りは制限されない。
　(f)　法人税の国際的格差が存在する。
　なお，投資家の期末実質富はニューメレール（通貨交換比率基準: numeraire）によって表示される。また為替レートは，ニューメレールによって規定される。したがって，ニューメレールは各国の通貨の購買力を表す指標であり，購買力平価に等しいと仮定されている。
　いま，投資家 i は国際間にわたる保有証券からの効用を最大化するような証券選択を考えている。したがって，投資家 i のポートフォリオ選択問題は (1) 式のように表されることができる。

$$\text{Max } E[U^i(\tilde{W}^i)]$$
$$\text{s.t. } W_0^i = \sum_k X_k^i + \sum_k B_k^i \tag{1}$$

ただし，$U^i = i$ 番目投資家の 2 階微分可能，単調増加，凹型の効用関数。

$\tilde{W}^i = \sum_k X_k^i(1+\tilde{r}_k) + \sum_k B_k^i(1+\tilde{r}_{fk}) = i$ 番目投資家の期末実質富。

$X_k^i = i$ 番目投資家が所有する任意の k 国の国内市場における危険資産ポートフォリオの市価。

$B_k^i = i$ 番目投資家が所有する任意の k 国の無危険資産の市価。

そして，単純化のために各国ごとに一つの国内ポートフォリオを仮定する。k 国通貨のニューメレール単位当たりの直物為替レートの期首・期末の値をそれぞれ F_k, $\tilde{F}_{1k}$ とすれば，為替レート変動率 $\tilde{\varphi}_k$ は次のようになる。

$$\tilde{\varphi}_k = \frac{\tilde{F}_{1k}}{F_k} - 1$$

この式によって，k 国の危険資産と無危険資産の実質利回りと名目利回りをそれぞれ $\tilde{r}_k$, $\tilde{r}_{fk}$, $\tilde{R}_k$, R_{fk} とおくと，次の (2)，(3) 式が成り立つ。

$$1 + \tilde{r}_k = \frac{1 + \tilde{R}_k}{1 + \tilde{\varphi}_k} \tag{2}$$

$$1 + \tilde{r}_{fk} = \frac{1 + R_{fk}}{1 + \tilde{\varphi}_k} \tag{3}$$

(2) と (3) 式のテーラー展開を行って近似値を求めると次のような式を得る。

$$\tilde{r}_k = \tilde{R}_k - \tilde{\varphi}_k, \quad \tilde{r}_{fk} = R_{fk} - \tilde{\varphi}_k$$

センベットはこの近似値およびラグランジェ乗数を用いた期待効用最大化という目的関数により計算を進めた。その結果，国際資本市場の均衡状態における k 国の危険資産のリターンの期待値は (4) 式のようになる。

$$E(\tilde{R}_k) = R_{fk} + \frac{E(\tilde{R}_m) - R_{fm}}{\sigma^2(\tilde{R}_m) - \text{Cov}(\tilde{R}_m, \tilde{\varphi}_m)} \text{Cov}(\tilde{R}_k, \tilde{R}_m - \tilde{\varphi}_m) \qquad (4)$$

(4) 式から明らかなように，国際 CAPM は国内 CAPM とは次のような違いがある。すなわち，(a) 一般に $R_{fk} \neq R_{fm}$ であり，(b) リスクの価格のパラメーターはすべて国際資本市場に関係づけられており，(c) リスクの価格は為替リスクの影響を受けるなどの点である。センベットは (4) 式によって税金のない世界において多国籍企業に関する MM 第一命題を証明した。しかし，この点については本章の中心課題である多国籍企業の移転価格戦略との関係がないため，ここではそれを省略する。

センベットは，多国籍企業の利益に法人税が課され，しかもその税率に国際的格差が存在するような世界において多国籍企業の企業価値がどう変わるかを次のように検討した。最初に，外国税額控除方式のもとでのグローバルな税引後営業利益の計算式は次のようになる。

$T_F \leq T_D$ の場合，
$(\tilde{Y}_D + \tilde{Y}_F)(1 - T_D)$
$T_F > T_D$ の場合，
$(\tilde{Y}_D + \tilde{Y}_F)(1 - T_D) - \tilde{Y}_F(T_F - T_D)$
$= \tilde{Y}_D(1 - T_D) + \tilde{Y}_F(1 - T_F)$

　　ただし，D, F はそれぞれ本国と外国を意味する。
　　　T は税率，$\tilde{Y}$ は利子控除前営業利益である。

そして，センベットは $T_F > T_D$ のケースに限定して以下のように考察を進めた。まず，

$$\tilde{Z} = \frac{1 + R_{fF}}{1 + \tilde{\varphi}_k} - 1 = 実質利子率$$

　　ただし，R_{fF} は外貨建ての海外借入名目利子率

とする。$\tilde{Z}$ だけの実質利子率を生み出す資産を国内通貨建て危険資産と同じように国際資本市場の危険資産とみなせば，(4) 式により，その期待値は次のようになる。

$$E(\tilde{Z}) = R_{fD} + \frac{E(\tilde{R}_m) - R_{fm}}{\sigma^2(\tilde{R}_m) - \text{Cov}(\tilde{R}_m, \tilde{\varphi}_m)} \text{Cov}(\tilde{Z}, \tilde{R}_m - \tilde{\varphi}_m) \quad (4)$$

ただし，R_{fD} = 国内名目利子率

税引営業利益の計算式により，$T_F > T_D$ のときの L（負債による資金調達のある）多国籍企業の企業全体の営業利益は（5）式のようになる。すなわち，

$$[(\tilde{Y}_D + \tilde{Y}_F) - (R_{fD}B_D + \tilde{Z}B_F)](1 - T_D) - (\tilde{Y}_F - \tilde{Z}B_F)(T_F - T_D)$$
$$= (\tilde{Y}_D - R_{fD}B_D)(1 - T_D) + (\tilde{Y}_F - \tilde{Z}B_F)(1 - T_F) \quad (5)$$

いま，多国籍企業全体の利益に占める海外利益の比率を α_F，負債総額 B に占める外債の比率を θ_F とする。つまり，

$$\alpha_F = \frac{Y_F}{Y} \quad \theta_F = \frac{B_F}{B}$$

である。したがって，U（自己資本のみの）多国籍企業と L 多国籍企業の税引後株主資本期待利益率は，それぞれ（6）式と（7）式のようになる。

$$E(\tilde{R}_U^T) = \frac{E[\tilde{Y}(1 - T_D)]}{S_U} \quad (6)$$

$$E(\tilde{R}_L^T) = \frac{E[(\tilde{Y}_D - R_{fD}B_D)(1 - T_D) + (\tilde{Y}_F - \tilde{Z}B_F)(1 - T_F)]}{S_L}$$

$$= \frac{1}{S_L} E[\tilde{Y}\{1 - T_D + \alpha_F(T_D - T_F)\} - \{R_{fD}(1 - \theta_F)B(1 - T_D) + \tilde{Z}\theta_F(1 - T_F)B\}] \quad (7)$$

そして，（4）式を（6）式に代入して整理すれば，（8）式になる。

$$E(\tilde{Y}) = \frac{S_U}{1 - T_D} R_{fD} + \lambda^T \text{Cov}(\tilde{Y}, \tilde{R}_m^T - \tilde{\varphi}_m) \quad (8)$$

ただし，$\lambda^T = \dfrac{E(\tilde{R}_m) - R_{fm}}{\sigma^2(\tilde{R}_m) - \text{Cov}(\tilde{R}_m, \tilde{\varphi}_m)}$

（8）を（7）式に代入して整理すれば，（8-1）式を得る。

第 4 章　多国籍企業の移転価格戦略の財務的合理性　　　　　　　　　　　　　85

$$S_L E(\tilde{R}_L^T) = A\left[\frac{S_U}{1-T_D} R_{fD} + \lambda^T \operatorname{Cov}(\tilde{Y}, \tilde{R}_m^T - \tilde{\varphi}_m)\right]$$
$$\quad - [R_{fD}(1-\theta_F)B(1-T_D) + E(\tilde{Z})\theta_F B(1-T_F)] \quad (8\text{-}1)$$
$$\text{ただし，} A = 1 - T_D + \alpha_F(T_D - T_F)$$

　さらに（8-1）式に L 企業の税引株主資本期待利益率の定義式と実質利子率 $\tilde{Z}$ の期待値の定義式を用いて整理すれば，（8-2）式を得る。

$$S_L R_{fD} + A\lambda^T \operatorname{Cov}(\tilde{Y}, \tilde{R}_m^T - \tilde{\varphi}_m) - \lambda^T \theta_F B(1-T_F) \operatorname{Cov}(\tilde{Z}, \tilde{R}_m^T - \tilde{\varphi}_m)$$
$$= A\left[\frac{S_U}{1-T_D} R_{fD} + \lambda^T \operatorname{Cov}(\tilde{Y}, \tilde{R}_m^T - \tilde{\varphi}_m)\right] - R_{fD}(1-\theta_F)B(1-T_D)$$
$$\quad - R_{fD}\theta_F B(1-T_F) - \lambda^T \theta_F B(1-T_F) \operatorname{Cov}(\tilde{Z}, \tilde{R}_m^T - \tilde{\varphi}_m) \quad (8\text{-}2)$$

そして（8-2）式を整理すると，（9）式になる。

$$V_L = V_U + \alpha_F V_U \left(\frac{T_D - T_F}{1-T_D}\right) + T_D B + \theta_F B(T_F - T_D) \quad (9)$$

　（9）式は L 多国籍企業の企業価値を示したものである。そこでは，MM の主張と同様に，企業はできるだけ多くの負債を利用すべきであるとの結論を得ている。しかしながら，（9）式は企業の資本構成と企業価値との関連性という面からだけではなく，以下のようにも解釈することができる。つまり，多国籍企業の企業価値は右辺の第 2 項と第 4 項の企業全体の総利益と総負債に占める海外子会社の利益と負債の割合によって左右される。また，右辺の第 2 項は $T_F > T_D$ により常に負であり，第 4 項は常に正である。このことから，多国籍企業は，利益を税率の低い国（本国）へシフトすることによって企業全体の納税額を削減できることになる。言い換えれば，多国籍企業は企業全体に占める海外子会社の利益の割合 α_F を引き下げることによって企業価値を高めることができる。さらに，税率の高い国での資金調達比率 θ_F を増やすことは，利子費用の増加による課税所得の減少という結果をもたらし，結果的に多国籍企業の企業価値を高めることになる。この場合，現地資金調達比率の調整は直接には移転価格戦略とは関係ないかにみえる。しかし，現地子会社が現地調達比率を増やすために自らの資金需要を上回る資金を調達して，その余分な資金をその他の国や地域に転貸するときに利子率の設定に関する移転価格の問題が関わっ

てくる。そして，現地子会社がその余分な資金を他の国の子会社に移転するときの価格付け(利子率の設定)の意思決定は直接的に当該多国籍企業の企業価値に影響を与える。この点については次節のセンベットモデルの拡張においてそれを分析する際に詳しく議論する。つまり，多国籍企業はこのような戦略を実行するために移転価格の調整が必要となる。そこで，多国籍企業の移転価格戦略はその企業価値に影響を与えることがわかった。

実際に多くのアメリカの多国籍企業はこの戦略をよく採用していることが知られている。例えば，アメリカの多国籍企業のカナダ子会社は現地での事業活動の所要資金を上回る余分な資金を調達することによって税控除を増加させる。さらにその資金をタックス・ヘイブンであるオランダ領アンティール(Netherlands Antilles)の子会社に無利子でシフトする。そして子会社はその資金をアメリカの本社や子会社に一般的な利子率で転貸する[1]。これはいわゆる多国籍企業の企業内資金移転に関する移転価格戦略である。この移転価格戦略を通じて多国籍企業は課税所得をタックス・ヘイブンの子会社に蓄積し，二重の税控除を獲得することによって企業全体の納税額を引き下げ，企業全体の利益を最大化することができよう。さらに，(9)式により，投資家にとっても，この戦略は企業価値の最大化にもつながると考えられる。

II. 多国籍企業の移転価格分析

センベットは $T_F > T_D$ のケースに限定して議論を展開している。しかし，現実的なところで多国籍企業は税率の高低を問わず世界各国で事業を展開している。ここでは，税引後利益と企業価値，資金調達問題と移転価格との関係をより明確にするため，さらにより現実的な観点から，センベットの二国間モデルを多国間モデルに拡張する。以下，われわれはセンベットのモデルを拡張してこの問題を検討することにする。

ここでは，多国籍企業は税率の高い国と低い国で同時に事業活動を行っていると仮定する。外国税額控除方式のもとで n 個海外子会社を持つ多国籍企業

---

[1] Donald [1985], pp. 159–160.

第 4 章　多国籍企業の移転価格戦略の財務的合理性

全体の税引営業利益の計算式は (10) 式のようになる。

$$\tilde{Y}_D(1-T_D) + \sum_{i=1}^{s} \tilde{Y}_i(1-T_D) + \sum_{i=s+1}^{n} \tilde{Y}_i(1-T_D) - \sum_{i=s+1}^{n} \tilde{Y}_i(T_i-T_D)$$
$$= (\tilde{Y}_D + \sum_{i=1}^{s} \tilde{Y}_i + \sum_{i=s+1}^{n} \tilde{Y}_i)(1-T_D) - \sum_{i=s+1}^{n} \tilde{Y}_i(T_i-T_D) \tag{10}$$

ただし，T_D = 本国の税率　T_i = 外国の税率
$T_D \geq T_i \quad i = 1, \ldots, s$
$T_D < T_i \quad i = s+1, \ldots, n$
$\tilde{Y}_D$ = 本国の利子控除前営業利益
$\tilde{Y}_i$ = 海外子会社の利子控除前営業利益

(10) 式を用いると，国内と海外で資金調達を行う L 多国籍企業全体の税引後営業利益は (11) 式のようになる。

$$(\tilde{Y}_D - R_{fD}B_D)(1-T_D) + (1-T_D)\sum_{i=1}^{n}(\tilde{Y}_i - \tilde{Z}B_i) - \sum_{i=s+1}^{n}(\tilde{Y}_i - \tilde{Z}B_i)(T_i-T_D)$$
$$= (\tilde{Y}_D + \sum_{i=1}^{n} \tilde{Y}_i - R_{fD}B_D - \sum_{i=1}^{n} \tilde{Z}B_i)(1-T_D) - \sum_{i=s+1}^{n}(\tilde{Y}_i - \tilde{Z}B_i)(T_i-T_D) \tag{11}$$

いま，多国籍企業全体の利益に占める海外子会社の利益を $\alpha_i(i=1,\ldots,n)$，総負債に占める海外子会社の負債比率を $\theta_i(i=1,\ldots,n)$ とする。すなわち，

$$B_i = \theta_i B \quad i = 1, \ldots, n, \quad B_D = (1 - \sum_{i=1}^{n} \theta_i)B \tag{12}$$

$$\tilde{Y}_i = \alpha_i \tilde{Y} \quad i = 1, \ldots, n, \quad \tilde{Y}_D = (1 - \sum_{i=1}^{n} \alpha_i)\tilde{Y} \tag{13}$$

ただし，B = 企業全体の総負債，Y = 企業全体の総利益

そして，(12) と (13) 式を (11) 式に代入して整理すれば，U 多国籍企業と L 多国籍企業の株主資本期待利益率は，それぞれ (14) と (15) 式のようになる。

$$E(\tilde{R}_U^T) = \frac{E[\tilde{Y}(1-T_D)]}{S_U} \tag{14}$$

$$E(\tilde{R}_L^T) = \frac{E(\tilde{Y})A}{S_L}$$

$$-\frac{B}{S_L}\left[(1-T_D)R_{fD}(1-\sum_{i=1}^{n}\theta_i) + E(\tilde{Z})(\sum_{i=1}^{n}\theta_i - T_D\sum_{i=1}^{s}\theta_i - \sum_{i=s+1}^{n}T_i\theta_i)\right] \quad (15)$$

ただし，$A = 1 - T_D - \sum_{i=s+1}^{n}T_i\alpha_i + T_D\sum_{i=s+1}^{n}\alpha_i$

一方，前出の (8) 式を (15) 式に代入して整理すれば，(16) 式を得る。

$$S_L E(\tilde{R}_L^T) = A\left[\frac{S_U}{1-T_D}R_{fD} + \lambda^T \text{Cov}(\tilde{Y}, \tilde{R}_m^T - \tilde{\varphi}_m)\right]$$
$$- B\left[R_{fD}(1-\sum_{i=1}^{n}\theta_i)(1-T_D) + E(\tilde{Z})(\sum_{i=1}^{n}\theta_i - T_D\sum_{i=1}^{s}\theta_i - \sum_{i=s+1}^{n}T_i\theta_i)\right] \quad (16)$$

(17) と (18) 式はそれぞれ L 多国籍企業の株主期待利益率と実質利子率の $\tilde{Z}$ 定義式である。

$$E(\tilde{Z}) = R_{fD} + \lambda^T \text{Cov}(\tilde{Z}, \tilde{R}_m^T - \tilde{\varphi}_m) \quad (17)$$
$$E(\tilde{R}_L^T) = R_{fD} + \lambda^T \text{Cov}(\tilde{R}_L^T, \tilde{R}_m^T - \tilde{\varphi}_m) \quad (18)$$

ただし，$\lambda^T = \dfrac{E(\tilde{R}_m) - R_{fm}}{\sigma^2(\tilde{R}_m) - \text{Cov}(\tilde{R}_m, \tilde{\varphi}_m)}$

そして，(17) 式と (18) 式を (16) 式に代入すると，(19) 式のように展開することができる。

$$\tilde{R}_L^T = \frac{A\tilde{Y} - B\left[(1-T_D)R_{fD}(1-\sum_{i=1}^{n}\theta_i) + \tilde{Z}(\sum_{i=1}^{n}\theta_i - T_D\sum_{i=1}^{s}\theta_i - \sum_{i=s+1}^{n}T_i\theta_i)\right]}{S_L} \quad (19)$$

そして (19) 式を次のように整理することができる。

左辺

$\Rightarrow$

$S_L R_{fD}$

$+ \lambda^T \text{Cov}\left[\tilde{Y}A - B\left[(1-T_D)R_{fD}(1-\sum_{i=1}^{n}\theta_i) + \tilde{Z}(\sum_{i=1}^{n}\theta_i - T_D\sum_{i=1}^{s}\theta_i - \sum_{i=s+1}^{n}T_i\theta_i)\right],\right.$
$\left.\tilde{R}_m^T - \tilde{\varphi}_m\right]$

$= S_L R_{fD}$

$+ A\lambda^T \text{Cov}(\tilde{Y}, \tilde{R}_m - \tilde{\varphi}_m)$

$$-\lambda^T B \, \text{Cov}\Big[(1-T_D)R_{fD}(1-\sum_{i=1}^{n}\theta_i)+\tilde{Z}(\sum_{i=1}^{n}\theta_i-T_D\sum_{i=1}^{s}\theta_i-\sum_{i=s+1}^{n}T_i\theta_i),$$
$$\tilde{R}_m^T-\tilde{\varphi}_m\Big]$$
$$=S_L R_{fD}$$
$$+A\lambda^T \, \text{Cov}\,(\tilde{Y},\,\tilde{R}_m-\tilde{\varphi}_m)$$
$$-\lambda^T B(\sum_{i=1}^{n}\theta_i-T_D\sum_{i=1}^{s}\theta_i-\sum_{i=s+1}^{n}T_i\theta_i)\,\text{Cov}\,(\tilde{Z},\,\tilde{R}_m-\tilde{\varphi}_m)$$

右辺
$\Rightarrow$

$$A\Big[\frac{S_U}{1-T_D}R_{fD}+\lambda^T \, \text{Cov}\,(\tilde{Y},\,\tilde{R}_m^T-\tilde{\varphi}_m)\Big]$$
$$-BR_{fD}(1-T_D)(1-\sum_{i=1}^{n}\theta_i)-BR_{fD}(\sum_{i=1}^{n}\theta_i-T_D\sum_{i=1}^{s}\theta_i-\sum_{i=s+1}^{n}T_i\theta_i)$$
$$-B\lambda^T(\sum_{i=1}^{n}\theta_i-T_D\sum_{i=1}^{s}\theta_i-\sum_{i=s+1}^{n}T_i\theta_i)\,\text{Cov}\,(\tilde{Z},\,\tilde{R}_m^T-\tilde{\varphi}_m)$$

したがって，(16) 式は次のようになる。

$$S_L=A\frac{S_U}{1-T_D}-B(1-T_D)(1-\sum_{i=1}^{n}\theta_i)$$
$$-B(1-T_D)(1-\sum_{i=1}^{n}\theta_i)(\sum_{i=1}^{n}\theta_i-T_D\sum_{i=1}^{s}\theta_i-\sum_{i=s+1}^{n}T_i\theta_i)$$

$\Rightarrow$

$$S_L+B=V_L$$
$$=V_U-\frac{V_U}{1-T_D}\sum_{i=s+1}^{n}\alpha_i(T_i-T_D)+T_D B+B\sum_{i=s+1}^{n}\theta_i(T_i-T_D) \quad (20)$$

(20) 式は同時に税金の高い国と低い国で投資を行った多国籍企業の企業価値を示したものである。そして，(20) 式はセンベットモデルの企業価値と同じ結果になる。(20) 式からわかるように，多国籍企業の企業価値はそれぞれ右辺の第 2 項と第 4 項の総利益と総負債に占める税率の高い国の海外子会社の利益と負債の割合に左右される。また，右辺の第 2 項は常に負（$T_i > T_D$, $i = s+1, \ldots, n$）であり，第 4 項は常に正である。つまり，多国籍企業は，利益を税率の低い国へシフトすることによって企業全体の納税額を削減できると同時に，(20) 式の企業全体に占める海外子会社の利益の割合 α_i を引き下げる

ことを通じて多国籍企業の企業価値を高めることができる。さらに，税率の高い国での資金調達を増やすことは，利子費用の増加による課税所得の減少という結果をもたらす。結果的に，(20) 式である多国籍企業の企業価値は上昇する。さらに，(11) 式からもわかるようにこのような行動は多国籍企業の税引後利益の最大化にもつながる。

　これまでの多国籍企業の移転価格戦略については，どのように (11) 式の税引後営業利益を最大化するのかが主な関心事であったが，本章ではさらにそれを拡張して (20) 式の投資家の富である $S_L + B$ の最大化にもつながっていることを証明した。

　しかし，ここで注意しなければならないことは，税引後利益最大化と企業価値の最大化は必ずしも同時に成立できないが，二つの目的を達成するための移転価格設定の方向性は一致しているということである。例えば，多国籍企業は税率の高い国での子会社の利益貢献率を極端に低く抑えれば，税引後利益を最大化することができる。しかし，この行動は長期的に必ずしも企業価値の最大化をもたらす保証がない。というのは，他の条件が一定で，企業価値を最大化するためには (20) 式の右辺第 2 項と第 4 項の合計を最大化する必要があるからである。多国籍企業は極端に海外子会社の利益貢献率を低く抑えれば，現地子会社が資金調達力を喪失する恐れがある。もし現地子会社が現地で資金を調達できなくなれば，多国籍企業はその企業価値を最大化することもできなくなる。極端な場合，多国籍企業は税率の高い国での子会社の利益貢献率をゼロに抑えれば，(20) 式の右辺第 2 項がゼロになる。当該子会社が業績の悪化で資金調達能力を喪失すれば，(20) 式の右辺第 4 項もゼロになる可能性が存在する。この場合，多国籍企業の企業価値は減少して $V_U + T_D B$ になり，税率の高い国での資金調達による税控除の利益が完全になくなってしまう。この場合，多国籍企業の税引後利益において税率の高い国での子会社の利益をゼロ ($\sum_{i=s+1}^{n} \tilde{Y}_i = 0$) とすると，(11) 式は次のように展開できる。

$$(\tilde{Y}_D + \sum_{i=1}^{n} \tilde{Y}_i - R_{fD}B_D - \sum_{i=1}^{n} \tilde{Z}B_i)(1 - T_D) - \sum_{i=s+1}^{n}(\tilde{Y}_i - \tilde{Z}B_i)(T_i - T_D)$$

$$= (\tilde{Y}_D - R_{fD}B_D)(1 - T_D) + (1 - T_D)\sum_{i=1}^{n}(\tilde{Y}_i - \tilde{Z}B_i) + \sum_{i=1}^{n} \tilde{Z}B_i(T_i - T_D)$$

第4章　多国籍企業の移転価格戦略の財務的合理性

そして，利益移転が行われた低課税国の利益を $\sum_{i=1}^{s} P_i \tilde{Y}$ で表すと次のようになる．

$$(\tilde{Y}_D + \sum_{i=1}^{s} P_i \tilde{Y} - R_{fD} B_D - \sum_{i=1}^{s} \tilde{Z} B_i)(1 - T_D) - \sum_{i=s+1}^{n} \tilde{Z} B_i (1 - T_i) \quad (11\text{--}1)$$

$$\text{ただし，} \sum_{i=1}^{s} P_i \tilde{Y} = \sum_{i=1}^{s} \tilde{Y}_i + \sum_{i=s+1}^{n} \tilde{Y}_i > \sum_{i=1}^{s} \tilde{Y}_i$$

つまり，$T_i > T_D$ であるため，多国籍企業は利益を完全に低課税国にシフトすることによって企業全体の税引後利益が上昇する．この極端な場合において，高課税国の子会社は利益がゼロであるため，逆に現地で資金調達を行わないほうが有利である．というのは，(11–1) 式の第 2 項 $B_i(i = s+1, \ldots, n)$ がゼロになると，税引後利益がさらに上昇するからである．この場合では，高税率国の現地子会社が資金調達能力を喪失しなくても，多国籍企業は税引後利益を最大化しようとするならば，その子会社は現地で資金調達を行うべきではない．その結果，多国籍企業は税引後利益を最大化するところで，企業価値が逆に減少する．しかし，多国籍企業は税引後利益および企業価値を同時に高めようとすれば，移転価格設定の方向性としては一致している．つまり，前述の極端な場合を除いて，多国籍企業は税率の高い国での利益貢献率を低くする，その資金調達率を高くするということである．

また，前節で述べたように，税率の高い国での資金調達比率を増やすことは直観的に移転価格戦略の問題ではないと思われる．しかし，多国籍企業全体の負債比率が一定とすると，現地子会社が現地での資金調達比率を増やすために自らの資金需要を上回る資金を調達してその余分な資金をその他の国や地域の子会社に転貸するときに利子率に関する移転価格の問題が関わってくる．この場合，現地子会社が余分な資金をその他の子会社に転貸するときの価格付けの意思決定は直接 (20) 式右辺の第 2 項に影響を与える．というのは，現地子会社がその貸出利子率を高くあるいは低く設定することによって，現地子会社の利益率および資金を借入れる他の子会社の利益率 α_i が変わるからである．そこで，多国籍企業の企業価値はその貸出利子率の設定によって増減することになる．例えば，税率の高い順で子会社 1 と子会社 2 が存在し，子会社 1 が自分の需要を上回る資金を調達してその余分な部分を子会社 2 に転貸するとする．

子会社 1 と子会社 2 の資金移転前後の利益率はそれぞれ α_1, α_{11} と α_2, α_{22} とする。資金移転が行われると，(20) 式の右辺第 2 項の変化は次のようになる。すなわち，

$$\frac{V_U}{1-T_D}[\alpha_{11}(T_1-T_D)+\alpha_{22}(T_2-T_D)-\alpha_1(T_1-T_D)-\alpha_2(T_2-T_D)]$$

$$=\frac{V_U}{1-T_D}[(\alpha_{11}-\alpha_1)(T_1-T_D)+(\alpha_{22}-\alpha_2)(T_2-T_D)] \qquad (21)$$

もし，子会社 1 はその貸出利子率を高く設定すれば，他の条件が一定でその利益率が上昇することになる。と同時に子会社 2 の利益率が減少することになる。すなわち，$\alpha_{11}>\alpha_1$, $\alpha_{22}<\alpha_2$ となる。この場合，

$$\frac{\alpha_{11}-\alpha_1}{\alpha_2-\alpha_{22}}>\frac{T_2-T_D}{T_1-T_D}$$

が成立すると，(21) 式が正になり，多国籍企業の企業価値は減少する。逆に，(21) 式が負であれば，その企業価値は上昇する。つまり，多国籍企業の企業価値の増減は直接的に企業内資金移転に関する利子率の設定の影響を受けている。結果的に，移転価格戦略は多国籍企業の企業価値に二つのルートを経由して影響を与える。すなわち，財あるいはサービスおよび資金の移転に関連する内部価格の設定である。

ここで注意しなければならないことは，このモデルでは借入利子率と貸出利子率が一致する完全競争資本市場を仮定しているということである。つまり，一国内においてどの企業にとっても資金調達利子率が無差別である。しかしながら，完全競争資本市場においても，前述のようなアメリカの多国籍企業は国際的税率の格差を利用して，企業内ルートを経由する移転価格戦略によって国内企業と比べて資金調達の利子率を税率格差分だけ引き下げることができる。それによって，多国籍企業は国内企業と比べてより低い資金調達利子率で事業活動を展開することが可能である。つまり，税率の格差という市場の不完全性が存在する限り，多国籍企業は移転価格戦略を行い続けることになる。

以上，われわれは国際 CAPM モデルに依拠しながらそれを拡張することによって多国籍企業の企業価値に対する移転価格戦略の影響を明らかにした。つ

まり，多国籍企業は，税率の高い国における子会社の利益を引き下げる，あるいは現地での資金調達割合を引き上げることによって企業価値を高めることができる。しかし，多国籍企業がその子会社の利益をどのくらいの割合で引き下げるのか，そして現地での資金調達比率をどのくらい引き上げるのかはいままでの分析からでは必ずしも明確ではない。したがって，以下ではこの両者の関係を明らかにする。

（20）式の右辺第3項は多国籍企業の国内外での負債金融による節税分の利益である。つまり，外国税控除方式のもとで多国籍企業は専ら本国および本国の税率より低い国で資金を調達すれば，その企業価値は MM の税金修正論文の評価公式 $Vu + T_D B$ になる。しかし，多国籍企業は一旦本国税率より高い国で事業活動や資金調達を行うことになると，海外での税負担の増加が負債金融による利益を相殺してしまう。これは（20）式の右辺の第2項と第4項によって表される。この場合において，

$$B\sum_{i=s+1}^{n} \theta_i(T_i - T_D) - \frac{V_U}{1 - T_D} \sum_{i=s+1}^{n} \alpha_i(T_i - T_D) > 0 \qquad (22)$$

が成立するならば，多国籍企業は自国の税率より高い国で事業活動を行うと同時に現地で資金調達すれば，企業価値を高めることができる。したがって，多国籍企業は（23）式を満たすならば，現地で資金調達を行ったほうが有利である。

$$B\sum_{i=s+1}^{n} \theta_i - \frac{V_U}{1 - T_D} \sum_{i=s+1}^{n} \alpha_i > 0 \qquad (23)$$

ここで問題となるのは，多国籍企業が α_i と θ_i をどのように決定するかということである。(20) 式を整理すれば，(24) 式のようになる。

$$V_U = \left[V_L - T_D B - B \sum_{i=s+1}^{n} \theta_i (T_i - T_D) \right] \frac{1}{1 - \dfrac{1}{1 - T_D} \sum_{i=s+1}^{n} \alpha_i (T_i - T_D)} \qquad (24)$$

そして，(24) 式を (23) 式に代入して整理すれば，α_i と θ_i との関係は (25) 式のようになる。

$$\sum_{i=s+1}^{n} \theta_i > \frac{1 - T_D + \dfrac{S_L}{B}}{1 - T_D} \sum_{i=s+1}^{n} \alpha_i \qquad (25)$$

（20）式からわかるように，多国籍企業の企業価値は税率の高い国における企業全体の利益と負債総額に占める子会社の割合 α_i と θ_i に左右される。そして，（25）式からわかるように，多国籍企業の資本構成 S_L/B が一定とすれば，多国籍企業は税率の高い国での資金調達の割合を子会社の利益貢献率 α_i の変化に合わせて調整しなければ，企業価値が現地の高い税率によって引き下げられてしまうことになる。しかし，現実的に考えれば税金の高い国での資金調達比率を子会社の利益貢献率に合わせて無限に引き上げることは明らかに不可能である。むしろ，多国籍企業は現地の利益を引き下げてその他の国や地域にシフトさせたほうが現実的かつ合理的であろう。また，ここで注意しなければならないことは，多国籍企業が現地国政府から税軽減的措置を享受するのは現地国に子会社を所有する場合に限られるということである。したがって，θ_i は（26）式を満たさなければならない。

$$\theta_i B < V_L^i, \ (i = s+1, \ldots, n) \Rightarrow B \sum_{i=s+1}^{n} \theta_i < \sum_{i=s+1}^{n} V_L^i$$

したがって，

$$\sum_{i=s+1}^{n} \frac{V_L^i}{B} > \sum_{i=s+1}^{n} \theta_i > \frac{1 - T_D + \dfrac{S_L}{B}}{1 - T_D} \sum_{i=s+1}^{n} \alpha_i \qquad (26)$$

そして，（25）と（26）式により，税率の高い国での資金調達率とその利益貢献率との関係は図 4.1 のように示される。

図 4.1 からわかるように，多国籍企業は θ_i を影の部分 OMN，α_i を NN_1 以内に抑えなければ，国際的税率の格差による利益を享受できなくなり，企業価値が高い税率によって引き下げられてしまう。つまり，多国籍企業は企業価値を高めようとするならば，税率の高い国で子会社の利益貢献率 α_i が N_1 を上回らないようにしなければならない。

換言すれば，もし現地での利益が N_1 を超えるならば，その分の利益をその

図 4.1 税率の高い国における子会社の資金調達率と
その利益貢献率との関係

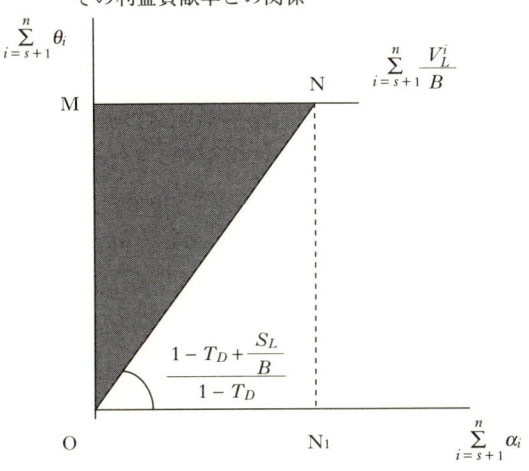

他の国や地域にシフトさせなければならない。例えば，本国の税率が 30%，企業全体において自己資本対負債の比率が 6:4 とし，そして税率の高い国での子会社の利益貢献率が 10% とすれば，企業全体の負債に対する現地での負債比率は，少なくとも (26) 式に代入すると 31.4% 以上でなければならない。逆に言えば，企業全体の負債に対する現地での負債比率が 31.4% であれば，多国籍企業は現地子会社の利益貢献率を 10% 以下に抑える必要がある。

$$\frac{1-T_D+\frac{S_L}{B}}{1-T_D}\sum_{i=s+1}^{n}\alpha_i = \frac{1-0.3+\frac{6}{4}}{1-0.3}\times 0.1$$

$$\fallingdotseq 31.4\%$$

　以上，われわれは，センベットの国際 CAPM モデルを拡張することによって，多国籍企業の移転価格戦略と投資，海外資金調達政策および企業価値との関係を明らかにした。つまり，多国籍企業の移転価格戦略については本来取引ごとの価格設定から出発するとはいえ，最終的に企業の投資，資金調達および資本構成という財務政策に影響を受けている。具体的に，(26) 式によれば，多国籍企業は移転価格戦略を行う際に投資 (α_i)，資金調達 (θ_i) および資本構

成 (S_L/B) を含めた財務政策を総合的に考慮する必要がある。したがって，投資家の観点から，多国籍企業の財務担当者は少なくとも以上に述べた三つの財務政策を同時に勘案して移転価格を設定しなければならない。しかし，ここでは購買力平価が成立し，為替相場の変動に対する投資家の予想が一致すると仮定しているため，資金調達と海外利益に対する為替相場変動の影響が消去されてしまった。さらに，これは1期間モデルであり投資前後のビジネスリスクやカントリーリスクが一定という暗黙の前提に基づいた結果である。しかし，為替リスクやカントリーリスクこそは多国籍企業を取り巻く特有の重要なファクターであるため，このファクターを組み入れた理論の構築は今後の課題となる。

III. 移転価格戦略の財務的意義

前節において，われわれは多国籍企業の内部資金移転を含めた移転価格戦略と企業全体の税引後利益および企業価値との関連性を確認し，さらに税金の高い国における多国籍企業の利益調整と資金調達比率との関係を明らかにした。つまり，巨大組織体の内部利益調整による税引後利益最大化という企業戦略の次元からみても，企業価値の最大化という投資家の次元からみても，多国籍企業の移転価格戦略は法人税率の国際的格差という市場の不完全性に対応する合理的な行動である。

企業財務とは主に投資，資金調達および資本構成の意思決定にかかわる活動である。前節で明らかにしたように，多国籍企業の移転価格戦略は投資，資金調達および資本構成という企業財務の本質的な問題と緊密に関連している。つまり，移転価格戦略は，税率の高い国において多国籍企業が投資および資金調達活動を行う際に欠かせない財務管理の手段である。税率の国際的格差のもとで，多国籍企業は一旦本国より税率の高い国で事業活動を展開する意思決定を行うと，税率の格差による企業全体の税負担の増加およびそれによる企業価値の減少という事態に直面しなければならない。そこで，多国籍企業は本国より税率の高い国での投資活動をできるだけ避けるのか，あるいは何らかの方法で高い税率による不利益を解消すべきなのかという問題がでてくる。一般的に，多国籍企業は現地での事業活動に対する資金需要を満たすために新たな資金調

第 4 章　多国籍企業の移転価格戦略の財務的合理性　　　　　　　　　　　　　97

達を行う必要がある。その際，多国籍企業はどこで資金調達を行うべきか，資本構成を変更するかどうかという問題が現れる。この問題を解決するために，前節の（20）と（26）式を想起する必要がある。簡単にいえば，これは，多国籍企業が税引後利益および企業価値に対してマイナス影響をもつ α_i を引き下げるか，あるいはプラス影響をもつ θ_i を引き上げるかという問題である。まず，α_i を引き下げることは税率の高い国での投資を減らす，あるいは現地での利益をある程度まで抑えるということを意味する。そして，θ_i を引き上げることは資本構成一定で税率の高い国での資金調達比率を増やす，あるいは企業全体の負債比率を引き上げることを意味する。極端にいえば，多国籍企業にとって，自国より税率の高い国で投資活動を完全に行わないことにする，あるいは無限に負債比率を引き上げるというのは非常に困難で非現実的と思われる。したがって，多国籍企業は税率の高い国での子会社の利益をある程度まで抑える，あるいは資本構成一定で税率の高い国での資金調達比率を増やす方法を採るべきと思われる。その結果，移転価格戦略はこの目的を達成するために最も一般的に用いられる方法となるであろう。例えば，多国籍企業の海外子会社の利益調整はいうまでもなく，現地子会社の資金需要を上回る余分な調達資金の調整と分配は移転価格戦略が重要な役割を果たすことになる。つまり，それによって，多国籍企業は，企業全体の税負担を引き下げることを通じて税引後の利益を引き上げ，そして企業価値を高めることができる。したがって，移転価格戦略は，多国籍企業が税率の国際的格差という外生的市場不完全性に対応するために創出されたものとはいえ，企業財務における投資および資金調達の意思決定の一環として重要な役割をも果たしていると考えられる。

　図 4.2 は多国籍企業の財務政策における移転価格戦略を示したものである。図 4.2 からわかるように，事業活動のコストと同じように，多国籍企業の資金調達コストに対しても納税額を最小化する国際的な立地が存在する。多国籍企業は低い税率国の代わりに，高い税率国で資金を調達すれば，税引後利益が $i(T_i - T_D)$ 増える。さらに，多国籍企業の負債比率を変えずに税引可能な利子は簡単に再立地されることができる。例えば，海外子会社が現地で 1 ドルを調達し，親会社が本国での調達額を 1 ドル減らしたら，多国籍企業全体の資本構成は変わらない。それによって，多国籍企業の税引後利益および企業価値を最

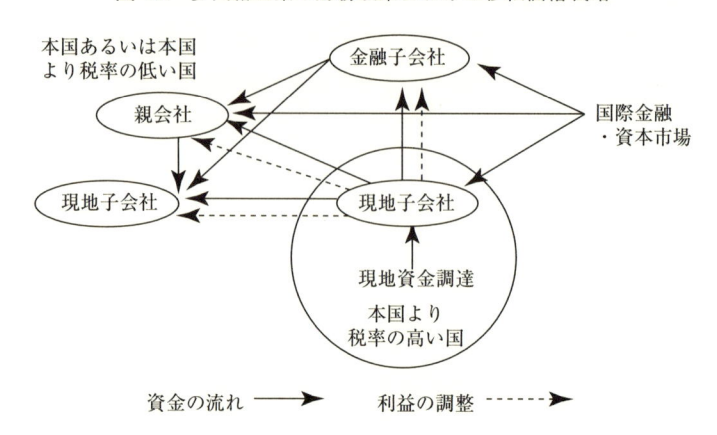

図 4.2 多国籍企業の財務政策における移転価格戦略

本国あるいは本国より税率の低い国：親会社、金融子会社、現地子会社

本国より税率の高い国：現地子会社、現地資金調達

国際金融・資本市場

資金の流れ ——→　　利益の調整 ------→

大化する方向へ導くことが可能である。また，この行動は国際的な実効税率の格差を引き下げることも可能である。換言すれば，多国籍企業内部において，それぞれの子会社の純収益に対する実効税率は多国籍企業内部の資金調達立地の関数である。その結果，実物資本（real capital）と金融資本（financial capital）の立地に対する最も効率的な状況は，高税率国での資産の税引後限界利益プラス金融調整による節税の絶対的利益が低税率国での資産の税引後限界利益に等しい時に生み出される。さらに，そのような利益調整においては移転価格戦略が欠かせない存在である。

以上に述べたように，多国籍企業は，外部市場の代わりに国際的な資金調達のルートを創出することができ，そしてそのグローバルな投資と資金調達目的に関する内部組織の効率化を達成する能力を持っている。また，資金調達における立地の効率性は様々な資金源からの資金調達の限界コストを等しくすることによって達成される[2]。したがって，明らかにグローバルな最適移転価格戦略

---

[2] ここでいう効率性とは資金調達コストを最小化することを意味する。これについては以下のように証明できる。まず，多国籍企業の様々な資金源からの資金調達総額を平均資金調達コストの最小のところに求めるとする。そして，資金調達コストは次のようになる。

は，投資と資金調達の効率性を達成するために中央計画財務の概念を必要とする。そして多国籍企業の財務政策における移転価格戦略はまさにこの中央計画財務を機能させるために欠かせない手段である。

むすび

多国籍企業は，税率の国際的格差，政府による為替管理，変動為替相場などの不完全性によって特徴付けられた世界で事業活動を行わなければならない。そこで，多国籍企業の世界的な事業活動による利益や資金の流れはしばしばこれらの不完全性によって減少されたり阻害されたりする。そのため，多国籍企業はこれらの不完全性を回避するために様々な方策を講じる必要がある。

本章では，法人税率の国際的格差という不完全性を回避するための手段として移転価格戦略を取り上げて議論を行い，その戦略が企業全体の税引後利益を最大化するだけではなく，投資家の観点から見てもそれが企業価値を高めるような行動にもなるということを確認した。そして，移転価格戦略は多国籍企業全体の投資，資金調達の立地政策によって左右されているため，多国籍企業全体の効率性を達成するためのいわゆる最適移転価格を設定する中央計画財務と

$$AC_T = \frac{f + V(Q)}{Q} \tag{a}$$

ただし，f は資金調達の固定コスト，$V(Q)$ は変動コストである。(a) 式を最小化するための一階条件は次式のようになる。

$$\frac{d}{dQ} AC_T = \frac{\frac{dV(Q)}{dQ} \cdot Q - (f + V(Q))}{Q^2} = 0$$

$$\Leftrightarrow \frac{1}{Q} \left(\frac{dV(Q)}{dQ} - \frac{f + V(Q)}{Q} \right) = 0$$

$$\Leftrightarrow \frac{f + V(Q)}{Q} = \frac{dV(Q)}{dQ}$$

$$= MC_T$$

したがって，AC_T は，それが最小となる点で限界調達コストと交叉しているとわかった。

いう概念が必要である。このような観点からみると，移転価格は恣意的な数値ではなくて，中央計画財務を機能させるために必要とされる企業内部の適正な経営管理上の価格である。そして，多国籍企業およびその投資家にとって移転価格戦略の必要性は市場の不完全性がある以上存在し続ける。さらに，多国籍企業によって利用される内部価格は，経営管理命令によって設定されるとともに，外生的な経済事情や金融状態に関する適切な情報をすべて組み込んだものでなければならない。かくして，多国籍企業はこのような移転価格を設定することによって，はじめて企業全体の効率化を達成することが可能になると思われる。

第5章　日本の海外金融子会社による
　　　　資金調達の効率性
　　　——グループ金融を中心として——

はじめに

　1980年代後半,日本企業による海外直接投資の財務戦略の最大の特徴の一つは金融子会社（Finance Company）[1] の設立ブームであった。この金融子会社の設立ブームの中で特にグループ金融を主な業務とする海外金融子会社の設立が多かった。グループ金融タイプの金融子会社は一般的に親会社の信用力を利用することによって低金利で調達した資金を各グループ企業に提供することを主な業務とする。しかし,金融子会社の設立ブームは,時期的にはちょうどバブルの最盛期である1980年代後半頃と一致しているため,かなりの批判を浴びていた。例えば,事業展開にまわすべき資金までも運用にまわし,目先の金融収益だけを獲得し,企業が将来発展する芽を摘んでしまっているという批判であった。確かにバブル時期において多くの金融子会社の設立目的がマネーゲーム的な要因を内包していたことは否定できない。そのためバブルの崩壊とともに,特に国内金融子会社の大半は特金,ファントラ,外国為替などの損失で大きな打撃を受け,業務縮小や清算を余儀なくされた。ところで,バブルが崩壊

---

[1] アメリカでは金融子会社の歴史は古く,1900年代初期までさかのぼることができる（例えば,GMは1919年にGMAC（General Motors Acceptance Corporation）を設立,GEは1932年に現在のGECCの前身であるGeneral Electric Contractsを設立した）。その当時の金融子会社は主に親会社の製品やサービスの販売促進のための消費者金融を中心としたものであった。その後,アメリカの金融子会社の多くは親会社から独立し,業務を金融サービス全般までに拡大して積極的に多角化を図っているようになっている。そのため,アメリカではFinance Companyというとき,金融サービス業,特に消費者信用,リース業に従事する金融会社と定義づけられることが多い。

しても特に海外金融子会社の数が着実に増えてきているのは，これまでの金融子会社の機能にそれなりの合理性が存在し，そしてその効果を発揮している事実が存在していると考えられる。

本章の主な目的は，日本企業の海外金融子会社，特にグループ金融タイプの海外金融子会社による資金調達の効率性を検証することにある。具体的に，バブル崩壊後の1992年と1993年の2年間の親会社本体およびグループ子会社を含む連結財務データを用いて日本企業の海外金融子会社によるグループ金融が企業グループ全体の資金調達コストにどのような影響を与えるかを検証する。

I. バブル崩壊前とその後の海外金融子会社

日本企業の金融子会社についてはアメリカのそれと比べると歴史的にまだ浅い。最初にみられたのは1960年の日本石油の海外金融子会社ノーデル（NODEL, 1960年1月，アメリカ）である。日本石油の海外金融子会社ノーデルの設立当初は日本石油の主な原油の購入先であるカルテックス・ペトロリアムとの連絡事務所的な機能が濃かった。その後バンカー重油やジェット燃料などを現地で購入し現地で販売し始めたが，ノーデルが本格的に金融子会社としての役割を果たすようになったのは1983年からであった。つまり，日本石油が原油の輸入代金を支払うため直接米国でのドル調達がその始まりである。現在，ノーデルは原油代金支払いのためのドル資金調達を主な業務としている。日本石油グループでは原油購入のため年間およそ3億ドルを調達しており，そのうちのおよそ6割はノーデルが銀行引受手形やコマーシャルペーパーという短期金融市場から調達している。

1980年代になって，日本企業は資金調達，資金運用などのために独自に海外で金融子会社を設立するケースがかなり多くみられるようになった。前述したように，この金融子会社を設立することが一時的にブームとなっていた。金融子会社の設立状況についてみてみると，1987年（暦年ベース）の79社を最高に減少してきた金融子会社設立数は1991年以降激減，1991年，1992年はそれぞれ12社にとどまった。バブルの崩壊で，いわゆる財テク目的の子会社新設はほとんど姿を消している。所在地別に設立時期をみると，1986年から1987年に

かけて設立が相次いだ国内金融子会社の新設社数は，株式相場が天井を打った1989年の19社から1990年には5社へ激減した。一方，1987年以降増加したオランダの金融子会社設立は1990年まで高水準だったが，1991年以降はほとんど設立されなくなっている。香港やシンガポールなどアジアでの設立も1989年から1990年にかけて増加したが，1990年代前半になると減少した。つまり，バブルの崩壊で金融子会社の事業規模縮小が鮮明になってきた。

1993年8月に日本経済新聞社が金融子会社を保有している主要企業を対象に調査[2]を行った。以下では，この調査を中心に金融子会社の推移をみてみよう。

金融子会社の事業規模についてみると，「拡大」していると答えた企業は19.5%にとどまり，2年前の調査結果（1991年3月）の40%から大幅に減少し，金融子会社をめぐる経営姿勢が大きく後退している様子が浮かび上がった。この調査では，対象273社のうち236社から1993年3月末の状況について回答を得た。事業規模については，清算したり持ち株比率を下げて子会社の対象から外したことで金融子会社がなくなったところが日清食品など9社あったほか，「縮小」が40社（16.9%），「現状のまま」が132社（55.9%）あり，縮小か現状維持を考えている企業が7割を超えた。2年前の調査では「縮小」は5.8%にすぎなかった。

金融子会社の数については，この調査によると1993年現在国内220，海外285の合計505社で一社平均2.23の金融子会社を持っているということがわかった。そして，金融子会社の事業内容については（重複回答），55%が「グループ金融」，33%が「資金運用」を手掛けている。これは前回の調査と比較すると，業務内容から「資金運用」が消えているケースが目立っている。大成建設，ミサワホーム，ニチレイ，クラレ，三菱化成，新日本製鉄，川崎製鉄，三井金属，三菱金属，川崎重工業などの子会社で前回には業務内容に「資金運用」を含んでいたにもかかわらず，今回は含んでいない子会社がある。実際にどれだけの資金運用をしていたか，バラツキはあるとみられ，必ずしも資金運用から撤退したものばかりとは限らないが，全体として資金運用が縮小傾向にあることは確かである。また，グループ金融の中で運用機能を1ヵ所に集中し

---

[2] 『日経公社債情報』1993年8月2日，1～5頁。

表 5.1 バブル崩壊後設立された主要企業の海外金融子会社

設立国	親会社	現地法人名	設立	資本金	事業
オランダ	宇部興産	Ube International B.V.	90.9	1,000万GL	グループ金融
	NTN	International Finance NTN Amsterdam	92.5	30万GL	欧州グループ各社の資金調達支援
	岡村製作所	Okamura International Finance B.V.	91.7	500万GL	グループ金融
	川崎重工業	KHI Europe Finance B.V.	90.11	100万GL	グループ金融, 社債の発行
	川崎製鉄	Kawasaki Steel International Finance	93.7	—	社債発行, 調達資金の貸付
	光洋精工	Koyo Finance B.V.	90.3	30万GL	海外子会社向け金融会社
	神戸製鋼所	Kobe Steel International Netherland B.V.	92.3	40万GL	資金調達, 海外子会社への貸付
	新日本製鉄	Nippon Steel Europe B.V.	91.7	9,029万GL	事業会社への投融資
	ダイエーファイナンス	Daiei Finance (Netherland) B.V.	90.3	—	資金調達, 資金の海外運用
	田辺製薬	Tanabe Finance (Holland) B.V.	91.4	40万GL	海外関連会社の投融資, 情報収集
	高島屋	Takashimaya Int'l Finance B.V.	90.12	30万GL	資金の運用, 調達, 貸付
	東洋ゴム	Toyo Tire International Finance B.V.	90.6	30万GL	海外事業資金の調達, 運用等
	ニチイ	Nichii Finance Netherland B.V.	91.6	10万GL	資金調達, グループ金融
	三菱自動車	MMC International Finance	91.2	150万GL	グループ金融, 資金運用
アメリカ	鹿島	Kasima Capital of America	92.10	1,000万ドル	グループ金融
ケイマン	松下電器	MCA Funding	91.2	1万ドル	グループ金融
	本田技研	America Honda Receivables	92.8	1,000ドル	販売金融
香港	日本郵船	NYK International	92.11	200万ドル	グループ金融
イギリス	丸紅	Marubeni Investment	91.6	1,000ドル	資金運用
タイ	三井造船	Sanzo Finance	93.3	1,000ドル	資金運用
アイルランド	伊藤忠商事	Itoutyu Finance Asia	93.8	1億5,000万円	資金運用
	シャープ	Sharp International Finance Plc.	90.8	704万ドル	グループ融資, 資金調達と運用
	ジャスコ	SIAM NCS	92.11	500万バーツ	販売金融
	日本航空	JAL Capital Corporation	92.9	200万ドル	グループ金融

出所: 東洋経済『海外進出企業総覧(国別編)』各年版, 日本公社債研究所『日経公社債情報』1993年8月2日号等より作成。

リスク管理する動きもみられる。つまり,金融子会社の「非財テク」化が進んでいると思われる。

特にバブル崩壊してからの数年間でこれまで財テクに力を入れた各大手商社は金融子会社の再構築に一斉に乗り出しているという動きがみられている。例えば,丸紅や日商岩井は多額の含み損を抱える既存の金融子会社からグループの金融機能などを切り離し,新設する子会社に全面移管した。そして,既存の金融子会社は特定金銭信託(特金)・指定金外信託(ファンドトラスト)による運用失敗の処理に専念し,いずれ清算することも考えている。また,日商岩井は子会社のエヌ・アイ・ファイナンスを清算し,グループ金融機能を新会社に移すことも含め新体制作りをはかっている。そして,日商岩井はいずれ財テク撤退が不可避となりそうな情勢で,既存子会社にはその処理に専念させた。また,財テクで有名な三菱商事は子会社のエム・シー・ファイナンスが抱えていた特金・ファントラを1993年3月期に一掃し,同子会社を本来の業務であるグループ企業への融資,経理サービスなどに特化させた。このほかにもトーメンがトーメン・ファイナンスを1994年度中に清算して別の金融子会社にグループ金融業務を一本化した[3]。

以上の調査結果からわかるように,金融子会社の規模縮小は決してその存在意義を否定するのではなく,むしろ金融子会社の本来あるべき姿を再確認してその機能を再構築しつつあるということを意味する。特に海外直接投資において,企業グループ全体の視野に立ったグループ金融の合理化機能はこれまで以上に求められると考えられる。そして,日本企業が海外直接投資を行うとともに,これからの金融子会社のグループ金融の機能はますます重要になってくると思われる。また,これからの海外直接投資において,金融子会社の,グローバルな拠点網全体の資金調達と分配の窓口および関連企業に対する開発・生産・販売資金を低コストで一元的に調達する機関としての役割はさらに重要かつ鮮明になってくると考えられる。

ちなみに,バブル崩壊後,特に海外金融子会社を設立する動きはまたみられるようになっている。表5.1はバブル崩壊後の主要企業による海外金融子会社

---

[3] 日経金融新聞,1993年6月25日。

の設立状況を示したものである。表5.1からわかるように，バブル崩壊後に設立された海外金融子会社の主な業務内容についてはグループ金融が多い。つまり，金融子会社の設立の目的は様々であるが，国際財務戦略のフレームワークの中に定着しつつあると考えられる。前述したように，バブルが崩壊しても特に海外金融子会社の設立が着実に増えてきているのは，これまでの金融子会社にそれなりの合理性が存在し，その効果を発揮した事実が存在していると考えられる。次節では，特に海外金融子会社の財務的な機能およびその効率性について検証する。

II. 海外金融子会社による資金調達の効率性——実証分析——

　企業が海外直接投資を行うためには，多額の資金を長期にわたって安定的に確保することが必要不可欠な条件である。しかし，この資金をすべて日本で調達するとなると，企業側はかなりの為替リスクや送金手数料などを負担しなければならない。また，本社が現地子会社の資金需要をタイムリーに提供できるかどうかも問題になる。もし現地で低金利の資金調達ができれば，そのリスクや時間的なロスは大幅に軽減できる。特に海外直接投資を行った日本企業は一般的に多数の海外子会社を有しており，傘下に数多くのグループ企業を持っている。グループ企業の中には赤字会社もあれば，小規模な企業もある。それぞれの海外子会社の資金調達力も大きな格差が存在している。もし各子会社が親会社の信用で銀行借入や社債発行を行えば，赤字子会社や小規模子会社でも有利な条件で資金を調達できると思われる。しかし，もし企業の海外子会社の数がかなり多く，そして各子会社が独自に資金調達を行うことができるとしても，企業グループ全体の各子会社の資金調達にかかわる手数料の総額は巨額にのぼるであろう。このような観点からみると，特に海外子会社を多数所有している企業にとっては海外資金需要を一括調達したほうが有利であると思われる。つまり，企業は海外直接投資を行うことによって海外事業活動の規模がある程度大きくなるにつれて資金調達や為替リスクなどの様々な問題に直面するようになってはじめてグループ金融タイプの金融子会社の必要性が現れてくると思われる。

しかし，多国籍企業の親会社は必要資金を海外の金融市場で一括調達できるため，必ずしも海外金融子会社を設立する必要性がないという疑問がまだ残っている。この問題については，利用する金融・資本市場の制度的問題，企業の立地戦略などにかかわっていると考えられる。例えば，オランダにおいて貸出資金に対して受け取る金利には源泉課税がないなどの制度的な問題，支援する子会社の地理的距離，為替リスクの要素および市場に関する情報収集の便利性など幾つかの要素が挙げられる。つまり，海外金融子会社は多国籍企業の親会社の財務部門の分身といえよう。そして海外金融子会社による資金の調達や為替リスクの回避などの問題の本質は金融子会社という組織にあるというよりも，むしろこの組織による財務機能から求めなければならない。以下では金融子会社の財務機能について特に資金調達の側面において実証分析を行うことにする。

以下では，特に海外金融子会社を持っている企業とそれを持っていない企業とのグループ全体の資金調達利子率に格差が存在しているかどうかを検証し，もしその格差が存在しているのであればどのような要素が働いているのか，金融子会社が関係しているのかについて分析する。

(1) サンプル企業とデータ

ここでは，まず東洋経済の『海外進出企業総覧1995』からグループ金融型[4]の海外金融子会社を持っている企業(以下 FC 企業) 117 社とそれを持っていない企業(以下 non-FC 企業) 577 社を抽出する。表 5.2 はそれぞれの概況を示したものである。

表 5.2 に示されたように，FC 企業は一般的に規模が大きい，出資比率 50% 以上の子会社数(海外連結子会社数)は平均として 20 社以上ある。そして進出国数も 13 国以上にのぼり，まさに大規模な多国籍企業である。それに対して，non-FC 企業は，海外事業活動の規模からみても，売上高などの数値からみても，いずれも FC 企業よりはるかに小規模である。しかしながら，一般的に

---

[4] ここでは東洋経済の『海外進出企業総覧』において現地法人の業務内容にグループ金融と記載している企業をグループ金融型の金融子会社とする。

表 5.2 FC 企業（117 社）と non-FC 企業（577 社）の概況

出資比率 20% 以上の海外現地法人を 2 社以上もつ日本上場製造業（94 年 3 月）					
	資本金（億円）	出資 50% 以上の子会社数	現地法人数	進出国数	金融子会社数
金融子会社あり（117 社平均）	714.27	22.68	27.40	13.00	1.82
金融子会社なし（577 社平均）	153.73	5.29	6.80	4.90	—
	海外生産比率	海外投融資残高（億円）	連結売上高億円 (1)	海外子会社売上高億円 (2)	(2)/(1)
金融子会社あり（117 社平均）	15.00%	662.10	10,449.64	1,982.03	18.97%
金融子会社なし（577 社平均）	11.12%	65.04	1,878.43	428.18	22.80%

出所：東洋経済『海外進出企業総覧』会社別編，95 年版より作成。

表 5.3 サンプル企業（66 社）の記述統計

項目		FC 企業	non-FC 企業
資本金(億円)	平均値	391.94	336.53
	メディア	283.63	239.72
	最大値	1,032.78	962.52
	最小値	79.96	108.10
連結子会社数	平均値	16	12
	メディア	15	10
	最大値	66	30
	最小値	3	2
現地法人数	平均値	20	15
	メディア	17	14
	最大値	94	42
	最小値	4	5
進出国数	平均値	11	10
	メディア	15	9
	最大値	33	17
	最小値	3	5
サンプル数		33	33

企業の規模，業種および海外子会社数などが特にその資金需要量に影響を与え，そして資金調達の利子率や手数料などがその資金調達量と関係していると考えられる。したがって，ここでは分析のサンプルとしては FC 企業と non-FC 企業を二つのグループに分けてそれぞれ同業種で同程度の規模（資本金，海外子

会社数,進出国数)をペア企業として抽出する。

以下では,特に non-FC 企業の規模に合わせるため,最終的にそれぞれ 33 社を分析のサンプルとして抽出する。表 5.3 はサンプル企業 66 社の記述統計を示したものである。また,分析期間としては資金調達利子率に対するバブルの影響を最小限にするためにバブル崩壊後の 1992 年度と 1993 年度の 2 年間とする。そして各社の有価証券報告書の連結および本体の財務諸表に基づいて資金調達と関連する幾つかのデータを用いて分析を行う。

(2) 両グループの資金調達利子率の平均値の検定

表 5.4 は各社の連結財務諸表に基づいて FC 企業と non-FC 企業それぞれ 33 社のグループ全体の資金調達利子率の平均値検定結果を示したものである。

表 5.4 からわかるように,1992 年度において FCr (FC 企業のグループ全体の資金調達利子率)の平均は 3.6499 と non-FCr (non-FC 企業のグループ全体の資金調達利子率)のそれ 4.3525 よりもかなり低く,その差は 2.5% 水準で有意である。また,FCr の平均が non-FCr のそれより低くなっているペアが全 33

表 5.4 資金調達利子率の平均値検定結果

92 年度			93 年度		
	FC 企業	non-FC 企業		FC 企業	non-FC 企業
平均	3.6499	4.3525	平均	3.291	3.8757
t 値 (1)	2.1534*		t 値 (1)	2.351*	
FCr<non-FCr の割合 (2)	0.796		FCr<non-FCr の割合 (2)	0.846	
z 値 (3)	3.7879**		z 値 (3)	3.762**	
サンプル数	33		サンプル数	33	

**: 1% 水準で有意,*: 2.5% 水準で有意

FCr = FC 企業のグループ全体の平均資金調達利子率,non-FCr = non-FC 企業のグループ全体の平均資金調達利子率

(1): 帰無仮説「FCr = non-FCr」

(2): 全 33 ペアのうち,FCr が non-FCr より小さくなっているペアの割合

(3): 帰無仮説「FCr < non-FCr の割合 = 0.5」

$$\text{グループ全体の資金調達利子率} = \frac{\text{金融費用}}{\text{資金調達額}}$$

ただし,資金調達額 = 短期借入金 + 長期借入金 + 社債 + 受取手形割引残高(期首・期末平均,社債には一年内社債を含む),金融費用 = 支払利息 + 割引料 + 社債利息 + 社債発行差金償却。

ペアに占める割合も 0.796 とかなり高くなっており，1% 水準で有意に 0.5 を超えている。1993 年度も同じような結果が得られている。1993 年度において FCr の平均は 3.291 と non-FCr のそれ 3.8757 よりも低く，その差は 2.5% 水準で有意である。また，FCr が non-FCr より低くなっているペアが全 33 ペアに占める割合も 0.846 とかなり高くなっており，1% 水準で有意に 0.5 を超えている。

以上の結果は FC 企業は non-FC 企業よりもグループ全体の資金調達利子率が低くなっている傾向にあることを示している。前述したように，海外金融子会社の資金調達については親会社が信用補強を行うのが一般的である。親会社が Keepwell Agreement などの間接保証を供与することによって金融子会社はより高い格付けを取得して低金利での資金調達を行うことができる。そして金融子会社は調達された資金をさらに各海外子会社に転貸することによってグループ全体の資金調達利子率を引き下げることができる。この論点は先の分析結果と一応合致している。

しかし，この結果が金融子会社の利用によるものかどうかはまだ断言できない。というのは，たまたま 1992 年度と 1993 年度において FCr が non-FCr より低くなっている可能性が存在するからである。また，親会社の信用力や企業全体の負債構成および銀行借入の依存度などの要素が資金調達の利子率にいかなる影響を与えるかをも検証しなければならない。以下では，回帰分析に基づいて資金調達利子率に影響を与えていると考えられるいくつかのファクターを検証することによってこの問題を詳しく議論する。

(3) 回帰分析

ここでは，特にグループ全体の資金調達利子率に影響を与えると考えられるファクターを考慮に入れてグループ全体の資金調達利子率を被説明変数，親会社の信用力，グループ全体の長期負債比率，グループ全体の銀行借入比率およびグループ金融型の海外金融子会社の有無を説明変数とする回帰分析を行うことにする。

以下では，説明変数としての選択理由を述べる。

① PcCREDIT（親会社の信用力）

グループ企業の海外子会社や海外金融子会社の資金調達については親会社が信用補強を行うのが一般的である。また，前述したように，親会社が Keepwell Agreement などの間接保証を供与することによってはじめて金融子会社は高い格付けを取得して低金利での資金調達を行うことができる。そのため親会社の信用力はグループ全体の資金調達利子率に大きな影響を与えていると考えられる。一般的に親会社の信用力を表すものとしては社債格付けが一つ有力な指標と思われる。しかし，サンプル企業のなかでまだ多数の企業が格付けを取得していないため，ここでは代理変数として親会社の資金調達利子率を使用することにする。というのは，特に社債による資金調達を行うときに社債格付けの高低は直接資金調達利子率に影響を与えているからである。また，金融・資本市場が効率的であれば，企業の資金調達利子率が当該企業の財務状況や信用力を反映して変動すると考えられる。そして親会社の資金調達利子率を次のように計算する。

$$親会社の資金調達利子率 = \frac{金融費用}{資金調達額}$$

　　ただし，資金調達額＝短期借入金＋長期借入金＋社債＋受取手形割引残高(期首・期末平均，社債には一年内社債を含む)，金融費用＝支払利息＋割引料＋社債利息＋社債発行差金償却。

② GpLDR（グループ全体の長期負債比率）

　一般的に長期資金と短期資金との利子率に格差が存在するため，負債の構成（長期負債と短期負債の割合）が企業全体の支払い金利に影響を与えていると考えられる。例えば，短期金利が長期金利より高い場合においては企業全体の負債に占める短期負債の割合が高ければ高いほど企業全体の支払い金利も相対的に高くなると予想される。したがって，ここではグループ全体の長期負債比率を説明変数として用いることにする。その比率を次のように計算する。

$$グループ全体の長期負債比率 = \frac{長期借入金＋社債}{資金調達額}$$

③ GpBDR（グループ全体の銀行借入比率）

　一般的に，銀行借入利子率は公定歩合や企業・銀行間の交渉などによって定

められるのに対し，金融・資本市場での資金調達利子率は資金調達主体の財務状況やプロジェクトのリスクや市場実勢などによって決定される。銀行借入の利子率と金融・資本市場での資金調達利子率を決定するメカニズムが異なるため，両市場での利子率も常に格差が存在している。つまり，銀行借入の依存度の高低は企業全体の資金調達利子率に影響を与えていると考えられる。ここではグループ全体の銀行借入比率を一つの説明変数として用いることにする。そしてその比率を次のように計算する。

$$\text{グループ全体の銀行借入比率} = \frac{\text{長短期借入金} + \text{受取手形割引残高}}{\text{資金調達額}}$$

④ FFCDUM（海外金融子会社ダミー）

前述したように，海外金融子会社は親会社の信用補強（例えば，Keepwell Agreement）を受け，グループの各子会社が独自に資金を調達する代わりに地域別にその資金需要を一括調達してふたたび各子会社に再分配することによってグループ全体の資金調達効率性を図ろうとしている。実際に，ソニーやオムロンなどは金融子会社をグループ内の銀行として位置付けており，その金融子会社は資金の調達・分配だけでなく各地域内でのグループ子会社間の資金決済や為替業務や財務の顧問業務なども行っている[5]。また，先の平均値検定においては，FCr が non-FCr よりも有意に低下していることから考えれば，グループ金融型の海外金融子会社の有無はグループ全体の資金調達利子率に大きな影響を与えていると考えられる。ここではグループ金融型の海外金融子会社を持っている企業については 1，それを持っていない企業については 0 となるダミー変数を海外金融子会社ダミーとする。金融子会社の設立によって資金調達の利子率に貢献できるならば，FFCDUM がグループ全体の資金調達利子率に対して負（すなわち，グループ全体の資金調達利子率を引き下げる）の影響を与えると考えられる。

以上の諸変数を独立変数とする回帰分析の結果は表 5.5 に示されている。表 5.5 からわかるように，PcCREDIT が両分析期間においては有意に正となっている。これは親会社の信用力がグループ全体の資金調達利子率に影響を与えて

---

[5] 日経金融新聞，1989 年 4 月 20 日。

第5章 日本の海外金融子会社による資金調達の効率性

表 5.5 回帰分析の結果

説明変数	92 年度	93 年度
定数項	0.2994 (0.3559)	0.3135 (0.4314)
PcCREDIT	0.3856 (3.9168)**	0.4385 (4.714)**
GpLDR	1.854 (1.7881)*	1.4308 (1.4511)
GpBDR	3.0958 (2.8973)**	2.0961 (2.3982)**
FFCDUM	−0.6272 (−2.3923)**	−0.459 (−1.9712)*
adj.R^2	0.4362	0.4185
サンプル数	66	66

注: ( ) 内は t 値, **: 1% 水準で有意, *: 5% 水準で有意

いるということを意味する。つまり，親会社の信用力が高ければ高いほどグループ全体の資金調達利子率は低下する。そして GpLDR が 1992 年度においては有意に正となっている。これは企業の負債構成がその資金調達利子率に影響を与えているということを意味している。しかしながら，1993 年度においては GpLDR が有意な水準に達していない。つまり，1993 年度において企業グループの負債構成はその調達利子率に影響を与えているとはいえない。

そして，GpBDR が両分析期間においても有意に正となっている。これはグループ企業の銀行借入依存度が高ければ高いほどその調達利子率も高くなり，銀行借入利子率が金融・資本市場での調達利子率より高くなるということを示唆している。つまり，資金調達のコストからみれば，企業にとっては銀行から資金を借り入れるよりも自ら金融・資本市場で資金を調達したほうが有利であろう。

最後に FFCDUM についてみてみよう。FFCDUM については両分析期間においても有意に負となっている。これはグループ金融型の海外金融子会社の存在がグループ全体の調達利子率を引き下げる効果があるということを示唆している。前述したように，海外直接投資を行った日本企業は一般的に数多くの

表 5.6 トヨタ自動車のアメリカの金融子会社 TMCC の概要
TOYOTA MOTOR CREDIT CORP. ($1,000, %)

	1991		1992	
Notes & loans payable	5,815,880	81.50	7,705,358	81.60
Accrued interest expense	113,015	1.58	124,526	1.32
Accts pays & accrued exps	136,494	1.91	239,047	2.53
Unearned insurance prem	78,604	1.10	95,128	1.01
Amounts due dealer & distributors	27,774	0.39	37,835	0.40
Payable to parent	19,906	0.28	—	—
Income taxes payable	—	—	4,311	0.05
Deferred income taxes	174,863	2.45	279,392	2.96
Total liabilities	6,366,536	89.20	8,485,597	89.80
Capital stock	550,000	7.70	630,000	6.67
Retained earnings	221,966	3.11	328,750	3.48
Total shholders' equity	771,966	10.80	958,750	10.20
Total liabil & stk eq	7,138,502		9,444,347	

出所: MODDY'S, *BANK & FINANCE MANUAL*, VOL. 2, 1993, p. 5535.

海外子会社を持っている。グループ企業の中には赤字子会社もあれば，小規模の子会社もある。それぞれの海外子会社の資金調達力や財務状況も大きな格差が存在していると考えられる。もしすべての子会社が親会社の保証で銀行借入や社債発行を行えば，赤字子会社や小規模な子会社でも有利な条件で資金を調達できると思われる。しかし，もし海外子会社の数がかなり多く，そして各子会社が独自に資金調達を行えば，親会社の保証を受けても企業グループ全体の各子会社の資金調達にかかる手数料の合計は巨額になる。さらに各国や地域間には常に利子率の格差が存在しているため，高い利子率で資金を調達せざるをえない子会社も存在していると考えられる。このような観点から考えると，特に海外子会社を多数所有している企業にとっては各子会社の資金需要を金融子会社によって一括調達したほうが有利であると思われる。そしてこの論点は回帰分析の結果によって支持される。

前述したように，ソニーやオムロンなどの海外金融子会社はグループ内の銀行として資金の調達・分配を行い，さらに各地域内での子会社間資金決済や為替業務や財務の顧問業務などにも携わっている。それによって，海外金融子会

社は財務についての地域統括機能を持ちながら親会社の出先的役割を果たすことになる。このように，日系多国籍企業は，グループ各子会社の独自の資金調達の代わりに複数の海外金融子会社が地域別に資金需要を一括調達して各子会社に再分配することによってグループ全体の資金調達システムを確立していると考えられる。

表5.6はトヨタ自動車のアメリカの金融子会社 TMCC（トヨタモータークレジット）の資本構成を示したものである。表5.6のトヨタの海外金融子会社のデータはムーディーズが公表している唯一の日本企業の海外金融子会社の財務資料である。周知のように，トヨタ自動車は日本の企業だけではなく世界の企業においてもトップクラスの優良企業であるため，TMCCは日本企業の海外金融子会社の典型的な例とはいいがたい。しかし，少なくともそれは日本企業の海外金融子会社の一つの例としてみる価値がある。ただし，TMCCはグループ金融型ではなく主に販売金融やリース業務を中心とする金融子会社である。アメリカにおいてトヨタはTMCCによる顧客あるいはディーラー向けファイナンス供与を販売戦略上の重要な手段として活用している。表5.6に示したように，TMCCの1991年度末の資産残高は71億ドルで，1992年度末には94億ドルとかなりの規模までに成長した。そしてTMCCの資本構成について，自己資本はおよそ10%，その負債はおよそ8割くらい社債および借入金によって賄われている。しかし，社債と借入金についての内訳が公表されていないためどの程度銀行に依存しているのかはっきりしていない。ムーディーズの公表している資料によると，TMCCは社債による資金調達をかなり活発に行っており，そしてその発行されている社債は全部トリプルAの格付けを有している。つまり，TMCCの資金調達コストにおいては少なくとも日本の一般都市銀行と比べてかなり低いと考えられる。したがって，資金調達のコストからみれば，TMCCにとって銀行借入よりも自ら金融・資本市場から資金を調達したほうが有利であろう。

むすび

これまで何度か述べてきたことの繰り返しになるが，一般的に企業グループ

のそれぞれの子会社が当該グループの親会社の保証を受けることによって資金調達の利子率を低減できると思われる。しかし，現実的に子会社数および投資先国数が多ければ，各子会社は親会社の保証を受けても当該子会社の資金調達規模，会社規模およびそれぞれの国の金融・資本市場の規模や規制に制限される可能性が常に存在している。つまり，特に海外子会社を多数有する企業にとっては資金調達において最も適当な金融・資本市場で親会社の保証をフルに利用できるような資金調達専門の子会社を設立することによってグループ全体の必要資金を一括調達して各子会社に分配した方が有利と考えられる。

本章では特に海外金融子会社を持っている企業とそれを持っていない企業をそれぞれ33社の連結財務データに基づいてグループ全体の資金調達利子率に対する海外金融子会社の影響を検証した。結果的にはグループ金融型の海外金融子会社の存在がグループ全体の資金調達利子率を引き下げる効果があるということを実証的に確認した。つまり，日本企業の海外直接投資の資金調達において親会社はグループ企業内で信用補強を行い，海外金融子会社は親会社の保証を十分に活用して企業グループ内の資金調達・分配の機関としてそれぞれの役割を果たすことによってグループ全体の資金調達の効率性は達成されると考えられる。

第6章　海外直接投資の資金調達戦略
　　　——海外金融子会社を設立するための意思決定——

はじめに

　第5章で述べたように，1980年代から日本企業は資金調達・運用のために独自に海外で金融子会社を設立するケースがかなり多いとみられている。海外金融子会社はその機能によって様々なタイプがあるが，その中で，グループ融資と資金運用を目的としているものが多く，製造業においてグループ融資を目的とするものがおよそ8割にも達している。そして，特に海外直接投資の資金調達戦略において，グループ融資タイプの海外金融子会社はかなり重要な役割を果たしていると考えられる。本章では，グループ融資タイプの海外金融子会社を中心に海外直接投資の資金調達戦略を議論する。

　近年では，海外金融子会社に関する文献の多くはその分類あるいは事例研究が中心であった。しかしながら，特に日本企業の海外金融子会社の本質的な問題を解明するには，金融子会社の行動原理を説明する体系的理論が必要であると思われる。そのため，本章では金融子会社に取引費用節減の概念を導入し，財務的な評価手法によってそれを体系化することを試みる。

　資金調達の問題を議論するにあたって，調達コストの概念が不可欠なことは明らかである。本章では，取引コストの節減という観点を念頭におきながら資金調達コストを取引コストと利子率の和(資金調達コスト＝取引コスト＋調達利子率)として取り上げている。そして，この調達コスト概念の組み入れによって，金融子会社の行動原理ははじめて体系化されることが可能になると思われる。資金調達コストは，利用される海外の金融・資本市場の制度あるいは企業自身の能力によって変わる。利用する市場の選択は，代替する制度措置に含ま

れる相対コストの影響を受ける。そして，このコストの概念は，もっとも効率的な資金調達方法および市場の選択を導く可能性がある。さらに，このコストの概念は多国籍企業の財務戦略の目的である企業グループ全体の利益最大化と一致すると考えられる。

　以下では，前述した資金調達コストの概念を用いて，それを海外直接投資における資金調達戦略に応用し，また，海外金融子会社による資金の調達・分配を資金調達の取引コストの節減という概念として取り上げて議論する。最後に，われわれは一般的な財務の投資評価手法によってこの資金調達による取引コストの節減概念を具体化，体系化することを試みる。

I. 海外金融子会社による資金調達の意思決定式の導出

(1) 概念規定

　近年，国際金融・資本市場の著しい発展は，多国籍企業が直接に低コストで資金を調達したり，効率的に資金を運用する可能性を生み出している。そして，多国籍企業の進展とともに巨額の資金をグローバルな見地から調達・運用する必要性に迫られているのである。したがって，多国籍企業にとっては金融・資本市場に関する情報をグローバルなレベルで掌握し，そして的確な意思決定を行える組織が必要となる。つまり，多国籍企業の親会社や各海外子会社がそれぞれ独立した意思決定を行うのではなく，それらが持っている情報を集中し，企業内に最適な資金配分を行いつつ企業グループ全体の利益を最大化していく課題をその組織は担う。そして，この資金調達のグローバル化の流れの中で，多国籍企業はそのような機能を担う組織として海外金融子会社を設立するに至っていると考えられる。

　多国籍企業は海外事業活動の規模拡大にともなって，必然的にその活動に対する資金需要も相対的に増大する。そして，所要資金の調達にかかる調達コストも相対的に増大するため，そこからはじめて海外金融子会社を設立する必要性が現れる。図6.1はこの資金調達の概念を示したものである。図6.1に示されているように，多国籍企業は海外事業活動の拡大とともに，資金調達にかかる調達コストも相対的に増大する。ある「一定の点」に達したときに，多国

第 6 章　海外直接投資の資金調達戦略

図 6.1

調達コスト

資金調達の内部化

取引コスト＋利子率　　　取引コスト＋利子率

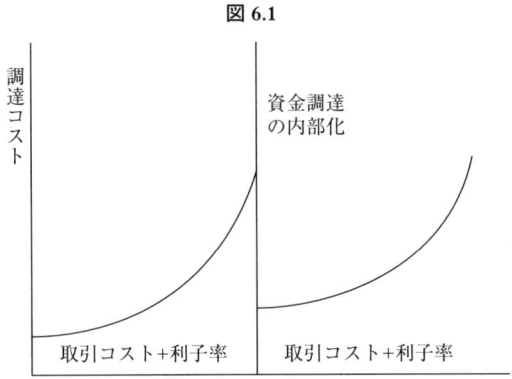

多国籍企業の海外事業活動の規模拡大に伴う資金需要

籍企業は海外金融子会社を設立することによってこの調達コストを引き下げることができる。前述したように，資金調達コストは基本的に資金調達の利子率および資金調達の取引コストから構成されている。資金調達の利子率は一般的に金融・資本市場の状況，経済の情勢および世界各国の金融政策に大きく左右されている。そのため，多国籍企業は一般的に規定の利子率を引き下げることができない。つまり，ここでいう資金調達コストの引き下げは特にグループ融資タイプの金融子会社によって資金調達の取引コストを引き下げることを意味する。

しかし，ここで問題となるのは，この「一定の点」がどのように決定されるのかということである。この問題については，後のモデルで詳しく議論する。つまり，多国籍企業は事業活動の拡大に伴う資金需要が「一定の点」に達したときに金融子会社を設立することになる。以下では，われわれは，こうした取引コストの削減という観点に基づいて，金融子会社によるグループ融資を取り上げて議論を進める。

多数の海外子会社を有する多国籍企業は，外部金融市場における不完全性の存在による各子会社の余分な資金調達コストの負担に対して，それぞれ子会社の資金調達・分配上の問題を企業内の経営管理命令を用いて解決することができる。具体的にいえば，多国籍企業は海外金融子会社によるグループ融資を行うことによって金融市場の不完全性を回避することができる。そして，理論的

には資金調達の側面において，多国籍企業は，このグループ融資行動によって投資先の現地銀行や金融市場が各海外子会社に与える影響を最小限にすることができると考えられる。

また，多国籍企業はこのグループ融資行動によって金融・資本市場の不完全性を回避するうえである種の能力を創出することができる。この能力はいわゆる企業の特殊優位性である。この企業特殊優位性は決して曖昧，抽象的なものではない。というのは，すべての企業特殊優位性は企業間競争あるいは企業の発展過程において商品，サービスまたは優れた生産技術などによって具体化されるからである。換言すれば，最初に抽象的な企業特殊優位性は，資金循環構造の展開過程において具体的な形に転化されるということである。そして，この企業の特殊優位性は資金調達コストとならんで海外金融子会社の中核部分である。

(2) 問題の視角

本章では海外金融子会社を海外直接投資の資金調達戦略として取り上げている。しかしながら，これまでの金融子会社についての概念は必ずしも明確とはいえない。例えば，アメリカでは金融子会社（Finance Company）というとき，金融サービス業，個人あるいは企業向けの貸付，リース業に主に従事する会社と定義されていることが多い。日本では，一般的に金融子会社を，企業グループ内各企業の資金をグループ全体として効率よく調達・運用し，あるいは為替管理を総括するためにグループが設立した金融専門の子会社と規定していることが多い。金融子会社に対して概念的には必ずしも一致しないのが現状である。特に現在日本の金融子会社はまた様々な機能をもって事業を展開しているということは周知の通りである。定義に正しいか誤りかはない。単にどこに焦点を当てるか，どれほど役に立つかの程度の違いだけであろう。これまでの日本の海外金融子会社は特に資金運用などの財テク側面で活躍してきた。しかし，バブル経済の崩壊に伴って企業も今後の海外金融子会社の在り方を模索，再構築しようとしている。前述したように，その流れのなかで特に金融子会社のグループ融資という機能はますます重視されつつある。ここでは，海外直接投資における資金調達戦略とりわけ海外金融子会社のグループ融資機能に焦点を当て，海外生産や海外販売など海外での事業展開が進んでおり，海外での資金需

要が大きい本格的な多国籍企業を中心として議論を進めることにする。そこで，あえて海外金融子会社を次のように規定する。海外金融子会社とは，多国籍企業が海外で企業全体の資金需要を一括調達して海外や国内の生産子会社や販売子会社に貸し付けたり，資金調達の効率化とコストの低減などをはかる目的で設立される子会社である。

以下では，この資金調達における海外金融子会社のグループ融資による企業全体の利益最大化の概念をモデルで具体化することにする。

(3) モデル

ここでは，海外金融子会社による必要資金の一括調達と海外の各子会社独自の資金調達のケースを取り上げ，それぞれの調達コストを比較することによって海外金融子会社の利用が有利となる条件を導き出し，そして海外金融子会社のグループ融資による企業全体の利益最大化の概念を具体化することにする。

仮定:

1. 金融子会社は，一般的な製造や販売の海外子会社より金融・資本市場についての情報をより多く持っており，また，企業グループ全体の資金需要を一括調達して金額が大きくなるため，資金の貸し手に対して交渉力が相対的に大きくなる。さらに第5章の実証研究により，金融子会社は親会社の信用力を活用しながら，一般的な海外子会社より低金利で資金を調達することができると仮定する[1]。

2. ここでは取引コストを「為替リスク」および「国際的な法人税の格差」を資金調達の取引コストとする。というのは，少なくともこの二つの要素は企業が国境を跨って海外で事業活動を行う際に国内企業と比べて余分に負担しなければならない資金調達の費用であるからである。

3. 単純化のためにすべての資金が負債調達によるもので，被投資国の金融規制，法規制などを考慮しない。

4. 金融子会社を設立するコスト（Setup cost）は C である。C は，金融子

---

[1] 資金を調達する企業の格付け，資金調達手法あるいは技術は借入利子率に影響を与える重要な要素である。しかし，それは企業の個別要素であるため，ここでは単純化のためにそれらの要素を考慮しないことにする。

会社の設立費用とその後の維持費を含み，そしてそれは金融子会社による資金調達の固定費用と仮定する。

まず，このモデルの概念を明確にするため，海外資金調達に伴う為替リスクを考慮せずにその資金調達のコストを検証する。次に，われわれはこのモデルをより現実的にするため，資金調達に伴う為替リスクをモデルの枠内に組み入れる。最後に，資金調達のコストにかかわる法人税の問題をモデルに組み入れ，それによって金融子会社を利用するか否かの意思決定式を導出することにする。

(A) 為替リスクと法人税を考慮しない場合

ある多国籍企業は，$S_1, S_2, S_3, \ldots, S_N$ の海外子会社を有する。それぞれの子会社資金需要は，$X_1, X_2, X_3, \ldots, X_N$ である。

したがって，企業グループ全体に対する総資金需要は (1) 式のようになる。

$$X_1 + X_2 + X_3 + \ldots + X_N = Q \tag{1}$$

また，海外子会社が各自で資金調達を行う場合，その資金需要に対応する各子会社の利子率はそれぞれ $i_1, i_2, i_3, \ldots, i_N$ である。そして企業グループ全体が支払った利子総額は (2) 式で表される。

$$\begin{aligned} X_1 i_1 + X_2 i_2 + X_3 i_3 + \ldots + X_N i_N &= \sum_{S=1}^{N} X_S i_S \\ &= P_N \end{aligned} \tag{2}$$

次に金融子会社を設立するケースを考えよう。

多国籍企業は金融子会社を設立することによって企業グループ全体の資金需要を一括調達する。金融子会社の借入利子率を i とすると，仮定1より，

$$i_S > i, \quad \text{for} \quad S = 1, \ldots, N \tag{3}$$

となる。この場合，企業グループ全体が支払った利子総額は次の式で表される。

$$\begin{aligned} (X_1 + X_2 + X_3 + \ldots + X_N)i &= Qi \\ &= \sum_{S=1}^{N} X_S i \\ &= P \end{aligned} \tag{4}$$

第 6 章　海外直接投資の資金調達戦略

(3) 式を考慮すると,次の式が成り立つ。

$$(X_1 i_1 + X_2 i_2 + X_3 i_3 + \ldots + X_N i_N) > (X_1 + X_2 + X_3 + \ldots + X_N)i$$
$$\Rightarrow \sum_{S=1}^{N} X_S i_S > \sum_{S=1}^{N} X_S i \tag{5}$$
$$\Rightarrow P_N > P$$

したがって,(6) 式は,多国籍企業が金融子会社を設立するか否かの意思決定式となる。

$$P_N > P + C \quad 設立する; \quad P_N < P + C \quad 設立しない \tag{6}$$

(5) 式を変形すると (7) 式になる。

$$\frac{\sum_{S=1}^{N} X_S i_S}{Q} > \frac{\sum_{S=1}^{N} X_S i}{Q} \tag{7}$$

図 6.2 は (6) 式を図式化したものである。(7) 式からわかるように,海外子会社の資金調達コスト線の傾きは金融子会社のそれより大きい。また,仮定 1 によると,企業の調達資金量が増大するにつれて,その調達利子率が相対的に下がるため $i_1, i_2, i_3, \ldots, i_N$ および i は Q に対して逓減的に増加している。し

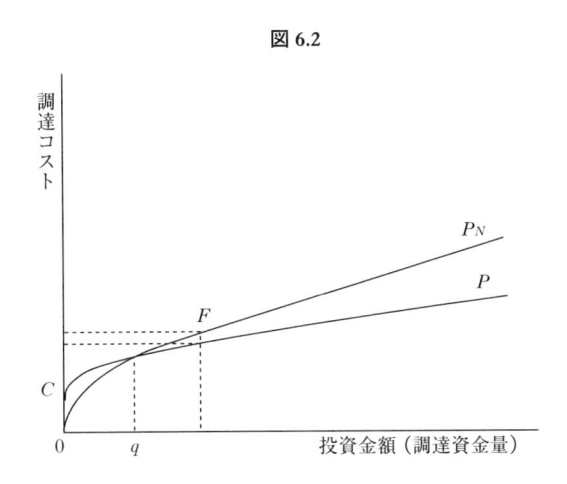

図 6.2

図 6.3

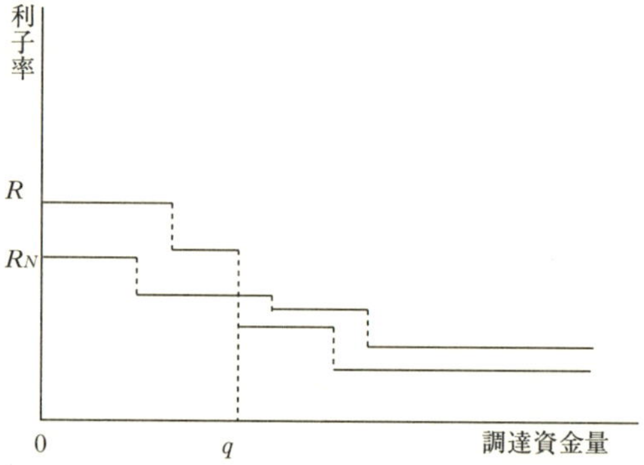

たがって，この二つの資金コスト線は凹関数となる。しかし，調達利子率がある一定の水準まで下がると，各子会社の利子率 i_S と金融子会社のそれ i は両方とも下がらなくなり，調達コストが調達資金量と比例して増加するため，二つの調達コスト線は直線となる。したがって，P_N と P 線は点 F の右側から右上がりの直線となる。図 6.2 からもわかるように，企業グループ全体の調達資金量が q を上回れば，企業は金融子会社を設立すべきであり，調達資金量が q を下回れば，それぞれの海外子会社は独自に資金を調達した方が有利である。つまり，資金調達面において，企業グループ全体の資金需要が q を超えなければ，多国籍企業には金融子会社を設立するインセンティブが存在しない。

図 6.3 は金融子会社とそれぞれの海外子会社の平均資金調達利子率を示したものである。ただし，金融子会社の利子率 R には，設立コスト C を含んでいることに注意されたい。

R_N と R との間の差は金融子会社を設立するコストの C であり，それは金融子会社を設立することによる最初のコストの差である。企業の資金調達量の増加につれて，そのコストの格差は徐々に縮小し，そして完全に金融子会社の低い資金調達利子率に相殺される。q 点において，P が P_N を下回ったため R_N と R は逆転する。この点 q はいわゆる金融子会社を設立するか否かの意

思決定の「一定の点」である。

(B) 為替リスクを考慮する場合

(A) においては，各海外子会社が独自に資金を調達するコストと金融子会社が一括に資金を調達するコストとを比較することによって，海外金融子会社を設立する最適点が導かれた。以下では，為替リスクの要因をモデルの中に組み入れることにする。

まず，各海外子会社が独自に資金を調達するケースを考えよう。各海外子会社はそれぞれの資金需要に対して現地通貨建てで資金を調達し，すべての利払いが期末に行われると仮定する。各海外子会社と金融子会社との資金調達コストを比較するために，ここでは海外子会社による現地通貨建て調達の利子率を本国通貨の実効利子率へ換算することにする。e_0 は本国通貨の現物為替レート，e_1 は本国通貨の先物為替レート，そして i_S は現地通貨建て債の利子率である。したがって，本国通貨建ての実効利子率 r は (8) 式のようになる。

$$\begin{aligned} r &= \frac{i_S e_1 + e_1 - e_0}{e_0} \\ &= \frac{i_S e_0}{e_0} - \frac{i_S(e_0 - e_1)}{e_0} - \frac{(e_0 - e_1)}{e_0} \\ &= i_S(1 - d_S) - d_S \end{aligned} \quad (8)$$

$$\text{ただし，} d_S = \frac{e_0 - e_1}{e_0}$$

(8) 式を (2) 式に代入することによって，各海外子会社が独自に資金を調達する場合の企業グループ全体が支払った本国通貨建て表示の実効利子総額を計算することができる。それは (9) 式のようになる。

$$X_1[i_1(1 - d_1) - d_1] + \ldots + X_N[i_N(1 - d_N) - d_N] \\ = \sum_{S=1}^{N} X_S[i_S(1 - d_S) - d_S] \quad (9)$$

次に，海外金融子会社のケースを考えよう。

海外金融子会社は各子会社の資金需要に対してドル建てで資金を一括調達し，各子会社へ転貸するときに再びその資金を現地通貨に転換すると仮定する。こ

こでは，まず金融子会社のドル建て資金の利子率を投資先の現地通貨の実効利子率へ換算することにする。

(8) 式のロジックを用いて，ドル建て調達の利子率を現地通貨の実効利子率へ換算することができる。それは (10) 式のようになる。

$$r_K = \frac{iE_1 + E_1 - E_0}{E_0}$$

$$= \frac{iE_0}{E_0} - \frac{i(E_0 - E_1)}{E_0} - \frac{E_0 - E_1}{E_0} \quad \text{ただし，} D = \frac{E_0 - E_1}{E_0} \quad (10)$$

$$= i(1 - D) - D$$

E_0: 現地通貨の直物為替レート　　E_1: 現地通貨の先物為替レート
r_K: 現地通貨建ての実効利子率　　i: ドル建ての利子率

(10) 式を (4) 式に代入すると，企業グループ全体が支払った現地通貨建て表示の実効利子総額を算出することができる。それは (11) 式のようになる。

$$X_1[i(1-D) - D] + \ldots + X_N[i(1-D) - D]$$
$$= \sum_{S=1}^{N} X_S[i(1-D) - D] \quad (11)$$

そして再び (8) 式を (11) 式に代入することによって，金融子会社が支払った企業グループ全体の本国通貨建て表示の実効利子を算出することができる。それは (12) 式のようになる。

$$X_1\{[i(1-D) - D][1 - d_1] - d_1\} + \ldots$$
$$+ X_N\{[i(1-D) - D][1 - d_N] - d_N\} \quad (12)$$
$$= \sum_{S=1}^{N} X_S\{[i(1-D) - D][1 - d_S] - d_S\}$$

したがって，多国籍企業にとって金融子会社を利用することが有利となるためには，まず (9) - (12) > 0 という必要条件が満たされなければならない。

(9) - (12)
$$\Rightarrow$$
$$\sum_{S=1}^{N} X_S[i_S - i_S d_S - d_S - i + iD + D + id_S - iDd_S - Dd_S + d_S]$$

$$= \sum_{S=1}^{N} X_S \{(1-d_S)[(i_S-i)+D(1+i)]\}$$

したがって,

$$(1-d_S)[(i_S-i)+D(1+i)] > 0 \quad \text{for} \quad S = 1, 2, \ldots, N \tag{13}$$

となるならば,多国籍企業にとって金融子会社を利用することが有利となる。さらに,(13)式を展開すると,(14)式のようになる。

$$(i_S-i)+D(1+i) > 0$$
$$\Leftrightarrow i_S + 1 - \frac{E_1}{E_0}(1+i) > 0$$
$$\Leftrightarrow E_0(i_S+1) > E_1(1+i) \quad \text{for} \quad S = 1, 2, \ldots, N \tag{14}$$
$$\Leftrightarrow \frac{E_1}{E_0} < \frac{1+i_S}{1+i}$$

つまり,(14)式は,金融子会社による金利節約の利益がドル高による損失を上回らない限り,多国籍企業が金融子会社を利用するインセンティブが存在しないということを意味している。したがって,

$$\sum_{S=1}^{N} X_S\{(1-d_S)[(i_S-i)+D(1+i)]\} - C > 0 \tag{15}$$

という条件が成り立つならば,多国籍企業は金融子会社を設立するインセンティブをもつ。(15)式はいわゆる金融子会社を設立するか否かの意思決定式である。同時に(15)式は図6.2のq点を決定する式である。(15)式に影響を与える要因は資金需要の大きさおよび為替相場の変動である。一般的に,多国籍企業は資金を調達すると同時に為替リスクのヘッジ策を採っている。しかし,通貨の変動が激しければ激しいほど,ヘッジコストも高くつくため,金融子会社の設立のメリットは相殺される可能性が存在する。つまり,多国籍企業は金融子会社による資金調達のメリットを享受しようとするならば,なるべく変動の激しい通貨による資金調達を避けるべきと考えられる。

(C) 為替リスクと法人税を同時に考慮する場合

(B)では,為替リスクを考慮に入れ,金融子会社と各子会社との資金調達コ

ストを比較することによって，金融子会社を利用する意思決定式を導き出した。以下では，このモデルをより現実的にするため，資金調達のコストに重要な影響を与える法人税の要素をモデルの枠内に組み入れることにする。

　まず，これまでと同様に各海外子会社が独自に資金を調達するケースをみてみよう。(8) 式は各子会社による現地通貨建て調達の本国通貨建ての実効利子率を示したものである。(8) 式の第 1 項 $i_S(1-d_S)$ は本国通貨建ての利子率を示し，第 2 項の d_S は為替差損益を示したものである。ここでは，各海外子会社の現地法人税率を t_S とする。本国通貨建ての実効利子率は (16) 式になる。

$$R_S = i_S(1-d_S)(1-t_S) - d_S \tag{16}$$

したがって，(16) 式を (2) 式に代入することによって，各海外子会社が独自に資金を調達する場合に，多国籍企業全体が支払った本国通貨建て表示の実効利子総額を計算することができる。それは (17) 式のように示される。

$$X_1[i_1(1-d_1)(1-t_1) - d_1] + \ldots + X_N[i_N(1-d_N)(1-t_N) - d_N]$$
$$= \sum_{S=1}^{N} X_S[i_S(1-d_S)(1-t_S) - d_S] \tag{17}$$

　次に，海外金融子会社による一括調達のケースを考えよう。(16) 式のロジックを用いてドル建ての利子率を現地通貨の実効利子率へ変換することができる。それは (18) 式のように表される。

$$R = i(1-D)(1-T) - D \tag{18}$$

　　　ただし，T は金融子会社現地の法人税率である。

　同様に，(18) 式を (4) 式に代入すると，企業グループ全体が支払った現地通貨建て表示の実効利子を計算することができる。それは (19) 式のように示される。

$$X_1[i(1-D)(1-T) - D] + \ldots + X_N[i(1-D)(1-T) - D]$$
$$= \sum_{S=1}^{N} X_S[i(1-D)(1-T) - D] \tag{19}$$

　そして，(B) のケースと同様な方法で (16) 式を (19) 式に代入することに

第 6 章　海外直接投資の資金調達戦略　　129

よって，金融子会社が支払った企業グループ全体の本国通貨建て表示の実効利子総額を算出することができる。それは (20) 式のように示される。

$$X_1\{[i(1-D)(1-T)-D][(1-d_1)(1-t_1)]-d_1\}+\ldots$$
$$+X_N\{[i(1-D)(1-T)-D][(1-d_N)(1-t_N)]-d_N\} \qquad (20)$$
$$=\sum_{S=1}^{N}X_S\{[i(1-D)(1-T)-D][(1-d_S)(1-t_S)]-d_S\}$$

したがって，多国籍企業にとって金融子会社を利用することが有利となるためには，まず (17) − (20) > 0 という必要条件が満足されなければならない。

(17) − (20)
　　⇒

$$\sum_{S=1}^{N}X_S\{[i_S(1-d_S)(1-t_S)-d_S]-[i(1-D)(1-T)-D][(1-d_S)(1-t_S)]+d_S\}$$
$$=\sum_{S=1}^{N}X_S[i_S(1-d_S)(1-t_S)-i(1-D)(1-T)(1-d_S)(1-t_S)+D(1-d_S)(1-t_S)]$$
$$=\sum_{S=1}^{N}X_S(1-d_S)(1-t_S)[i_S-i(1-D)(1-T)+D]$$

したがって，

$$(1-d_S)(1-t_S)[i_S-i(1-D)(1-T)+D]>0 \quad \text{for} \quad S=1,2,\ldots,N \tag{21}$$

となるならば，多国籍企業にとって金融子会社を利用することが有利となる。さらに，(21) 式を展開すると，(22) 式のようになる。

$$i_S-i(1-D)(1-T)+D>0$$
$$\Leftrightarrow i_S-i(1-T)\frac{E_1}{E_0}+1-\frac{E_1}{E_0}>0$$
$$\Leftrightarrow (i_S+1)>\frac{E_1}{E_0}[1+i(1-T)] \quad \text{for} \quad S=1,2,\ldots,N \tag{22}$$
$$\Leftrightarrow \frac{E_1}{E_0}<\frac{1+i_S}{1+i(1-T)}$$

$(1-d_S)(1-t_S)$ は常に正であり，金融子会社を設立するか否かの意思決定に影響を与えない。というのは，多国籍企業は金融子会社を利用するかしないかとは関係なく，子会社の現地通貨の変動および法人税率は資金調達コストに影

響を与えるからである。そして，(22) 式は，金融子会社による金利節約および法人税のメリットがドル高による為替差損を上回らない限り，多国籍企業は金融子会社を利用するインセンティブがないということを意味している。

したがって，

$$\sum_{S=1}^{N} X_S(1-d_S)(1-t_S)[i_S - i(1-D)(1-T) + D] - C > 0 \qquad (23)$$

という条件が成り立つならば，多国籍企業は資金調達するにあたって海外金融子会社を設立したほうが有利である。つまり，(23) 式は為替リスクおよび投資先の法人税率を考慮した金融子会社設立の意思決定式である。

II. 金融子会社の利用と企業全体の利益最大化

以下では，(23) 式が成立し，金融子会社の設立が有利である場合において，金融子会社の設立と企業全体利益の最大化との関係を検証する。ここでは，多国籍企業の投資機会の正味現在価値を検討することにする。

まず，多国籍企業の各海外子会社はあるプロジェクトを行うとする。そしてここで問題となるのはそのプロジェクトの正味現在価値をいかにして評価するかということである。もし海外子会社を単一の独立企業として取り扱うならば，この海外子会社はプロジェクトの正味現在価値を評価するときに，金融子会社からの借入利子率(金融子会社の調達利子率 + ある一定のマージン) + そのプロジェクトに相応するリスク・プレミアムを使わなければならない。しかしながら，多国籍企業の概念においては，親会社と各海外子会社を一つの企業としてみなさなければならない。したがって，多国籍企業は明らかに金融子会社の資金調達コスト + 一定のリスク・プレミアムをそのプロジェクトの割引率として用いるべきである。

$$R = \sum_{S=1}^{N} \left[\sum_{t=0}^{T} \frac{CF_t^S}{(1+i+m+\rho_S)^t} - I_S \right] \qquad (24)$$

$$R' = \sum_{t=0}^{T} \left[\frac{\sum_{S=1}^{N} CF_t^S}{(1+i+\rho)^t} - I \right] \qquad (25)$$

$$R'' = \sum_{S=1}^{N} \left[\sum_{t=0}^{T} \frac{CF_t^S}{(1+i_S+\rho_S)^t} - I_S \right] \tag{26}$$

　(24) と (25) 式は，すでに金融子会社を設立したという前提の下で，企業の投資プロジェクトの評価を表したものである。そして (26) 式は，金融子会社を設立しない場合の各海外子会社のプロジェクトの正味現在価値の合計を示したものである。また，CF は各海外子会社の各期のプロジェクトのキャッシュフロー，I は初期投資金額である。

　まず，(24) 式と (25) 式についてみてみよう。(24) 式は，多国籍企業の各子会社は各自の調達利子率および各プロジェクトのリスク・プレミアムを用いるプロジェクトの正味現在価値の評価を示したものである。(25) 式は，すべての海外子会社を一つの企業とみなすプロジェクトの評価を示したものである。(24) 式の場合では，分母であるプロジェクトの割引率は各プロジェクトのリスクプレミアム ρ_S，金融子会社の資金調達利子率 i およびその貸出しマージン m を含む。(25) 式において，プロジェクトの割引率は i と ρ しか含まれていない。ρ は国際多角化の分散投資によるリスク・プレミアムである。ρ_S は各海外子会社のプロジェクトのリスク・プレミアムである。国際多角化は企業が直面する企業グループ全体のリスク(例えば，インフレリスク，為替リスク，政治的リスクなど)を減少することができる。というのは，企業が直面する数多くの市場リスクはその国の国内経済の循環的な性質との関連があるからである。つまり，経済循環が完全に同調していない幾つかの国で事業活動を行うことは企業の直面するリスク全体を引き下げることができると考えられる。ここではすべての子会社のプロジェクトを一つの企業の多角化投資とみなすならば，各子会社のプロジェクトは一つの大きなポートフォリオ投資のようになり，そしてその投資リスクも分散化されることとなる。したがって，

$$\rho < \rho_S \quad \text{for} \quad S=1, 2, \ldots, N \tag{27}$$

となる。つまり，多国籍企業が世界各地で事業活動を行っているため，各子会社のそれぞれのプロジェクトのリスク・プレミアムである ρ_S は引き下げられて ρ で評価されると思われる。

　(26) 式において，分母であるプロジェクトの割引率は各プロジェクトのリ

スク・プレミアム ρ_S, それぞれの海外子会社の独自の資金調達コスト i_S を含む。ここでは,海外子会社の独自の資金調達利子率 i_S が $i+m$ より大きいと仮定する。というのは,i_S が $i+m$ より小さいならば,海外子会社は金融子会社から資金を借り入れるよりも,むしろ他の金融機関から資金を調達したほうが有利となるからである(ここでは移転価格の問題を議論しないことにする)。

したがって,(24)式,(25)式および(26)式の三つのシナリオの割引率の関係は次のようになる。

$$i+\rho < i+m+\rho_S < i_S+\rho_S \quad \text{for} \quad \forall S \tag{28}$$

したがって,

$$R' > R > R'' \tag{29}$$

となる[2]。

図6.4において,曲線 R は金融子会社の資金調達コストプラスその貸出しマージン,および子会社独自のリスク・プレミアムを用いて計算した各子会社のプロジェクトの正味現在価値合計((24)式)であり,曲線 R' は金融子会社の資金調達コストおよび多国籍企業全体のリスク・プレミアムを用いて計算された各プロジェクトの正味現在価値の合計((25)式)を示したものである。そして,曲線 R'' は金融子会社を設立しない場合のそれぞれの海外子会社のプロジェクトの正味現在価値の合計((26)式)である。

次に企業が金融子会社を設立しようとするシナリオを考えてみよう。この場合,曲線 R'' は右上方に修正されて R となる。したがって,曲線 R'' の最適投資水準である q_3 は q_1 に移る。次に,金融子会社を設立した場合を考えてみよう。曲線 R' の割引率である $i+\rho$ は曲線 R の割引率である $i+m+\rho_S$ より小さいため,q の右側のキャッシュ・フロー曲線は右上方に修正されて R' となる。多国籍企業全体の投資機会の正味現在価値は曲線 $0QR'$ によって表される。

---

[2] 確実に(29)式を成立させるために,(27)式と(28)式の仮定が必要である。しかし,現実には(27)式と(28)式が成り立たない場合においても(29)式が十分成立すると考えられる。

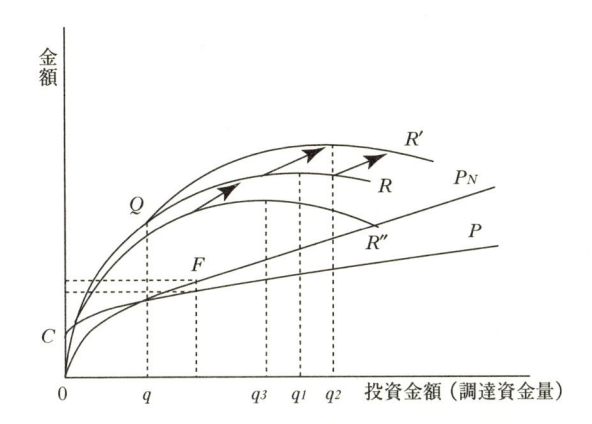

第6章　海外直接投資の資金調達戦略　　　　　　　　　　　　133

図 6.4

注: $m, i, i_S > 0$, $\rho < \rho_S$, $i < i + m < i_S$ for $\forall S$ という制約式の下で $R' > R > R''$ となる。ここでは，企業は収益性の高い投資項目の順に投資すると仮定する。したがって，投資量の増大につれて利益率は低下する。そのため NPV 曲線は原点に対して凹関数となる。

曲線 R と曲線 R' との差は，金融子会社が各子会社に資金を貸し出すときにつけ加えたマージン m および分散投資によって低減されたリスク・プレミアム ρ である。q_1 は曲線 R の最適資金調達量(最適投資量)である。そして，金融子会社の割引率を用いて計算された曲線 R' の最適資金調達量は q_2 である。もし，多国籍企業が，各海外子会社独自の資金調達コストを用いてプロジェクトの正味現在価値を評価すれば，その正味現在価値を過小評価し，株主にとって採算に見合う投資機会をも過小評価することになる。換言すれば，多国籍企業は金融子会社を設立することによって採算に見合う投資機会を増やし，それによって企業グループ全体の利益を最大化することができる。つまり，多国籍企業は，金融子会社を設立することによって，各子会社の余分な資金調達コストの負担を解消し，企業グループ全体の資金調達コストを引き下げて企業の利益最大化につながると考えられる。

III. 海外金融子会社の特殊優位性

　海外金融子会社によるグループ融資の核心は，グループ融資を通じて市場の不完全性による余分な「取引コスト」の節約と海外直接投資の必要条件である「企業特殊優位性」から構成される。前節では，取引コストを導入することによって海外金融子会社の行動原理の説明を試みた。以下では，金融子会社が低コストで資金を調達することによって生じる企業特殊優位性の性格およびその位置付けを明確にすることにする。

　ラグマンの内部化理論では，特に内部化されるのは正規市場を欠いている研究，情報，知識などの中間生産物という企業特殊優位性である。この研究，情報，知識などの企業特殊優位性の依拠は絶えず研究開発（R&D）にある。多国籍企業は「不断に研究開発を用い，新しい技術優位の波を起こしてその優位性の保持に努める」[3]。つまり，ラグマンのいう企業特殊優位性は，内生的であり，研究開発の動態的性格をもつものである。それに対して，ここでいう海外金融子会社の企業特殊優位性はむしろダニングの所説[4]にしたがって企業の多国籍化によって発生するものである。それは，企業の多国籍化によって，情報，投入物，市場に関するよりよい知識および（または）より有利な条件でのアクセスである。海外金融子会社による資金の一括調達から生じる低コストの資金調達能力という企業特殊優位性は，本来企業の内部にあるものではなく，多国籍企業が海外金融子会社を設立して低コストで資金を調達しはじめた時点で発生したものである。つまり，この低金利で資金を調達できる「特殊優位性」は多国籍企業でなければ入手できないものである。

　前述したように，企業は，金融・資本市場で負担する余分な資金調達コストを回避するために，内部（移転）価格を決めるのに経営管理命令を用いることができる。そこで，海外金融子会社による資金調達において多国籍企業は，グループ融資を通じて各子会社への資金分配と分配する際の価格付けを統制することができる。そのため，多国籍企業は企業グループ内における資金調達・分

---

[3]　Rugman [1981]（江夏健一他訳 [1983], 10頁）。
[4]　Dunning [1979]。

配をより効率的に行うことができる。そして，この効率性および資金調達コストの節約は，企業間競争において多国籍企業にある種の競争優位をもたらすことになる。この競争優位はもう一種類の企業特殊優位性である。この企業特殊優位性は決して曖昧，抽象的なものではない。というのは，すべての企業特殊優位性は企業間競争あるいは企業の発展過程において商品，サービスまたは優れた生産技術などによって具体化されるからである。具体的にいえば，海外金融子会社という特殊優位性は，他の企業より低コストで資金を調達することができるという形で現れる。この低コストで資金を調達できる能力は，企業間競争におけるサービス，商品生産および研究開発などの企業活動の展開過程において，有利な価格による商品の供給，研究開発力の増強とそれによるよりよい商品の生産などの具体的な形に転化される。つまり，多国籍企業は，内部市場を創造することにより，特殊優位性を企業特有の価値ある資産へと変えることが可能である。

　しかし，ここで注意しなければならないのは，企業は市場の不完全性へ対応するために，海外金融子会社によるグループ融資を行うことによって，特殊優位性を創出して効率性を達成し，ある種の独占的利益を獲得すると同時に，外部市場をいくつかの内部市場に分割し，さらに市場の不完全性を深化するということである。これはまさに多国籍企業と市場不完全性との間の一種の矛盾現象である。ラグマン自身もこの矛盾を認めた。つまり，「多国籍企業は，外部市場の不完全性の被害者であると同時に，それを保持し続けようとする加害者でもある」[5]。したがって，われわれは企業特殊優位性の意義を次のように認識すべきである。すなわち，企業特殊優位性は，市場の不完全性へ対応して，企業に超過利潤，市場に寡占化をもたらす企業資産である。そして，多国籍企業が企業全体の利益最大化を実現するために企業特殊優位性は欠かせないものであると考えられる。

---

[5]　Rugman, 前掲訳書, 37頁。

むすび

　1980年代になって，日本企業は資金調達，資金運用などのために独自に海外で金融子会社を設立するケースがかなり多くみられるようになった。この金融子会社の設立は一時的にブームになってバブル経済の崩壊に伴って沈静化した。しかし，前述したように，このことは決して金融子会社の存在意義を否定するものではなく，むしろ金融子会社のあるべき姿を再確認してその機能を再構築しつつあるということを意味する。特にこれからの海外直接投資において，金融子会社の，グローバルな拠点網全体の資金調達と分配の窓口および関連企業に対する開発・生産・販売資金を低コストで一元的に調達する機関としての役割はさらに重要かつ鮮明になってくる。しかしながら，金融子会社の機能，役割を理解するにはその行動原理を説明する体系的理論が必要である。そのため，本章では取引コストおよび企業特殊優位性の概念を金融子会社の枠組みの中に組み入れた。

　本章では，取引コストを念頭に置きながら資金調達の利子率を取り上げることによって金融子会社という資金調達戦略のモデルを構築することを試みた。具体的に，取引コストを「為替リスク」および「国際的な法人税の格差」を資金調達の取引コストとして取り上げて議論を展開した。というのは，少なくともこの二つの要素は企業が国境を跨って海外で事業活動を行う際に国内企業と比べて余分に負担しなければならない費用であるからである。取引コストは市場の使用から発生したものである。多国籍企業は，金融子会社によるグループ融資を通じて資金の分配とその価格付けを統制することができるため，各子会社にかかわる資金調達の取引コストを節約できると思われる。しかし，企業が資金調達を行う際に厳密にどれくらいの取引コストがかかるかを計算するのは極めて困難である。例えば，少なくともそれぞれの契約の交渉と締結のための費用，外部市場を利用することによる不確実性の発生の費用，適正価格を見いだすための費用などを数量化することが困難である。したがって，このモデルで導き出された意思決定式は，上述のような数量化できない部分の取引コストの節約によるメリットを考慮に入れていないため，常に金融子会社を設立するメリットを過小評価すると思われる。しかし，このモデルは，多国籍企業が金

融子会社を利用するか否かの意思決定を行うにあたって一つの有意義な指標を提供することができると考えられる。

　前述したように，多国籍企業は，海外金融子会社による資金調達を通じて，資金の分配とその価格付けを統制することができる。そのため，多国籍企業の資金の調達・分配がより効率的になる。そして，この効率性および資金調達コストの節約は，企業間競争において多国籍企業にある種の特殊優位性をもたらすことができる。企業特殊優位性は，異なる国の企業間競争および参入障壁を克服するために欠かせないものであり，金融子会社設立の中核的意義として認識されねばならない。

　海外金融子会社の設立は多国籍企業の典型的な財務戦略であり，それに関わる問題も多種多様である。本章では，海外金融子会社に関係する金融規制，法規制などの制度的な問題を捨象してもっぱら資金調達コストに焦点を当ててきた。しかし，多国籍企業が金融子会社を設立するにあたって特にその立地問題に対して，被投資国の金融規制，法規制などは決定的な影響力を持っていると考えられる。また，より正確な海外金融子会社の意思決定式を導出するため，取引コストの捉え方およびモデルへの直接導入可能なファクターの選択はさらに検討される必要がある。したがって，これらの要因を影響変数とみなして海外金融子会社の論理を拡張することは今後に残された課題である。

第7章　海外直接投資における海外金融子会社の役割
　　　──海外金融子会社の再評価──

はじめに

　企業が海外直接投資をスムーズに展開するためにまず解決しなければならない問題は，その必要資金の調達である。周知のように，日本における銀行と企業との間の緊密な関係(株式持合い，メインバンク)を背景として，銀行側は，企業による海外直接投資の展開に伴う金融的支援および現地での必要な金融サービスの提供を軸に国際業務を展開してきている。つまり，日本企業が海外直接投資を行うための資金調達を行う場合，日本の銀行による資金協力ないし金融サービスは必要不可欠な要素であると思われる。換言すれば，この企業と銀行との間の密接な関係は，これまでの日本企業による海外直接投資の資金調達の特徴の一つともいえる。しかし，銀行と企業との経営方針についての考え方が必ずしも一致しないにもかかわらず，企業側は資金の供給源を確保するため，系列メンバーとしての行動に沿って折衷的な戦略を採らざるを得ない場合がしばしばあると思われる。周知のように，海外直接投資の重要な特徴の一つは現地企業の経営に対する支配権の取得にあり，そして，現地企業の経営に対する支配権の確保は，企業が自社の経営戦略を順調に遂行できるか否かの必要条件である[1]。つまり，海外に進出する企業は，子会社に対する完全な経営支配

---

[1] ハイマーは支配と優位性との関係について次のように説明している。すなわち，外国投資家が進出企業の株式を購入することによる当該企業に対する経営参加の権利の取得は，しばしばその企業の経営戦略の遂行を妨げる原因となりかねない。言い換えれば，企業戦略を完全に遂行できるための十分な支配権を持っていない企業は，自社の保有している優位性を有効に利用することができない(Hymer [1976]/宮崎義一編訳 [1979]，28頁)。

権を維持しようとすれば，現地邦銀に対する資金の依存度を下げる必要があると思われる。しかし，企業側は，現地邦銀に対する資金依存度を下げれば，企業経営に不可欠な長・短期借入金という資金源を確保できなくなる可能性が現れてくる。ここで問題となるのは，日本企業が，子会社に対する経営支配権の確保と資金源の維持とのジレンマの中でいかなる戦略を採るべきかということである。

本章では，日本企業の海外直接投資をめぐる資金調達および子会社に対する支配権の問題について，まずこれまでの日本企業の海外直接投資における資金調達問題を明らかにする。次に，親会社にとって海外子会社に対する経営支配権の維持の重要性および系列金融機関による企業経営の影響を述べる。最後に，日本企業は，子会社に対する経営支配権の確保と資金源の維持とのジレンマの中で，いかにして経営支配権の確保と資金源の維持を両立させるのかについて試論的に考察することにする。

I. 海外直接投資の資金調達

(1) 自己資金による設備投資資金調達

1980年代から1990年代までの日本企業による海外直接投資の設備投資資金調達に関して，その重要な特徴の一つとしては主に自己資金による調達という点が挙げられる。表7.1は本社企業による海外直接投資の資金調達を示したものである。表7.1からわかるように，全産業ベースでは，自己資金からの調達が74年度の33.0%から1981年度の62.6%に増大し，政府系機関と民間金融機関からの借入はともに減少している。1986年に自己資金による調達と政府金融機関からの借入は，「その他」の項目の急激な増加の影響を受け，それぞれ43.2%と4.5%まで低下した。「その他」という項目は，社債や転換証券の発行などを含んでいる。特に転換社債とワラント債は，1985年から急激に増加して1989年にピークに達した。その後，バブルの崩壊に伴い，発行量は急激に減少した。したがって，転換社債とワラント債などの「その他」という項目の増加は，一時的な傾向にすぎないと考えられる。

次いで，在外子会社による設備投資資金調達の状況をみてみよう。図7.1は

第7章　海外直接投資における海外金融子会社の役割　　　　　　　　　　141

表 7.1　本社企業の海外事業活動のための資金調達（全産業/単位: %）

年度	自己資金	政府金融機関から借入	民間金融機関から借入	その他
1974	33.0	34.2	32.8	—
1975	43.0	30.6	26.5	—
1976	47.4	22.0	23.4	7.2
1977	43.1	21.3	27.5	8.2
1978	49.7	12.7	26.5	11.1
1979	43.5	15.9	30.8	9.7
1980	55.4	15.1	26.4	3.5
1981	62.6	11.0	22.4	4.1
1983	50.1	21.0	24.2	4.7
1986	43.2	4.5	28.2	24.1

出所：　通産省産業政策局『わが国企業の海外事業活動』各年版及び第 1, 2, 3 回の海外事業活動基本調査『海外投資統計総覧』1983, 1986, 1989 年版より作成。

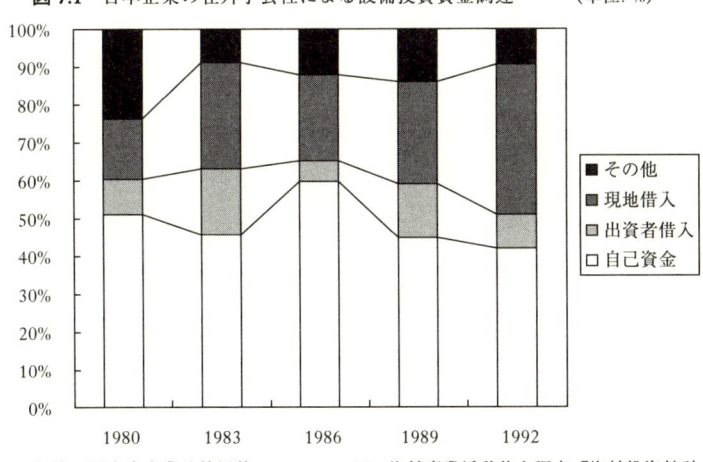

図 7.1　日本企業の在外子会社による設備投資資金調達　　　（単位: %）

出所：　通産省産業政策局第 1, 2, 3, 4, 5 回の海外事業活動基本調査『海外投資統計総覧』1983, 1986, 1989, 1991, 1995 年版より作成。

　日本企業の在外子会社による設備投資資金調達を示したものである。図 7.1 に示されたように，自己資金および出資者からの借入による設備投資資金調達は資金全体の半分以上を占めている。つまり，日本企業が海外直接投資を行うた

表7.2 日本側出資比率別現地法人分布 (単位:%)

	出資比率	25%未満	25%超 50%未満	50%	50%超 75%未満	75%超 100%未満	100%	合計
80年度	アジア	11.9	32.2	8.3	16.7	2.1	28.8	100
	全地域	10.7	11.1	5.7	10.4	5.4	56.7	100
83年度	アジア	8.8	33.6	8.1	11.5	10.2	27.8	100
	全地域	6.9	11.9	5.3	4.9	11.4	59.6	100
86年度	アジア	19.6	28.3	6.9	9.7	8.9	26.6	100
	全地域	14.0	8.8	3.9	3.8	8.3	61.2	100
89年度	アジア	3.9	29.3	6.8	12.1	11.4	36.5	100
	全地域	2.2	5.9	2.6	4.4	9.6	75.3	100
92年度	アジア	9.1	24.7	6.4	13.2	12.7	33.9	100
	全地域	6.2	5.1	2.1	4.3	10.6	71.7	100

注: 80年度の第4項目は50%より大95%未満、第5項目は95%以上100%未満。全地域とは、アジアを除くその他の地域。
出所: 通産省産業政策局『海外投資統計総覧』1983、1986、1989、1992、1995年版より作成。

めの設備投資資金調達については、現地借入が徐々に増加している傾向にあるが、全体として主に自己資金によって賄われている。これは、日本企業の内部金融力(内部資金の蓄積)の成長および海外子会社に対する所有あるいは支配の重視によるものとみられる。その中で、特に日本企業の海外子会社に対する所有と支配の強化という点については、表7.2によって明らかにされる。

表7.2に示されたように、1980年度にアジアを除く全地域における日本企業の海外子会社に対する出資比率をみてみると、100%所有を含む過半数所有が全体の72.5%を占めている。そして、この比率が逐年に増加して1992年度には86.6%まで増加した。つまり、5社に4社は日本側がマジョリティを握っている。さらに、日本企業の海外直接投資において100%完全所有子会社の比率が1980年代の5割から1990年代の7割まで増加したのは、特に近年日本企業が海外子会社に対して所有による支配を重視しているという紛れもない事実を物語っている。

しかしながら、アジア地域に限定してみてみると、100%完全所有子会社の比率は1980年度の28.8%から1992年度の33.9%までわずか5ポイントしか増加

していなかった。これは主にアジアにおける発展途上国政府の厳しい外資規制によるものと考えられる。

(2) 現地邦銀への高い依存度

次に海外子会社の長・短期借入金についての問題をみてみよう。表7.3は海外子会社による長期資金調達の内訳を示したものである。表7.3からわかるように，長期借入金に占める出資者からの借入は，83年度の52.8%から92年度の30.1%まで次第に減少してきているものの，その中に占める日本の出資者からの借入の割合は70〜90%であり，依然として高い比率を占めている。現地金融機関からの借入について，現地外国銀行からの借入はおよそ3割で大きな変化はみられない。むしろ，注目すべき点は，現地邦銀からの借入が83年度の12.8%から92年度の42.9%まで持続的に増大しているということである。つまり，全体として長期借入金における出資者からの借入は次第に現地邦銀からの借入に取って代わられる傾向にある。ちなみに，1987年度において，単なる現地の日系金融機関からの借入総額は9,500億円に達しており，すでに1981年度の(現地邦銀を含む)現地金融機関からの借入総額9,100億円を上回っていた。現地子会社の長期借入金においては現地邦銀にかなり依存していると考えられる。しかし，これは，現地子会社の信用力が増大している，あるいは資金調達の側面において親会社から自立する傾向にあるということを意味していない。というのは，海外子会社は特に長期資金調達を行う前に本社企業の承認を得な

表7.3 海外子会社の長期借入金内訳

	1980年	1983年	1986年	1989年	1992年
出資者からの借入	39.4	52.8	44.3	31.6	30.1
うち日本	63.1	70.9	81.8	87.1	68.8
現地外銀から借入	39.8	34.4	26.8	32.5	27.0
現地邦銀から借入	(注)	12.8	28.9	35.9	42.9
その他	20.8	—	—	—	—
うち日本	7.9	—	—	—	—

注: 外銀と邦銀両方を含む。
出所: 通産省産業政策局第1, 2, 3, 4, 5回の海外事業活動基本調査『海外投資統計総覧』1983, 1986, 1989, 1992, 1995年版より作成。

表7.4 海外子会社の短期借入金残高 （単位: 百万円, %）

年　度	1981年		1984年	
	金額	比率	金額	比率
出資者からの借入	101,868	3.1	146,828	5.3
うち日本	62,399	1.9	89,705	3.2
現地金融機関借入	3,021,501	91.7	2,641,357	94.7
うち日本	—	—	1,488,374	53.4
その他	171,947	5.2	—	—
うち日本	5,041	0.2	—	—
総額	3,295,316	100.0	2,788,185	100.0
うち日本	67,413	2.1	1,578,079	56.6

出所: 通産省産業政策局の第1, 2回の海外事業活動基本調査『海外投資統計総覧』1983, 1986年版より作成。

ければならないからである。また，現地金融機関からの長期借入金の中で，本社の債務保証による借入はおよそその半分を占めている。これは，為替リスクの回避(特に1985年以降)や日本の銀行の国際的な金融サービス網の確立などによって，親会社が自ら資金を提供するというよりも，むしろ債務保証という形で現地邦銀を経由して子会社に資金を供給した方が有利になってきたのであろう。つまり，海外子会社の長期借入金は親会社を通じて現地邦銀に大きく依存していると思われる。

表7.4は，1981年度と1984年度の海外子会社の短期借入金の内訳を示したものである(1984年度以降はこの項目が調査の対象から取り除かれた)。表7.4に示されたように，1981年度に短期借入金総額に占める現地金融機関借入の割合はおよそ9割に達している。1984年度において，現地金融機関からの借入と現地邦銀からの借入は区別されているため，進出企業と現地邦銀との結合関係は一層明らかになる。1984年度に短期借入金総額に占める現地邦銀からの借入額は過半数の53.4%を占めている。これは日系在外子会社と現地邦銀との間には運転資金面における緊密なつながりが存在するということを示唆している。

以上のように，日本企業の海外子会社は主に自己資金を中心に設備投資を行っている。そして，およそ8割の設備投資資金は，自己資金および海外子会社が現地あるいは本国を除く第3国から調達してきたものである。長期借入金

に関する調達は，およそ半分が現地で行われている。短期借入金に関する調達もおよそ9割が現地で行われている。これは，日本の海外子会社の信用力が増大しているというよりも，むしろ本社企業と日系銀行とのかかわり合いが一層強まっており，日系銀行の国際的な金融サービス網の確立およびグローバル化の進展ということを示唆している。

II. 経営支配権の維持と資金源の確保とのジレンマ

（1）海外子会社に対する経営支配権確保の重要性

海外に進出する企業にとって海外子会社の企業経営に対する支配権がなぜ重要であるかについては，まず海外直接投資を行う要因から考えねばならない。洞口治夫氏の実証研究[2]によれば，海外直接投資を活発化させる要因は，企業規模，潤沢な内部資金，積極的な研究開発などを取り上げることができる。そして，それらの影響要素はすべて企業の保有している特殊優位性とみなすことができる。

周知のように，海外直接投資の重要な特徴の一つは企業経営に対する支配権の取得にある。ハイマーによれば，投資企業が投資先企業を支配する理由の一つは次の通りである。すなわち，「企業の中には，特定の企業活動に優位性を持つものがあり，それらの企業は，対外事業活動を行うことによって，これらの優位性を有利に利用することができる」[3]。そして，支配と優位性との関係については次のように説明できる。例えば，外国投資家が進出企業の株式を購入して当該企業に対する経営参加権を取得すると，しばしばその企業の経営戦略の遂行を妨げる原因となりかねない。企業は利益処分や先行投資戦略などについて，外国投資家との間に意見の対立が生ずる可能性がある。一般的に，投資企業は企業グループ全体の利益最大化を主張する一方，外国投資家はしばしば現地企業の利益最大化による配当最大化を主張する傾向がある。言い換えれば，企業戦略を完全に遂行できるための十分な支配権を持っていない企業は，自社の保有している優位性を有効に利用することができなくなる恐れがある。

---

[2] 洞口治夫［1992］，89～103頁。
[3] ハイマー，前掲訳書，28頁。

前述したように，日本企業の海外子会社の所有権について，5社に4社は日本側がマジョリティを握っている。特に100%所有の海外子会社は全体の7割を占めている。そして，自己資金による設備投資資金調達は子会社の企業経営に対する支配権強化の戦略の一つとして考えることができる。つまり，企業は，もし自己資本（新株発行），借入などによって設備投資資金を調達すれば，企業経営に対する支配権が損なわれるあるいは希薄化される可能性が現れてくる。具体的にいえば，企業は，もし設備投資を賄うための資金の大部分を新株発行によって調達すれば，新株の発行にともなう諸権利（議決権，利益分配請求権，新株引き受け権など）の株主への交付によって，企業の経営に対する支配権の弱化をもたらす恐れがある。要するに，日本企業は，多国籍化するにつれて，海外子会社に対する支配権の強化による特殊優位性の利用をますます重視するようになっていると思われる。したがって，今後日本企業は，以前にも増して海外直接投資の設備投資などの資金を自己資金で確保していくことに大きな関心を持つことになると考えられる。

（2）　金融機関による会社経営への影響

　前にも述べたように，日本企業の長・短期借入金に関する資金調達については，銀行借入がその大半を占めている。本来，海外で借り入れる資本の大部分は通常支配を意味しない貸付資本であり，この貸付資本という観点からすれば，海外子会社の経営自主権は損なわれないはずであると思われる。また，海外子会社に対する日本の本社企業の支配権は，出資比率からみれば，十分に維持されているとみなすことができる。しかし，実際に，日本国内の大企業と銀行とのメインバンク関係が存在するため，日本の本社企業が日本の国内銀行あるいは現地邦銀に干渉されないように海外子会社の経営自主権を十分に確保できるかどうかは疑問である。特に，日本国内における本社企業と邦銀との株式持合，あるいは長期的な取引関係は，海外子会社と邦銀の海外支店との緊密な関係をもたらしているともいえる。そこで，企業と銀行の経営方針についての考え方が必ずしも一致しないにもかかわらず，企業側は資金の供給源を確保するため，しばしば系列メンバーとしての行動に沿って折衷的な戦略をとらざるを得ない場合があると思われる。

日本における企業と銀行の関係について片山伍一氏は次のように述べている。「日本の場合，他人資本が自己資本の量的補完の域にとどまらず，固定資本信用として企業資本運動の中核部分へも参入し定着している。短期・長期の借入金は借り換えのくりかえしによって長期化しているわけである。このような段階では，債権者といえども会社経営に対し重大な関心を持ち，発言権を潜在的に増大させ，巨額の投融資に関係ある重要な経営政策の決定に際しては，相談にあずかるという形での支配権の行使もありうる。そして経営危機のときには，銀行の企業への支配介入は一挙に顕在化するのである」[4]。特に短期資金について，「日本企業においては，短期的な資本調達は，企業において必需資金的性格をもつものとみなければならない。すなわち，銀行からの短期借入も，もしそれが継続的に調達がなされなければ，ただちに企業における資金循環に亀裂が生じて，企業活動そのものがストップせざるをえないことにもなりかねない。このことは他ならず，短期資本であるとしても，その提供者は企業に対して大きな発言権を有することになるものと考えられる」[5]。

　金融機関が取引先会社を支配する主要な方法については，経営陣への代表派遣および非公式の圧力などがある。日本では，銀行の役員派遣のほとんどは都市銀行によるものであり，都市銀行の派遣会社比率は，平成元年度において6大企業集団平均で49.51%であり，6大企業集団のメンバー企業のうちの約半数の企業は，同一企業集団内の都市銀行から役員を受け入れていることになる。例えば，三菱グループの72.4%は都市銀行からの役員派遣を受けており，三井グループの場合では33.33%である[6]。

　つまり，日系銀行と日系企業との間の特殊な関係(株式持合)を背景として，日系銀行は，企業側の海外直接投資の展開にともなって，企業側への金融的支援と現地で必要な金融サービスの提供を軸に国際業務を展開している。また，海外子会社の現地邦銀に対する資金依存度の高さからみれば，進出先における日系銀行と企業との関係は国内取引の延長線にあると考えられる。

---

[4] 片山伍一・後藤泰二 [1990]，117頁。
[5] 同上書，210頁。
[6] 公正取引委員会 [1992]，77頁。

(3) 経営支配権の維持と資金源の確保とのジレンマ

これまで明らかにしたように，海外子会社に対する経営支配権と海外直接投資の資金源確保は常にトレード・オフの関係にある。海外に進出する企業は，子会社に対する完全な経営支配権を維持しようとすれば，現地邦銀に対する資金の依存度を下げねばならない。しかし，企業側は，現地邦銀に対する資金の依存度を下げれば，企業経営に不可欠な長・短期借入金という資金源を確保できなくなるかもしれない。つまり，海外直接投資を行っている企業にとっては，いかにして子会社に対する経営支配権の維持と資金源の確保を両立させるのかが大きな課題となる。以下では特にこの問題を中心に議論を行うことにする。

III. 支配権維持と資金源確保とのジレンマにおける海外金融子会社の役割

これまで述べてきたように，1980年代になって，日本企業は資金調達，資金運用などのために独自に海外で金融子会社を設立するケースがかなり多くみられるようになった。特に資金調達の問題において，海外金融子会社はかなり重要な役割を果たしてきていると考えられる。

海外金融子会社による資金調達の機能においては，調達した資金の使途からみれば，グループ融資と財テク運用に大別されることができる。特に一般メーカーの場合では，金融子会社によって調達された資金が主としてグループ内の関係会社にまわされているという。例えば，東芝は1986年4月にオランダに金融子会社を設立した。そして同月末に1,000万ドルのCPを発行した。「調達した資金は全額，欧州地区の関係会社の短期資金需要にあてる。と同時に関係会社が銀行から借り入れている短期資金の返済にもあてるという」[7]。そこで，財テクにまわす資金はあくまで残りの部分である。一方，一般メーカーの金融子会社とは対照的に，調達した資金を主として財テクにまわしている代表的なタイプは総合商社の金融子会社である。

図7.2と図7.3は，オランダに金融子会社をもつ一般メーカー24社と9大総合商社の1983年から1991年までの9年間の経常利益と営業利益の推移を示し

---

[7] 生方幸夫 [1986]，71頁。

第 7 章　海外直接投資における海外金融子会社の役割　　149

図 7.2　金融子会社をもつメーカー 24 社の経常利益と営業利益の推移

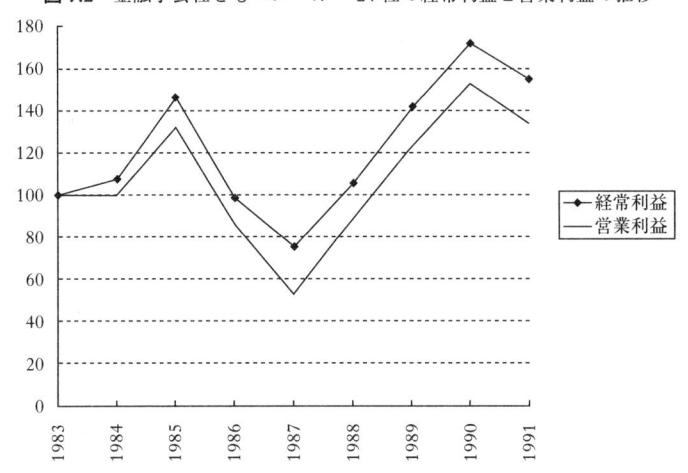

注：1983 年を 100 とする指数で表示したものである。
出所：各社有価証券報告書より作成。

図 7.3　金融子会社をもつ 9 大総合商社の経常利益と営業利益の推移

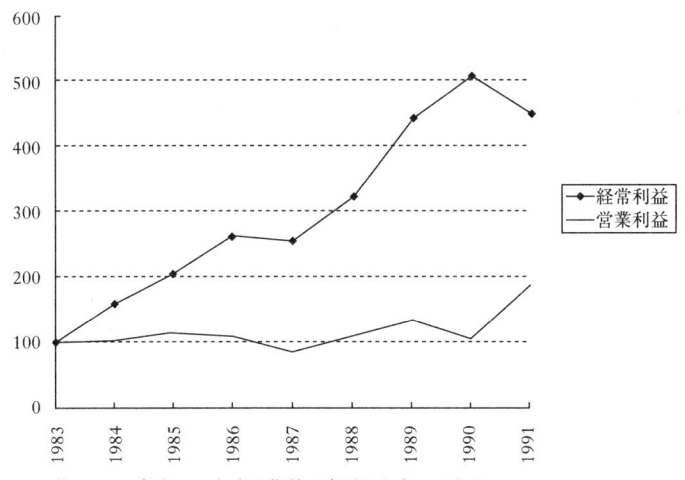

注：1983 年を 100 とする指数で表示したものである。
出所：各社有価証券報告書より作成。

たものである。総合商社の場合では，1983年から1990年までの8年間で，本業の実績を示す営業利益が1.07倍にしかなっていないのに対し，金融収支を含めた経常利益は5倍にもなっている。これと対照的に，一般メーカー24社の場合では，85年の急激な円高の影響を受けて経常，営業利益両方とも急激な減少をみせた。そこで，経常利益は営業利益の推移とほぼ一致している。つまり，一般メーカーの金融子会社が調達した資金は主として本業にまわされていると考えられる(章末資料を参照)。例えば，立石電機では金融子会社をグループ内銀行として位置付けている。そして，資金調達のほかに資金決済や為替業務も金融子会社の重要な機能としている[8]。一方，三菱商事のMCFの場合，1988年9月現在，資金量はおよそ5,500億円であるが，その運用先をみると，法人向け融資は資金総額の約23%にすぎず，残りの77%は長・短期の金融商品の運用に振り向けられている。ちなみに，1991年10月現在，MCFはユーロCPプログラムで発行したCPの累計がわずか3年間ですでに1,000本を突破した[9] (1991年9月末の発行残高は8億ドル)。

第2章で述べたように，グループ企業の資金調達を目的とする製造業の金融子会社は，特にオランダに集中して設立されている。1996年3月末現在で日本の製造業海外金融子会社数は総計213社以上にのぼり，オランダに設立されている金融子会社 (98社)の占める割合は46%にも達している。さらにオランダに設立されている金融子会社98社の中では75社がグループ金融を主な業務としている。したがって，以下では特に一般製造業のオランダ金融子会社を中心に考察することにする。

(1) オランダにおける金融子会社による資金調達

図7.4はオランダに設立される金融子会社の一般的なパターンを示したものである。日本の親会社は第3国に海外子会社をもっており，その子会社の資金需要に対し，オランダに金融子会社を設立する。金融子会社はユーロ市場などの金融・資本市場(あるいは関係会社から)から相対的に低いコストで必要とする資金を調達する。そして，金融子会社はその資金を調達コストに0.25% (あ

---

[8] 日経金融新聞，1989年4月20日。
[9] 日経金融新聞，1988年7月14日。

るいは 0.125%）のスプレッドを上乗せして第 3 国子会社に融資する[10]。この結果，金融子会社のスプレッド分については課税されるが，第 3 国子会社は自ら調達するよりも相対的に低いコストで資金調達を行うことができる。また，オランダにおいて，金融子会社から親会社に対する配当支払は，親会社の出資比率が 25% 以上であれば，租税条約[11] により，源泉税率は 5% となる。このよ

図 7.4　オランダに設立される金融子会社の一般的なパターン

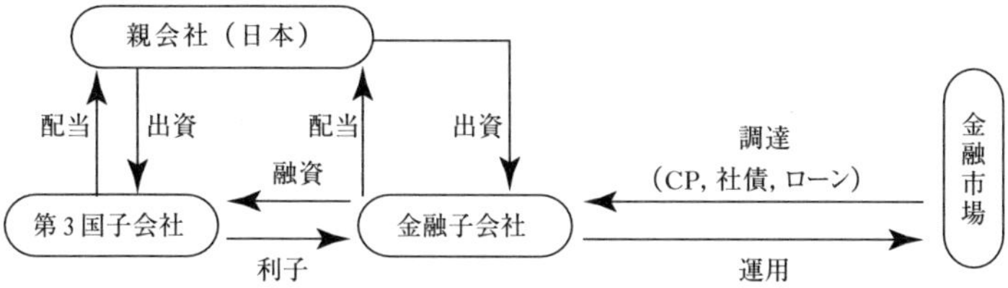

出所：大塚順次郎 [1991]，287 頁。

---

[10] 大塚順次郎 [1991]，285 頁。
[11] オランダからの利子支払における源泉税は現状は存在しない。しかし，配当支払に関しては国内向支払に対して 25%，国外向支払に関して各租税条約次表で定められた減税率で配当税を源泉徴収する。

租税条約による主要国の配当に対する源泉税率

支払相手国	税　率
日　　　　本	15/5　1)
米　　　　国	15/5　1)2)
英　　　　国	15/5　1)
オーストラリア	15
ベ ル ギ ー	15/5　1)
フ ラ ン ス	15/5　1)
ド イ ツ	15/10
イ タ リ ア	0
ルクセンブルク	15/2.5　1)
シンガポール	15/0　1)
スウェーデン	15/0　1)
ス イ ス	15/0　1)
非 条 約 国	25

注：1) 25% 以上の持株に対しては低い方の税率が適用される。
　　2) 適用条件が複雑なため，詳細は条約を参照する必要あり。
出所：大塚順次郎 [1991]，283 頁。

にして，企業グループはオランダ金融子会社を利用することによって一般的に低いコストで資金調達を行うことが可能となる。

　欧州地域では，EU 各地区における米ドル資金について調達コストの低いオランダの金融子会社がユーロドル建て CP や社債を発行してドル資金を調達し，EU 各地区や EU 域外の拠点に転貸していることが多い。例えば，商船三井のオランダ金融子会社，ユーロモルは 1990 年 6 月に日経平均連動債，9 月にユーロドル建て普通社債，11 月に米国債連動債を相次ぎ発行，合計で 1 億 6,000 万ドルを調達した(章末資料を参照)。どれも LIBOR を 0.2% 程度下回るコストとなった。そして，ユーロモルはそのうちの 1 億ドルをリベリアの船舶専用の金融子会社に貸し付けた。一方，リベリアの金融子会社は，船舶の就航までのつなぎ資金を融資するため，主に香港の日系銀行から資金を調達してきたが，調達コストは LIBOR プラス 0.25% だったのが，1990 年のその頃は上乗せ分が 0.375% に拡大してきたという。そこで，ユーロモルは，低コストで調達した資金を LIBOR とほぼ同水準のレートでリベリアの金融子会社に貸し付け，グループ融資という重要な役割を果たしている[12]。このケースにおいては，商船三井グループ全体にとって年間少なくともおよそ 8,000 万円の金利を節約できたのである。

(2)　金融子会社による内部金融市場の創出[13]

　前述したように，従来の日本企業の海外直接投資の資金調達は主として銀行と政府系金融機関に支えられてきた。最近，企業は海外事業活動に必要とする資金を自力で調達できるような態勢を整えてきている。図 7.5 は，海外金融子会社の一般的形態を示したものである。企業が世界各地に多数の支店・子会社あるいは販売代理店などを持つ場合，その必要とする資金を各子会社がみずから調達するとすれば，あまりにも非効率でコストも高くつくであろう。そこで，資金調達の効率性と資本コストの節約を図るために登場してきたのが海外金融子会社である。図 7.5 に示されているように，オランダ金融子会社は，グロー

---

[12] 日経金融新聞，1990 年 12 月 5 日。
[13] 王忠毅 [2002] を参照されたい。

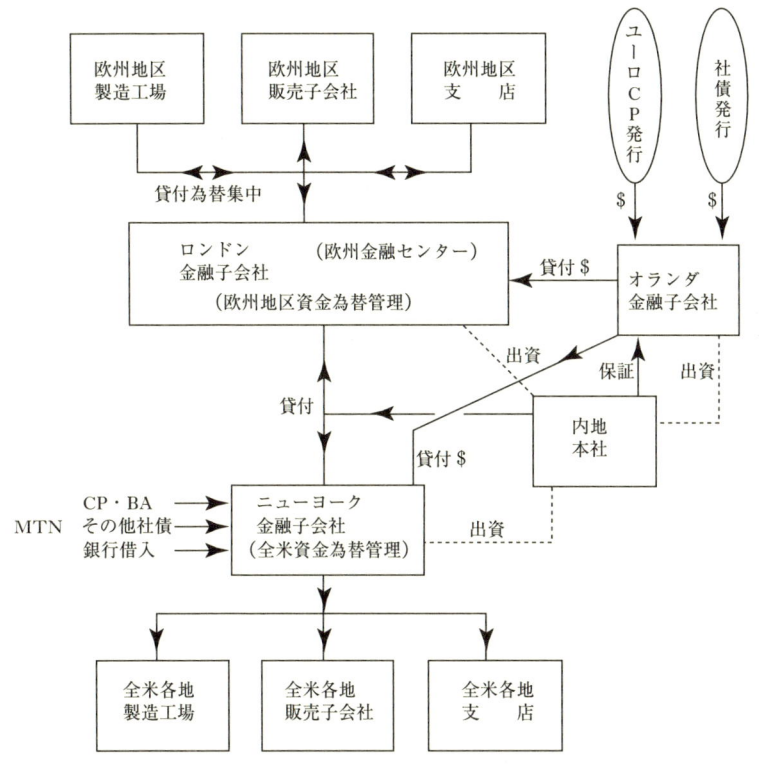

第7章　海外直接投資における海外金融子会社の役割　　　　153

図7.5　海外金融子会社の一般的な形態

```
┌──────────┐  ┌──────────┐  ┌──────────┐         ╭───╮  ╭───╮
│ 欧州地区  │  │ 欧州地区  │  │ 欧州地区 │         │ユ│  │社│
│ 製造工場  │  │ 販売子会社│  │  支  店  │         │ー│  │債│
└──────────┘  └──────────┘  └──────────┘         │CP│  │発│
      ↕             ↕             ↕              │発│  │行│
      └──貸付為替集中─────────────┘              │行│  ╰─┬─╯
                    ↓                             ╰─┬─╯   │
        ┌────────────────────────────┐            $↓   $↓
        │ ロンドン　（欧州金融センター）│  貸付$   ┌──────────┐
        │ 金融子会社                   │ ←─────── │ オランダ  │
        │（欧州地区資金為替管理）      │          │ 金融子会社│
        └────────────────────────────┘            └──────────┘
                    ↑         出資    保証    出資
                    │貸付       ↘      ↑      ↙
                    │              ┌──────┐
                    │   貸付$      │ 内地 │
                    │   ←────────  │ 本社 │
                    │              └──────┘
  CP・BA →  ┌────────────────┐   出資
  MTN その他社債 → │ ニューヨーク  │ ←──────
       銀行借入 → │ 金融子会社     │
                  │（全米資金為替管理）│
                  └────────────────┘
                   ↓       ↓       ↓
              ┌──────┐┌──────┐┌──────┐
              │全米各地││全米各地││全米各地│
              │製造工場││販売子会社││支　店│
              └──────┘└──────┘└──────┘
```

出所：大塚順次郎［1991］，274頁。

バルな拠点網の全体の資金調達と分配の窓口であり，関連企業に対する開発・生産・販売資金を低いコストで一元的に調達するという役割を果たしている。また，資金の流れからみれば，各地の金融子会社を除いて，すべての資金の流動はグループ企業内で行われている。具体的にいえば，オランダ金融子会社はユーロ市場で社債，CPなどを発行して調達した資金をロンドンとニューヨークの金融子会社に貸し出す。そしてロンドンとニューヨークの金融子会社は各地の生産，販売子会社に必要とする資金を貸し出す。このようにして，金融子会社の設立によって，企業内金融市場が形成されるようになった。

　この内部金融市場において，最も重要な位置にあるオランダ金融子会社は，そのほとんどは親会社の100％出資で設立されたものであるため，企業内金融

表 7.5 アメリカのファイナンス・カンパニーの資本構成

	金額（1,000 ドル）	割合（%）
銀行借入金	4,249,741	2.61
CP	50,182,925	30.84
その他短期負債	10,438,197	6.42
社債（除劣後社債）	51,419,557	31.60
劣後社債	6,458,757	3.97
その他長期負債	23,146,749	14.22
負債合計	145,895,926	89.66
自己資本	16,820,342	10.34
合計	162,716,268	100.00
報告企業数	110	—

出所： 北川哲雄 [1988]，13 頁。
原資料： American Financial Services Association, *Finance Companies in* 1984, より。

市場において企業は銀行からの経営介入の影響をある程度低く抑えることが可能であると思われる。というのも，図 7.5 からわかるように，この企業内金融市場のなかでは銀行の存在がほぼ完全に排除されているからである。特に銀行と企業との結びつきが薄い国ではこの論理が十分な説得力を持っていると思われる。実際に，「金融子会社をすでに著しく発展させているのは，アメリカの多国籍企業である。自動車産業のビッグ・スリーなどの金融子会社が商業銀行なみの資産を有し，商業銀行に大きな脅威を与えているのはよく知られている」[14]。表 7.5 はアメリカ・ファイナンス・カンパニー協会に加盟する 110 社の平均的な資本構成を示したものである。表 7.5 からわかるように，アメリカのファイナンス・カンパニーでは，短期の主要な資金調達源が CP，長期が社債である。銀行からの借入金比率はわずか 2.61% で，ほとんど無視できるほどの水準である。しかし，日本の企業と銀行との間には歴史的に緊密な関係があるため，企業は銀行からの影響を完全に排除することは現時点では不可能と思われる。ただ，金融子会社の登場により，これまでの企業と銀行との結びつき，特にそれを代表するメインバンク・システムの存在意義（資金調達の側面）は大きく低下

---

[14] 新保博彦 [1989]，39 頁。

するようになってくると思われる。実際に、ソニーや立石電機などは金融子会社をグループ内の銀行として位置付けており、そしてその金融子会社は資金の調達・分配だけでなく各地域内での資金決済や為替業務や財務の顧問業務なども行っている[15]。つまり、企業は、金融子会社の設立によって、銀行に対する資金依存を低下させる、あるいは銀行優位の企業経営から脱却することが遠からず実現するであろう。

(3) 海外金融子会社の再評価

これまでみてきたように、日本企業は海外事業活動の戦略およびその資金需要に合わせて国際財務のネットワークを構築するために、海外各地で金融子会社を設立している。その目的の一つは、進出している地域内の各子会社の資金調達・運用を集中管理することによりグループ全体の資金効率の向上を図るためにある。そこで、金融子会社は各子会社への資金の分配を調整する役割を果たし、その資金調達の合理性を追求する手段として位置付けられてきた。特に、日本企業の海外直接投資における資金調達戦略において、金融子会社は資金の

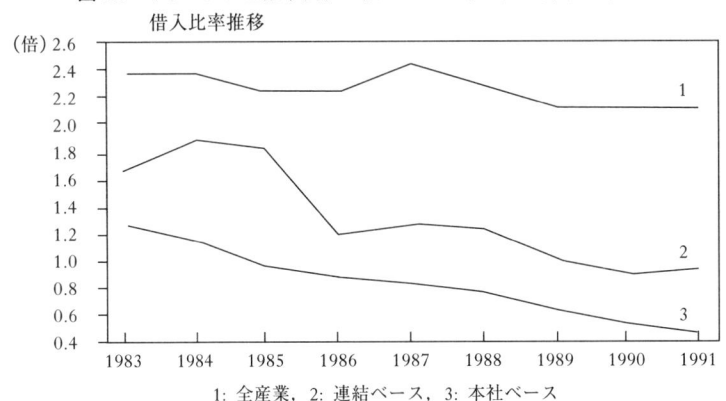

図7.6 オランダに金融子会社を設立した企業の自己資本に対する銀行借入比率推移

1: 全産業、2: 連結ベース、3: 本社ベース

注： 自己資本＝資本金＋資本準備金＋利益準備金＋剰余金
出所： 東洋経済『会社財務カルテ』91年版、大蔵省『財政金融統計月報』各年版、各社有価証券報告書(連結ベース)。

---

[15] 日経金融新聞、1989年4月14日。

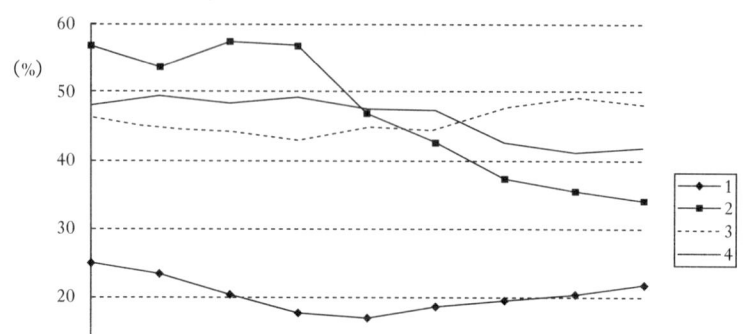

図 7.7 オランダに金融子会社を設立した企業の負債総額に対する長・短期銀行借入比率推移

注: 1. 30社の対外負債総額に対する長期銀行借入比率
2. 30社の対外負債総額に対する短期銀行借入比率
3. 全産業の対外負債総額に対する長期銀行借入比率
4. 全産業の対外負債総額に対する短期銀行借入比率

出所: 大蔵省『財政金融統計月報』各年版，各社の有価証券報告書(連結ベース)より作成。

効率的な調達，運用を一本化する重要な役割を果たしている。

一方，金融子会社の行動およびその設立による企業内部の幾つかの変化は興味深いことを示している。以下では，必ずしも厳密とはいえないが，金融子会社の設立によって企業の銀行借入がどのような影響を受けたのか，を検討することにする。図7.6はオランダに金融子会社を設立した企業30社と全産業の自己資本に対する銀行借入比率の1983年から1991年までの9年間の推移を示したものである。また，この30社はいずれも1986年と1987年にオランダに金融子会社を設立した企業である。

図7.6に示されているように，1983年には，全産業ベースで自己資本に対する銀行借入比率は2.34倍，金融子会社を設立した企業(本社)のそれはおよそ1.3倍である。その後，この30社の本社企業の自己資本対銀行借入比率は引き続いて減少し，1991年におよそ0.4倍まで低下した。それに対し，全産業の自

第7章 海外直接投資における海外金融子会社の役割　　157

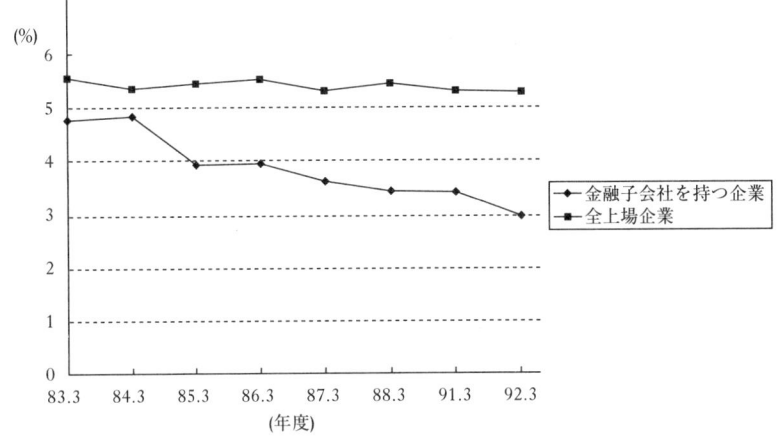

図7.8　役員総数に対する銀行派遣役員数比率

(グラフ：金融子会社を持つ企業、全上場企業の役員総数に対する銀行派遣役員数比率の推移、83.3～92.3年度)

出所: 週刊東洋経済『企業系列総覧』各年版より作成。

己資本対銀行借入比率は一貫して2倍前後を維持している。また，この30社の連結ベースの自己資本対銀行借入比率をみてみると，1983年から1985年までには2.0倍前後であり，海外金融子会社の設立時期である1986年と1987年におよそ1.0倍までに下がって，そして1990年から1.0倍を下回った。

図7.7は海外金融子会社を設立した企業の対外負債総額に対する長・短期銀行借入比率の推移を示したものである。図7.7に示されているように，1983年には，全産業ベースで対外負債総額に対する長期銀行借入比率は46%，金融子会社を持つ親会社のそれは25%であり，両方とも一貫してこの比率を維持して大きな変化がみられない。次に，対外負債総額に対する短期銀行借入比率をみてみよう。1983年には，全産業ベースで対外負債総額に対する短期銀行借入比率は48%，金融子会社を持つ企業のそれは57%であり，これは全産業平均を大幅に上回った。つまり，1986年度前に，この30社は短期資金の銀行借入依存度が非常に高かった。そして1986年までにこの傾向は大きな変化がなかった。しかしながら，1986年度(この30社がオランダに金融子会社を設立し始めた時期)から，この30社の短期銀行借入比率は急激に下がり始め，1987年度に全産業のそれを下回って逆転した。その後，この30社の対外負債総額に対する短期

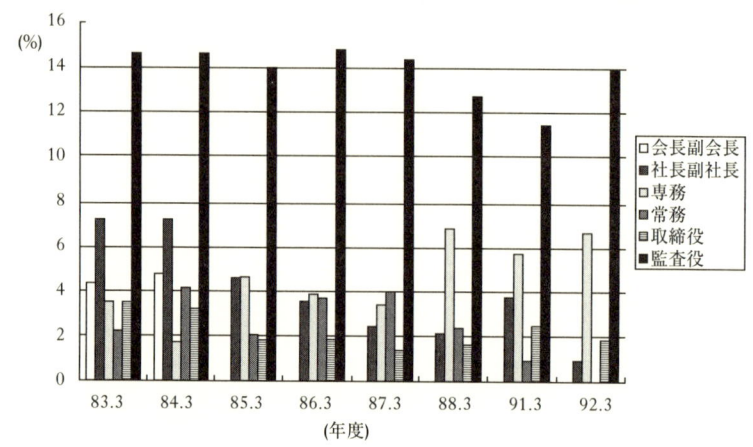

図7.9 金融子会社を持つ30社の各役員数に対する銀行派遣役員数の内訳

出所: 図7.8に同じ。

銀行借入比率は減少する一途を辿っており，1991年度に34%まで下がった。つまり，この30企業は，海外金融子会社を設立することによって，銀行に対する短期借入金依存度を下げていると推測できる。

　次に，役員派遣から企業と銀行の力関係をみてみよう。図7.8は企業の役員総数に対する銀行派遣役員数比率の推移を示したものである。図7.8からわかるように，全上場企業では，役員総数に対する銀行派遣役員数比率が一貫して5.5%を維持している。金融子会社を持つ30企業では，銀行による役員派遣数が逐年に低下していることがわかった。そして，図7.9は金融子会社を持つ30社の各役員数に対する銀行派遣役員数の内訳を示したものである。図7.9に示されたように，1985年に会長・副会長に占める銀行派遣役員数がゼロになったため，役員総数に対する銀行派遣役員数の割合は急激な低下をみせた。そして，1987年から専務の銀行役員比率は上昇する傾向にあったが，常務のそれは急激に減少して1992年にゼロになった。また，社長・副社長に占める銀行役員派遣数は1991年を除いて一貫して低下している傾向にある。図7.9からわかるように，監査役の銀行役員派遣数は一貫して大きな割合を占めているが，監査役は強い発言権をもっていないため，企業経営に大きな影響を与えないと思われる。つまり，これらのことは，企業経営に対する銀行の発言権が低下しているとい

うことを示唆すると考えられる。

　しかしながら，これは必ずしも金融子会社の設立によってもたらされた結果とはいえない。特に，日本の企業と銀行のこのような人的結合関係において，企業が金融子会社を設立してただちに銀行による役員派遣を拒否するとはまず考えられない。しかし，少なくともこの30企業において企業経営に対する銀行の影響力は低下していると考えられる。

　以上のことから，まだ十分な証拠とはいえないが，この30企業が金融子会社による資金調達を行った結果，相対的に銀行借入依存度が低下していると考えられる。また，前述したように，短期借入金の提供者は企業に対して大きな発言権を持っている。ある意味で，企業は金融子会社の短期資金調達によってグループ企業の短期資金需要を満たすことができるため，銀行による金融支配から脱却することが十分可能であると考えられる。

　事業活動に必要な資金を確保できるかどうかは企業にとって死活を制する問題である。前述したように，日本企業はその資金を銀行に依存してきた。そして，日本の銀行は企業の事業活動に大きな影響力をもっていた。しかし，企業は，金融子会社を設立することで独自の資金源を築き上げ，それによって銀行に対する資金依存度の低下，銀行による支配からの脱出，経営自主権の確保などを実現することができると思われる。こういう意味で，われわれは，金融子会社を，資金の効率的な調達，運用を一本化するほかに，経営自主権の維持と資金源の確保というジレンマから脱却できる重要な戦略としてあらためて位置付けることができる。

むすび

　本章では，日本企業の海外直接投資の展開にともなう資金調達および海外子会社に対する経営支配権の問題を取り上げ，そしてこの二つの問題の間のトレード・オフ関係を明らかにした。日本企業は，海外子会社に対する経営支配権の確保と直接投資の資金源の維持とのジレンマから脱出しようとすれば，自ら効率かつ安定的な資金源を創出しなければならない。そして，この問題を解決するためには海外金融子会社による資金調達が有効な方法の一つであると考

えられる。

　日本企業が金融子会社を海外で本格的に利用し始めたのは 1980 年以降のことである。特に，1986 年と 1987 年の 2 年間だけでオランダに金融子会社 30 社以上が設立されていた。本章では，海外金融子会社の設立によって企業の銀行借入依存度がどのような影響を受けたかを検討するために，1986 年と 1987 年にオランダに金融子会社を設立した企業 30 社と全産業の自己資本に対する銀行借入比率および銀行借入依存度の 1983 年から 1991 年までの 9 年間の推移を分析した。その結果，金融子会社を持つ 30 企業は，ほとんどすべての銀行借入金を自己資金で賄う能力を持っているとわかった。さらに，銀行派遣役員数からみた場合，企業と銀行との間の人的結合が薄くなりつつあるといえよう。

　これまで述べてきたように，海外直接投資の活発化にともなって，企業は海外子会社に対する経営支配権の確保をますます重視するようになっている。そこで，金融子会社による資金調達を利用することによって，企業は徐々に金融機関から離れていけるようになっていることも推測できる。特に海外直接投資における経営自主権の維持と資金源の確保というジレンマでの金融子会社の可能性はすでに前節で明らかにされていた。金融子会社を設立する最初の目的は，資本コストの節約，資金調達の合理性の追求などにあると思われる。そのため，海外金融子会社は各子会社への資金の分配を調整する役割を果たし，資本コストの節約，資金調達の合理性を追求する手段として位置付けられてきた。しかしながら，これからの海外直接投資における金融子会社の存在意義は，単なる資金調達・運用の効率化だけではなく，特に経営自主権の確保において再認識されなければならないのである。

（資料） 海外金融子会社による資金調達

親会社	三菱商事
発行会社	ロンドン金融子会社（Mitsubishi Corporation Finance PLC）
時期と金額	1988年6月～12月(ユーロ CP: 7億ドル)，1991年6月(リラ建て MTN: 200億リラ(約22億円))
使途	資金の運用
親会社	日本石油
発行会社	オランダ金融子会社（Nippon Oil Finance Netherlands BV）
時期と金額	88年11月(ユーロドル SB: 1億ドル；ユーロ円 SB: 140億円)，89年5月(ユーロドル SB: 1億ドル)
使途	資金の運用
親会社	商船三井
発行会社	オランダ金融子会社（Euro MOL BV）
時期と金額	90年6月(日経平均連動債)，9月(ユーロドル建て SB)，11月(米国連動債)，合計1億6,000万ドル
使途	子会社への融資(船舶の就航までのつなぎ資金)，欧州中心に内陸物流網の拡充
発行会社	オランダ金融子会社（Euro MOL BV）
時期と金額	92年11月～12月（MTN: 7,000万ドル）
使途	海外の仕組み船子会社などの設備投資
親会社	神戸製鋼所
発行会社	米金融子会社(コーベ・スチール・インターナショナル・アメリカ)
時期と金額	90年11月28日(ユーロドル建て SB: 1,000万ドル)
使途	米国の鉄鋼，アルミなどの子会社，関連会社の設備投資資金
発行会社	オランダ金融子会社(コーベ・スチール・インターナショナル・ネザーランド)
時期と金額	92年5月～7月（MTN: 1億3,000万ドル）
使途	オランダの建設機械の販売会社に貸付，欧州での事業活動に充当
親会社	松下電器産業
発行会社	オランダ金融子会社（Panasonic Finance BV）
時期と金額	88年11月3日（MTN: 5,000万ドル）
使途	欧州地域での運転資金
発行会社	米金融子会社（Panasonic Finance Inc.）
時期と金額	90年12月（CP: 50億ドル）
使途	MCAの買収資金
発行会社	米金融子会社（MCAファンディング）
時期と金額	91年3月19日（MTN: 7億ドル）
使途	MCAの買収資金借換

親会社	三菱化成	
発行会社	オランダ金融子会社（MKC Finance Amsterdam BV）	
時期と金額	88年11月(ユーロ CP: 1,150万ドル)	
使途	米事業統括会社，米三菱化成へ融資し，現地生産子会社に分配	
親会社	日本鋼管	
発行会社	オランダ金融子会社（NKK International Finance BV）	
時期と金額	88年6月12日(ユーロ円債(二重通貨建て): 100億円; ユーロ円建て SB: 80億円)	
使途	グループ全体海外活動活発化に伴う資金需要	
親会社	日立製作所	
発行会社	オランダ金融子会社（HIHO）	
時期と金額	87年9月(ユーロ CP: 1億ドル)	
使途	海外生産の拡大に伴う資金需要	
親会社	日本郵船	
発行会社	オランダ金融子会社（NYK International Netherland）	
時期と金額	90年6月(ユーロ円建て日経平均連動債: 200億円)	
使途	欧州での物流拠点整備が，当面ユーロダラー預金で運用	
発行会社	オランダ金融子会社（NYK International Netherland）	
時期と金額	90年7月18日(豪ドル建て SB: 5,000万豪ドル)	
使途	倉庫，ターミナルの整備やトラック輸送網の確保	
親会社	シャープ	
発行会社	ロンドン金融子会社(シャープ・インターナショナル・ファイナンス（SIF))	
時期と金額	90年8月16日(ユーロ円 SB: 100億円)	
使途	英国やスペインにある家電生産子会社のほか，フランス，イタリアの販売子会社などの設備・運転資金に回す，一時的には銀行預金や債券などで運用	
親会社	三菱石油	
発行会社	オランダ金融子会社（Mipetro BV）	
時期と金額	89年10月(ユーロドル建て CP: 1億ドル)	
使途	石油製品購入にあてる	
親会社	三洋電機	
発行会社	米金融子会社(サンヨー・エレクトリック・ファイナンス・コーポレーション（SEFC))	
時期と金額	89年9月12日（CP: 700万ドル）	
使途	北米にある子会社22社の資金調達を支援	
親会社	岡村製作所	
発行会社	オランダ金融子会社（オカムラ・インターナショナル）	
時期と金額	92年2月(ユーロ円 SB: 100億円)	
使途	東南アジアでの生産物流拠点に，当面劣後債などで運用	

第7章 海外直接投資における海外金融子会社の役割

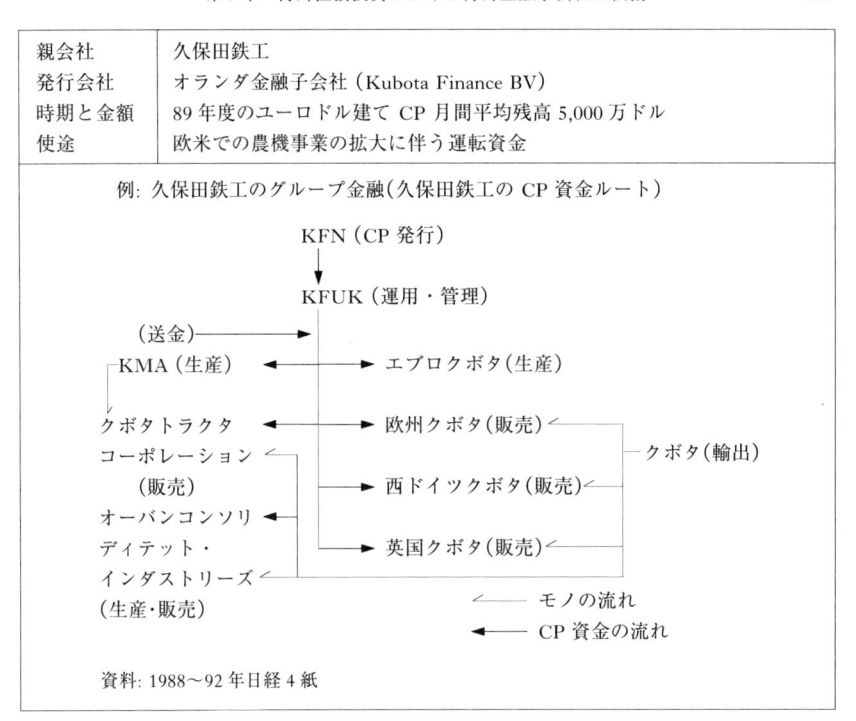

親会社	久保田鉄工
発行会社	オランダ金融子会社（Kubota Finance BV）
時期と金額	89年度のユーロドル建てCP月間平均残高5,000万ドル
使途	欧米での農機事業の拡大に伴う運転資金

例: 久保田鉄工のグループ金融（久保田鉄工のCP資金ルート）

```
                        KFN（CP発行）
                            ↓
                        KFUK（運用・管理）
       （送金）──────────────┤
        KMA（生産） ←──────→ エブロクボタ（生産）
         ↓
        クボタトラクタ   ←──→ 欧州クボタ（販売） ←──┐
        コーポレーション ←──┐                      │
         （販売）            │  西ドイツクボタ（販売）←─┤ クボタ（輸出）
        オーバンコンソリ  ←──┤                      │
        ディテット・          │  英国クボタ（販売）  ←──┘
        インダストリーズ ←──┘
         （生産・販売）
                              ←───  モノの流れ
                              ◀───  CP資金の流れ
```

資料: 1988〜92年日経4紙

第8章　タックス・ヘイブンの利用による節税効果

はじめに

　タックス・ヘイブン[1]とは主として軽課税などの課税上の特典が享受できる特定の国または地域をいう。第1章で述べたように，一般的にタックス・ヘイブンは次のように分類することができる。すなわち，タックス・パラダイス，タックス・シェルターおよびタックス・リゾートである。タックス・ヘイブンの利用目的は一般的に節税効果にあるといわれている。そしてタックス・ヘイブンにおける様々な税制優遇措置から考えれば，タックス・ヘイブンを利用することは多国籍企業のグループ全体に大きな節税効果をもたらすことができると思われる。しかし，タックス・ヘイブンの利用が多国籍企業グループ全体の納税額の節減に貢献しているかどうかについての実証研究は筆者の知っている限りではまだなされていない。これは主にデータの入手困難性という問題によるものであると考えられる。

　本章の主な目的は，極めて限られている利用可能な財務データに基づいて日本の多国籍企業によるタックス・ヘイブンの利用がそのグループ全体の納税状況にどのような影響を与えているかを検証することにある。

　以下では，具体的に，第Ⅰ節において日本企業によるタックス・ヘイブンの利用状況およびその利用による財務効果を簡単に述べる。第Ⅱ節において実

---

[1] 本章での研究対象として取り上げているタックス・ヘイブンとは，旧大蔵省が軽課税国等という名で「その国の法人の所得に対する税負担がわが国における法人の所得に対して課される税負担に比較して著しく低い国または地域」として旧大蔵大臣名で公表している41ヵ国・地域である。

証分析を通じてタックス・ヘイブンの利用が多国籍企業グループ全体の納税状況に影響を与えているかどうかを検証することにする。

I. タックス・ヘイブンの利用状況およびその財務効果

　第1章で述べたように，日本では特に1980年代からタックス・ヘイブンの活発な利用が始まった。タックス・ヘイブンへの直接投資は1986年度から急速に増加している。そして1986年度の日本企業による海外直接投資上位10ヵ国の中で，タックス・ヘイブンへの投資は海外直接投資総額の半分以上をも占めている。1989年現在タックス・ヘイブンに進出している日本企業の子会社は2,890社にも達している。そして1996年度においてタックス・ヘイブンへの直接投資額が8,845億円で件数としては463件に達している。1980年から1995年までに海外直接投資総額に占めるタックス・ヘイブンへの投資額は平均して21％に達している。OECDによると，カリブ海などのタックス・ヘイブンへの日米欧主要7ヵ国からの投資は1994年におよそ2,100億ドルに上り，1985年の5倍強に膨らんでいる[2]。つまり，国際財務戦略においてタックス・ヘイブンの利用はすでに定着していると考えられる。

　タックス・ヘイブンの利用方法については一般的に次のようなものがある。
① 販売会社: この会社によって外国にあるグループの販売会社との取引によって利益をプールしようとするものである。
② 持株会社: グループ企業の利益をプールし，資金をグループ全体からみて最も効率よく運用したり再投資する。
③ 金融子会社: この場合，タックス・ヘイブンではその金融子会社の支払う利子に対して源泉徴収税の課税がないのが一般的である。例えば，オランダはそれにあたる。

　その他に海運会社や保険会社など様々な利用方法がある。そして，第2章で述べたように，多国籍企業がタックス・ヘイブンから資金を本国に送金しようする場合，各国間で結ばれている租税条約を利用することによって送金にかか

---

[2] 日本経済新聞，1999年5月22日。

第8章　タックス・ヘイブンの利用による節税効果　　167

わる税負担がかなり軽減されることになる。特に利子，配当およびロイヤリティーによる送金の場合においては多国籍企業にとって最適送金経路が存在する。これは主に各国における法人税制の相違や各国間で結ばれている租税条約によって生ずるものである。しかし，ここで注意すべきなのは，多国籍企業の特定の国や地域に蓄積された利益は他の国や地域を経由しなくても本国に送金しない限りその期間だけ税金を延納する効果があるということである。多国籍企業はこのような資金をグループ内企業に貸し出すことによってグループ全体の利子費用の増加による法人税の節約にもつながる。特に多国籍企業の場合ではその利益を海外で再投資するのが一般的であると考えられる。このような観点からみれば，タックス・ヘイブンの利用はグループ全体の節税効果のみではなく，海外子会社の資金調達の点からも意義は大きいと思われる。

　次節では特にタックス・ヘイブンの利用による節税効果について実証分析を行うことにする。

II. 実証分析

　以下では，タックス・ヘイブンの利用が多国籍企業グループ全体の納税状況に影響を与えているかどうかを検証する。具体的に，タックス・ヘイブンに子会社を有する企業とそれを有しない企業との連結納税状況(法人税額/売上高)に格差が存在しているかどうかを検証し，もしその格差が存在しているのであれば，どのような要因が働いているか，タックス・ヘイブンの利用が影響しているかを検証する。

(1) サンプル企業とデータ

　ここではまず東洋経済の『海外進出企業総覧』(1993年版)および有価証券報告書からタックス・ヘイブンに子会社を有する製造業企業(以下THC)とそれを有しない製造業企業(以下 non-THC) それぞれサンプル企業として18社を抽出する。特にTHC企業については主に国外源泉所得軽課税国や全所得軽課税国のタックス・ヘイブンに進出しているものを取り上げることにする。具体的に，パナマ11社，ケイマン2社，バミューダ2社，アンティール2社およびリ

表 8.1 サンプル企業のデータ

		THC	non-THC
連結総資産(百万円)	平均	1,481,637	1,263,752
	最大値	4,475,501	3,978,899
	最小値	193,669	338,190
連結売上高(百万円)	平均	1,181,021	1,212,755
	最大値	3,260,301	4,948,437
	最小値	236,713	156,641
海外販売比率(%)	平均	28.2	24.8
	最大値	56.4	59.1
	最小値	6.5	3.8
連結子会社数	平均	36	55
	最大値	98	118
	最小値	10	4
進出国数	平均	13	14
	最大値	26	28
	最小値	6	5
サンプル数		18	18

ベリア1社である。分析のサンプルとしては THC 企業と non-THC 企業を二つのグループに分け，さらに同業種ごとに，規模(連結総資産，連結売上高)，グローバル化(海外販売比率，連結子会社数および進出国数)に関してほぼ同程度の企業を抽出して分析を行う(表8.1)。また，分析期間としてはバブル崩壊後の 1992 年度から 1996 年度までの 5 年間とする。分析データとしては主に各社の有価証券報告書の連結資料に基づいてグループ企業の連結納税状況とそれに関連する幾つかの数値を用いる。

(2) 両グループの連結納税状況に関する平均値検定

連結納税状況についてサンプルとしてはできる限り同業種，同規模の企業を抽出しているが，売上高の規模からみればやはりバラツキが存在しているため，単純に連結法人税額を比較することでは各社の正確な納税状況を把握することができないと思われる。したがって，ここではサンプル各社の連結売上高に対する連結法人税額の割合（以下 [T/S]）を算出して検定を行うことにする。表

表 8.2 平均値検定結果

	92 年度		93 年度		94 年度	
	THC 企業	non-THC 企業	THC 企業	non-THC 企業	THC 企業	non-THC 企業
T/S 率平均	1.0185	1.4474	0.7888	1.3213	0.7674	1.4992
分散	0.3653	0.7468	0.5906	0.8284	0.3131	0.8788
t 値	2.1891**		1.7483*		2.9638**	
THC<non-THC の割合	0.706		0.722		0.778	
z 値	2.1876**		1.897*		2.844**	
サンプル数	18	18	18	18	18	18
	95 年度		96 年度			
	THC 企業	non-THC 企業	THC 企業	non-THC 企業		
T/S 率平均	1.1423	1.6752	1.1131	1.7985		
分散	0.9948	0.6216	0.8967	0.8769		
t 値	2.0971*		2.1919**			
THC<non-THC の割合	0.722		0.706			
z 値	1.778*		2.1833**			
サンプル数	18	18	18	18		

**: 5% 水準で有意，*: 10% 水準で有意。[T/S]＝(連結法人税額/連結売上高)×100

8.2 は両グループの [T/S] の平均値検定結果を示したものである。

表 8.2 に示されたように，1992 年度から 1996 年度の 5 年間において全体として THC 企業の [T/S] の平均値は non-THC 企業のそれより統計的に有意に低くなっている傾向があるということがわかった。つまり，タックス・ヘイブンに子会社を有する企業は他の企業と比べてある程度グループ全体の法人税額を何らかの方法で低減する可能性があると考えられる。しかし，この結果がタックス・ヘイブンの利用によるものかどうかはまだ断言できない。というのは，企業の法人税額に影響を与える要因はほかにも存在しているからである。例えば，負債依存度や進出国の法人税率など様々な要因が働いていることは否定できない。以下では回帰分析に基づいてサンプル企業の [T/S] に影響を与える幾つかのファクターを取り上げて検証することによってこの問題をさらに詳しく検討する。

(3) 回帰分析

ここでは、特にグループ全体の［T/S］に影響を与えると考えられる幾つかのファクターを考慮に入れて［T/S］を被説明変数、有利子負債依存度、税引前利益、進出国の加重平均法人税率およびタックス・ヘイブンに子会社の有無を説明変数とする回帰分析を行うことにする。次に説明変数としての選択理由を述べる。

① グループ全体の有利子負債依存度：［GpDR］

周知のように、支払い利子が課税所得の計算上費用として認められるため、企業は負債を利用することによって法人税額を引き下げることができる。同業種などその他の条件（例えば、規模、売上高や海外進出度合がほぼ同程度）が一定であれば、負債を多く利用する企業はその法人税額がその他の企業と比べて低下する傾向があると考えられる。したがって、ここではグループ全体の有利子負債依存度を説明変数として用いることにする。有利子負債依存度については連結財務諸表に基づいて具体的に次のように算出することができる。

$$GpDR = \frac{短期借入金 + 長期借入金 + 社債 + 受取手形割引残高}{総資本 + 受取手形割引残高} \times 100$$

ただし、分子、分母ともに期首・期末平均、社債には一年内社債を含む。

そして、ここで予想される［GpDR］の回帰係数の符号は負である。というのは、［GpDR］が高ければ法人税額が低下すると考えられるため、［T/S］が小さくなる。

② （税引前利益＋金融費用）/売上高：［R/S］

周知のように、税引前利益が高ければ高いほど企業の法人税額も高くなり、税引前利益が［T/S］に直接影響を与える。しかし、ここでは［GpDR］を説明変数とするため、税引前利益を説明変数として用いるならば若干の修正をする必要がある。というのは、［GpDR］が上昇するときに必然的に金融費用も増加し、金融費用が増加すれば結果的に税引前利益が減少することになるからである。また逆のことも考えられる。したがって、ここでは［GpDR］による税

引前利益への影響を回避するために(税引前利益＋金融費用)を売上高で割った[R/S]を説明変数として用いることにする。期待される[R/S]の回帰係数の符号は正である。しかし，ここではグループ全体の収益力を表す連結損益計算表を使用するため，次の問題が発生する可能性が存在する。すなわち，企業は比較的に税率の高い国(あるいは税率の低い国)での子会社の利益が極端に多い場合では[R/S]が他の企業と比べると高い水準(あるいは低い水準)にあるにもかかわらず，グループ全体の[T/S]率が低くなる(あるいは高くなる)可能性が存在する。

③　進出国の加重平均法人税率：[HCATR]

多国籍企業グループ全体の法人税額は明らかに進出先の法人税率に直接影響を受けている。進出先の法人税率が高ければ高いほどグループ全体の[T/S]も高くなる傾向があると考えられる。ただし，これについては幾つかの状況を考えなければならない。例えば，為替リスクや赤字子会社の援助などの様々な要因を考慮に入れれば，多国籍企業は必ずしも利益を特定の国(例えば，税率の低い国)にシフトするインセンティブを持たない。そして企業内貿易における移転価格の設定方法によってグループ全体の[T/S]が変わってくる。例えば，企業の[HCATR]が低いにもかかわらず，比較的に税率の高い国における海外子会社の利益が極端に多い場合では逆に[T/S]を引き上げる可能性も存在する。つまり，これは移転価格の調整および利益が特定の国に集中しているかどうかにかかわってくる問題である。ここでは，企業が過度の移転価格調整を行うことがなく，海外子会社の利益が特定の国に集中しないという状況を想定して進出国の加重平均法人税率を説明変数として用いることにする。そして期待される[HCATR]の回帰係数の符号は正である。というのは，[HCATR]が高ければグループ全体の法人税額が上昇する傾向があると考えられるため，[T/S]が大きくなるからである。各企業の[HCATR]は東洋経済の『海外進出企業総覧』各年版の海外進出企業データと各国の実効法人税率に基づいて具体的に次のように算出することができる。

$$\text{HCATR} = \sum_{i=1}^{n} \frac{S_i}{n} t_i$$

ただし，t_i = 進出国の実効法人税率，S_i = 第 i 国の進出子会社数，n = 海外子会社数。

④ タックス・ヘイブン子会社ダミー： [TSDUM]

前述したように，タックス・ヘイブンにおいては租税というものが存在しないか，所得課税が行われないか，あるいは行われても税率が極めて低いとか，国外源泉所得非課税など様々な措置が認められている。したがって，タックス・ヘイブンでは多国籍企業の税負担がかなり軽くなるという特徴がある。世

表8.3 各年度の変数間相関マトリックス

	R/S	GpDR	HCATR	TSDUM
92年度				
R/S	1			
GpDR	−0.4777	1		
HCATR	0.2608	−0.495	1	
TSDUM	−0.5871	0.5842	−0.425	1
93年度				
R/S	1			
GpDR	0.0099	1		
HCATR	0.0379	−0.338	1	
TSDUM	−0.2074	0.5977	−0.4607	1
94年度				
R/S	1			
GpDR	−0.2946	1		
HCATR	0.1268	−0.4244	1	
TSDUM	−0.3743	0.5485	−0.3029	1
95年度				
R/S	1			
GpDR	−0.26	1		
HCATR	0.2919	−0.345	1	
TSDUM	−0.1801	0.5107	−0.4577	1
96年度				
R/S	1			
GpDR	−0.5404	1		
HCATR	0.649	−0.5613	1	
TSDUM	−0.5528	0.6425	−0.4616	1

界各地で事業活動を行っている多国籍企業は，グループ全体の租税負担を最小化するために国際租税戦略としてタックス・ヘイブンを最大限に，かつ積極的に利用しようとするであろう。表8.2の平均値検定において，THC企業の［T/S］の平均値がnon-THC企業のそれより低くなっている傾向があるということから考えれば，タックス・ヘイブンに海外子会社を有するか否かはグループ全体の［T/S］に影響を与える要因になっていると考えられる。したがって，ここではタックス・ヘイブンに海外子会社を有する企業，すなわちTHC企業については1，non-THC企業については0となるダミー変数をタックス・ヘイブン子会社ダミーとする。多国籍企業はタックス・ヘイブンに子会社を設立し，活用することによってグループ全体の［T/S］を引き下げることができるならば，期待される［TSDUM］の回帰係数の符号は負となる。

　表8.3は各年度の説明変数間の相関マトリックス示したものである。表8.3からわかるように，各年度における各変数間の相関の中で1996年度の［R/S］と［HCATR］が最も高く0.649であった。説明変数間に多重共線性を判断する尺度としては，これまでにそれを厳密に定義していないが，一般的に相関係数が0.8以上であれば多重共線性が存在する可能性があると指摘されている[3]。したがって，これらの変数間においては多重共線性がないと考えられる。また，各年度におけるゴールドフェルド・クォント（Goldfeld-Quant）検定によって分散が均一であると確認した。例えば，1993年度においてゴールドフェルド・クォント検定によってF値は2.0797であり，自由度（16, 16）のF分布の5%点は2.33であるため分散が均一という帰無仮説が採択され，不均一分散が存在するとはいえない。したがって，ここでは最小二乗法の標準線形回帰モデルを用いて分析を行うことにする。そして以上の四つの変数を独立変数とする回帰分析の結果は表8.4に示されている。

　表8.4はサンプル企業の［T/S］を被説明変数とし，最小二乗法（OLS）による分析を行った結果である。表8.4の回帰方程式においては，各年度の［R/S］，［GpDR］および［TSDUM］が予想通りの符号で統計的に有意であった。［HCATR］では1992年度のみに統計的に有意であったが，その回帰係数の符

---

[3] 王保進［1998］，9-8頁。

表 8.4 回帰分析 (1) の結果

	被説明変数: T/S 率				
説明変数	92 年度	93 年度	94 年度	95 年度	96 年度
定数項	4.811	2.9816	3.6322	2.7618	1.7167
	(2.6553)**	(1.9931)*	(1.8369)*	(1.3906)	(0.9078)
R/S	0.2456	0.2194	0.21	0.0972	0.2939
	(3.7133)**	(6.0789)**	(4.9043)**	(2.3904)**	(5.3172)**
GpDR	−0.0178	−0.0304	−0.0242	−0.0217	−0.0133
	(−2.3271)**	(−4.6919)**	(−3.2569)**	(−2.3775)**	(−1.8029)*
HCATR	−0.1095	−0.0411	−0.0581	−0.0234	−0.0214
	(−2.3078)**	(−0.9786)	(−1.0813)	(−0.4115)	(−0.3845)
TSDUM	−0.4035	−0.4221	−0.4517	−0.4968	−0.4722
	(−1.7754)*	(−2.1675)**	(−2.2449)**	(−1.9651)*	(−2.1797)**
adj. R^2	0.6633	0.7147	0.6639	0.4943	0.8017
サンプル数	36	36	36	36	36

注: ( ) 内は t 値, **: 5% 水準で有意, *: 10% 水準で有意

号がすべて予想に反して負になった。

　そして表 8.4 の結果を総括すると，次のようにまとめることができる。グループ全体の有利子負債依存度 [GpDR] はすべての分析結果に共通して統計的に有意であった。つまり，支払い利子が課税所得の計算上費用として認められるため，企業が負債を利用することによって法人税額を引き下げることができるからである。タックス・ヘイブン子会社ダミー [TSDUM] と [R/S] は予想通りの符号で各年度におけるすべての分析結果に共通して統計的に有意であった。つまり，企業がタックス・ヘイブンに子会社を設立することはグループ全体の [T/S] 率を引き下げる効果があると考えられる。そして企業グループ全体の [R/S] が高ければ高いほど [T/S] も高くなる。[HCATR] については，前述したように多国籍企業が企業内貿易における移転価格の調整を行ったり，利益を特定の国に集中していることがあれば，[HCATR] の [T/S] への影響が相殺される可能性が存在する。しかし，このことを明らかにするためにもっと具体的なセグメント情報を用いて検証する必要がある。ここではその可能性が存在することを指摘するにとどめたい。

　以上の分析においてはおおよそ予想通りの結果となった。しかし，ここでは

表8.5　回帰分析（2）の結果

被説明変数: T/S 率	
説明変数	
定数項	3.2143
	(3.9904)**
R/S	0.1836
	(9.4096)**
GpDR	−0.0208
	(−6.2212)**
HCATR	−0.0485
	(−2.1585)**
TSDUM	−0.5294
	(−5.4234)**
adj.R^2	0.6779
サンプル数	180

注:（　）内は t 値，**: 5%水準で有意

特に税率が極端に低いタックス・ヘイブンに投資を行った製造業企業を絞ってそれを分析サンプルとして取り上げているため，サンプル数が少なくならざるをえない。したがって，以下ではサンプル企業の年度分けをせず，すべてのデータをプールして，すなわち36社5年間で180のデータをふたたび回帰分析を行うことにする。この分析によって［T/S］にかかわる問題がさらに明確になると思われる。表8.5はこの回帰分析の結果を示したものである。

表8.5からわかるように，すべての説明変数が共通して統計的に有意であった。そして，adj.R^2 = 0.6779 の高さから考えればこの回帰モデルの説明力がかなり高いと思われる。前述したように，日本企業はすでに1980年代からタックス・ヘイブンの活発な利用を始めている。そして1980年から1995年までに海外直接投資総額に占めるタックス・ヘイブンへの投資額は平均して21％にも達している。表8.4と表8.5の分析結果からもわかるように，タックス・ヘイブンを利用することが企業グループ全体の納税額を低減する効果がある。つまり，タックス・ヘイブンに海外子会社を設立している企業は何らかの方法でグループ全体の納税状況を改善していると考えられる。また，表8.5の分析結果では［HCATR］の係数符号が予想に反して負で統計的に有意となった。つまり，日本の多国籍企業は企業内貿易における移転価格を積極的に調整する（例えば，利

益を特定の国に集中している)か，あるいは特定の国に販売活動が集中している可能性が存在すると思われる。しかし，前述したように，これについてはもっと具体的なセグメント情報を用いて検証する必要がある。この問題は今後の課題にしておきたい。

むすび

　前述したように，タックス・ヘイブンについての分析は常にデータの入手困難性という問題が存在している。本章では，極めて限られている利用可能な財務データに基づいて日系多国籍企業によるタックス・ヘイブンの利用がそのグループ全体の納税状況にどのような影響を与えるかを検証することを試みた。その結果，企業がタックス・ヘイブンに子会社を有することはグループ全体の [T/S] を引き下げる効果があるということを実証的に確認した。

　多国籍企業は税率の国際的格差，変動為替相場および政府の規制ないし参入障壁などによって特徴付けられた市場で事業活動を行わなければならない。多国籍企業によるタックス・ヘイブンの利用は税率の国際的格差への有効な対応策の一つである。多国籍企業は特に国外源泉軽課税のタックス・ヘイブンを基地とした商品取引を行うことによってグループ全体の税負担を大幅に低減することができると思われる。また，グループ全体の資金調達をみてみると，多国籍企業は利子源泉税などの存在していないタックス・ヘイブンに金融子会社を設立すると，この金融子会社はグループ各社に必要な資金を貸し出すことによってグループ全体の資金調達システムを確立すると同時に税負担を大幅に節約できる。第2章で述べたように，こうした戦略自体は常に租税逋脱として違法行為と批判されている。しかし，ここで強調しなければならないのは法律の定める範囲内の租税節約（tax saving）自体には合法性があるということである。つまり，多国籍企業の経営者は，特に株主に対する受託責任を果たすため，常に税法規定を遵守しつつ種々の租税上の特典措置や両国間租税条約を有効利用することによって租税負担の軽減を図らなければならないと思われる。

第9章　金融子会社，移転価格，タックス・ヘイブンの経済的意義
―― 取引費用の節減を中心として ――

はじめに

　これまで議論してきたように，日本企業の海外事業活動の規模拡大にともない，企業グループ全体を中心とする財務戦略は重要な課題となってきている。特に1980年代後半から，海外直接投資を急速なテンポで行っている日本企業にとって，資金調達の効率化，国際租税戦略および為替リスク対策などの国際財務問題は企業の財務管理の核心となってきている。ここで問題となるのは，海外直接投資を行った企業は何故国内企業[1]と異なった財務戦略を採らなければならないのかということである。周知のように，少なくとも国際的な法人税率の格差，海外資金調達や為替リスクなどの問題は国内企業にとってそれほど重要なものではない。しかし，企業は一旦国境を跨って事業活動を行うと，直ちに上述した問題に直面し，それを解決しなければならなくなる。本章の目的はこの素朴な問題意識から出発してこれまで第3章から第8章まで検討してきた財務戦略の経済的な意義を解明するための糸口を探ることにある。
　本章では特に取引費用節減の概念に基づいて海外直接投資の財務戦略の経済的意義を明らかにすることを試みる。具体的には，まず取引費用の概念をサーベイ，整理することによって国際財務活動にかかわる取引費用の概念を規定する。さらに，この取引費用の概念に基づいて国内企業と比較しながら多国籍企業が海外直接投資を行うことによって生ずる幾つかの追加的な財務費用の性質

---
[1] ここでいう国内企業とは専ら国内で事業活動を行い，外貨需要や海外からの原材料輸入などを必要としない，国内規制しか受けていない企業を指す。

を明確にする。最後に日本企業の海外直接投資においてこれまで議論してきた三つの財務戦略を取り上げ，それと取引費用節減との関連性を試論的に展開する。

I. 国際財務戦略と取引費用の概念

(1) 取引費用の概念

取引費用 (transaction cost) という言葉は様々な研究分野で用いられてきた。しかし，取引費用は異なった研究分野によってその概念規定も様々であり，あるいは不明瞭のままに使われる場合もある。以下では，日本企業による海外金融子会社の設立，移転価格戦略およびタックス・ヘイブンの利用という国際財務戦略の経済的な意義を解明するために，まず取引費用の概念をサーベイ，整理する。

取引費用の概念は最初，コース (Coase [1937]) によって導入された。コースによれば，もし企業が価格メカニズムに基づいた市場取引を行うと，少なくとも4種類の費用[2]を負担しなければならない。それは，(a) 適正価格を見いだすための費用および各々の取引契約の交渉と締結のための費用。(b) 契約当事者の義務を決めるコスト(例えば，製品の品質に対してどの程度まで要求できるかあるいは要求されるか，そしてそれを監視するためのコスト)。(c) 外部市場を利用することによる不確実性の発生(例えば，計画リスクと関連投入コスト)。(d) 市場取引についての諸税と価格統制などである。

コースは「市場を利用することはコストがかかり，組織を成立してある権威者 (authority) に資源を支配させることによって市場での売買のコストは節約される」[3]という企業内市場の利用を提示し，それを企業の存在理由(企業の本質)として取り上げている。つまり，「市場不完全性の存在がなければ，企業の出現はありそうもない」[4]。また，外部市場での売買による取引を行うコストが企業による垂直統合のコストと等しくなるまで，企業は内部化(垂直統合)を続

---

[2] Coase [1937], pp. 386–405.

[3] Ibid., p. 392.

[4] Ibid., p. 392.

第9章 金融子会社，移転価格，タックス・ヘイブンの経済的意義　　179

ける。こうした概念は企業の成長を規定する。換言すれば，企業は取引を行うコストが企業による垂直統合のコストと等しくなるまで規模が成長・拡大し続けるということである。

　海外直接投資は企業経営の側面において輸出入にともなう為替リスクの回避，投資リスクの分散，生産コストの節約（例えば，途上国での現地生産）など極めて重要な役割を果たしている。多国籍企業は海外直接投資を通じて経営資源を海外に移転して，それをより効率的に運用しながら企業全体の利益最大化を図ろうとすると考えられる。一般的に，利益を最大化するため，まず考えられるのはコストの最小化ということであろう。周知のように，一般的に外部市場のメカニズムにおいて不完全性（例えば，国際的な税率の格差）が存在するため，経営活動にかかわるコストを最小化する程度は限界がある。しかし，多国籍企業は海外直接投資を通じて市場の不完全性を克服し，取引を企業内部の管理組織に取り組むことを通じて外部市場での取引から生ずるコストを節減することによってさらに経営活動のコストを低減することが可能である。このことは，いわゆる内部化理論の中心的な論点である。内部化理論は，海外直接投資，国際生産や企業のグローバル化にかかわる問題として，近年注目を集める理論である。そのアイデアを海外直接投資に最初に結び付けたのは，バックレー＝カソン（Buckley & Casson [1976]）およびラグマン（Rugman [1981]）らを中心とするレディング学派（Reading School）である。彼らは，コース（Coase [1937]）およびウィリアムソン（Williamson [1975]）などの研究成果を土台として海外直接投資ないし多国籍企業の存在理由を説明しようとしている。

　内部化とは，「企業内に市場を作り出すプロセスである。企業の内部市場は，欠陥のある正規（または外部）市場に代替し，資源配分と流通上の問題を，経営管理命令（administrative fiat）を用いて解決する」[5]。「内部化理論の本質は，実際，国際貿易・投資の効率的な働きを妨げている世界的なこれらの市場不完全性[6]を，

---

[5]　Rugman [1981]（江夏健一他訳 [1983]，9頁）。
[6]　ラグマンはこの市場の不完全性を政府誘導と規制（外生的）および自然的外部性に分ける。自然的外部性の不完全性とは，情報や知識のような要素市場の領域での市場の失敗である。内部化理論は特にこの種の不完全性に焦点を合わせて構築された理論である。それにしたがえば，多国籍企業はこの自然的外部性に対する有効な対応の一つである。

はっきりと認識することである」[7]。「内部化理論は市場の不完全性を認識し企業内に市場を作り出すプロセスとしての内部化（欠陥のある外部市場に代替し，資源配分と流通上の問題を経営管理命令を用いて解決する）と市場での失敗から自らを守り，あるいはそれを利用するための取引全体の内部化，これらを基礎として対外直接投資の動因を説明しようとする理論である」[8]。

内部化理論は，基本的に市場の不完全性を前提条件として「企業の特殊優位性」による利益の独占的享受および企業内統合による「取引費用の節約」を二つの主な柱として海外直接投資の原理を説明しようとする。以下では内部化理論の所説に基づいて取引費用の概念を要約する。

（A）　バックレー＝カソン（Buckley & Casson［1976］）

バックレー＝カソンをはじめ多くの内部化論者はコースおよびウィリアムソンの先駆的な研究に依拠しながらさまざまな観点から内部化の議論を展開している。

伝統的な企業理論の二つの重要な仮定は利潤最大化と完全競争であるが，内部化理論では，完全競争という仮定を緩めて市場の不完全性に注目しながら利潤最大化という仮定に依拠する。また，内部化理論は最終財市場よりもむしろ中間財市場における不完全性に注目する。これらの中間財は製品の生産過程だけではなく，研究開発，労働力の訓練，経営チームの養成，資金調達なども含まれる。そして，すべての企業活動は相互依存し，これらの中間財の流れによって結ばれている。つまり，特許や人的資本に具体化されている知識，専門技術などは，企業活動の効率的な相互協調にとって不可欠な要素である。しかし，この種の中間財市場を組織化することは困難で，これを克服するために多国籍企業は企業内で中間財市場を創出し中間財の取引を内部化する。

図9.1はそれぞれの企業活動の相互依存および各企業間の中間財の流れを示したものである。これらの中間財に関する取引は企業によって内部化される。その中には，二つのタイプの内部化が存在している。第1タイプの内部化は垂

---

[7]　ラグマン，前掲訳書，24頁。
[8]　竹田志郎編［1988］，182頁。

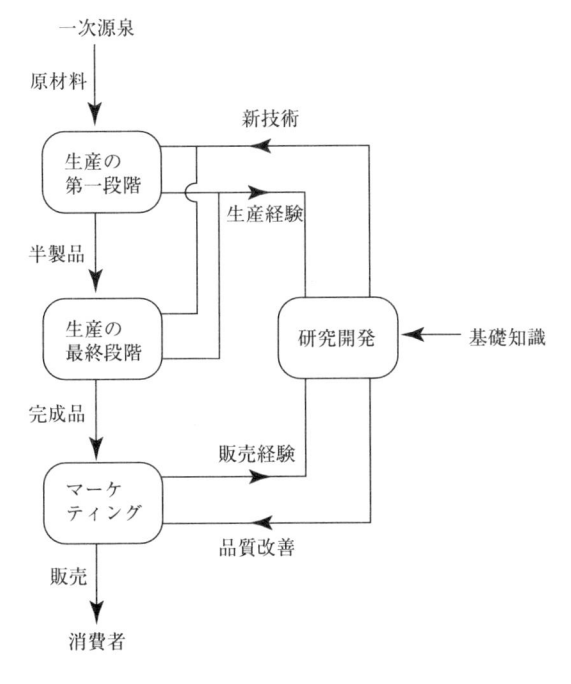

第9章　金融子会社，移転価格，タックス・ヘイブンの経済的意義　　181

図9.1　各企業間の活動の相互依存

```
        一次源泉
           │原材料
           ↓
        ┌──────┐ ────新技術─────┐
        │生産の │←──────────┐  │
        │第一段階│         │  │
        └──────┘ ──生産経験→│  │
           │半製品          │  │
           ↓              ┌──────┐
        ┌──────┐         │研究開発│←基礎知識
        │生産の │ ←──────│      │
        │最終段階│         └──────┘
        └──────┘            ↑  │
           │完成品            │  │
           ↓                 │  │
        ┌──────┐ ──販売経験→│  │
        │マーケ│              │  │
        │ティング│←──品質改善──┘  │
        └──────┘←──────────────┘
           │販売
           ↓
         消費者
```

注：生産の各段階は，中間製品の流れによって結ばれている。製品とマーケティングは，販売のための半製品によって結ばれている。生産とマーケティングと研究開発とは，情報と専門技術の2方向の流れによって連結されている。

出所：Buckley & Casson [1976], p. 34.

直統合された生産者を生み出す。第2タイプの内部化は生産，マーケティングと研究開発などの統合に導く。統合された生産，マーケティングおよび研究開発を持っている企業の立地戦略は，企業内において知識が公共財であり，その移転コストも一般的に低いために，特異な性質を有する。

　また，バックレー＝カソンは，具体的に内部化誘因を生み出す市場の不完全性の五つのタイプを次のように列挙している。すなわち，

　（a）　市場によって連結されている相互に関連し合う諸活動は重大なタイム・ラグを含み，将来の投資計画に対するそれらの諸活動の協調は足りない。つまり長期的な投資計画を効果的に立案するには，将来の市場の諸活動の相互協調

が重要な要素である。この相互協調が欠けていれば，自ら内部的な市場を創出しようとする強い誘因が働く。

　(b)　中間財に対する市場支配力を持っていれば，内部化することによって外部市場では不可能な差別的価格設定が可能となる。このことは企業が中間財市場を内部化する誘因となる。

　(c)　市場支配力の双方独占による不確定性 (indeterminate) や不安定性である。これらは長期契約や買収，合併によって回避することができる。

　(d)　情報の非対称性。すなわち，製品の品質や価値において売り手と買い手の間にある情報や知識の不均等。

　(e)　各国政府による国内，国際市場の介入。

　これらの五つの市場の不完全性のいずれも，企業による中間財市場の内部化を導き，その内部化は企業に利益をもたらす。つまり，外部市場における中間財取引は上述の五つの不完全性に阻害されることによって多大な取引費用が発生する。企業はこの取引費用を回避するために市場によって結びつけられている諸活動を共通の所有と支配のもとにおくとバックレー＝カソンは主張している。

　取引費用の概念について，本来，コースは，一国規模の多工場企業や多商品企業の生産活動を対象としたが，バックレー＝カソンは，多国籍企業を多工場企業の一形態として捉え，さらにその取引費用の概念を生産活動以外の研究開発，マーケティング活動にまで押し広げる。多国籍企業は海外直接投資による企業間統合を通じてそれらの追加的な取引費用を節約しようとしている。

　(B)　ラグマン (Rugman [1981])

　ラグマンはコースが主張している市場取引の内部化による取引費用の削減という基本的な概念を多国籍企業の海外直接投資に適用し，それを海外直接投資の基本的な決定要因としている。彼もコースと同様に「もし世界が自由貿易モデルによって特徴付けられているならば，多国籍企業を必要としなかったであろう。伝統的なヘクシャー＝オリーンの自由貿易モデルでは，財・要素の完全市場が仮定されており，例えば輸送費はゼロ，同一の嗜好，規模に対する収穫不変などがある。このようなパレート最適状態では，グローバルな厚生は，諸

国が相対的な比較優位に基づいて生産することによって最大となる」[9] という理想的な世界で何故海外直接投資が存在するのかという問題意識から出発して海外直接投資の本質を論じている。海外直接投資は企業が財を海外に供給するための一つの手段である。もし，前述したような完全な市場が存在すれば企業は財を海外に供給する際に直接投資ではなく，財を直接輸出，すなわち国際貿易を行うことで十分である。海外直接投資を行う必要性はなくなるであろう。彼はこの理想的な経済システムの機能を阻害する要因として，コースの主張している様々な要因の他に貿易障壁，特に研究，情報，知識を含む特殊優位性などの中間生産物に対する市場の欠落を取り上げ，それを取引費用を発生させるグローバルな市場の不完全性としている[10]。さらに，ラグマンは，取引費用の概念を研究，情報，知識などの中間生産物の不完全性をはじめ，国際製品市場，労働市場，資本市場の不完全性および他の分野の市場の不完全性まで広げている。こうした観点から，取引費用の概念は極めて広範囲にわたっている。換言すれば，それはすべての分野の市場の不完全性のもとで，外部市場の取引によって発生可能な余分のコストのほとんどをカバーしている。逆にいえば，市場に不完全性が存在しなければ，企業はすべての取引にかかる余分なコストを負担せずに事業活動をスムーズに行うことができる。つまり，企業は企業内で市場を創出することによって市場の不完全性から生ずる取引費用を回避して利益を獲得することができる。市場不完全性への対応およびこの対応による取引費用の節約は企業に統合を行わせる誘因の一つになると内部化理論は主張している。

　企業は外部市場による取引費用と内部市場によるそれとを比較することによって，取引市場(外部市場，あるいは内部市場)を選択することができる。次に，内部化理論に基づいて取引費用の比較による内部化の意思決定をみてみよう。

　まず，各市場には買い手と売り手を結び合わせ，あるいは両者間のコミュニケーション・チャンネルを確立するために一定の固定費（setup cost）が存在

---

[9] ラグマン，前掲訳書，22頁。
[10] ラグマン，前掲訳書，23～28頁。

するとする。また，それぞれの取引の交渉と実行に対して一定の変動費が存在する。この変動費は取引の額とは独立である。なお，一度に取引可能な最大量が存在する。いま，取引可能な最大量がかなり小さいと仮定する。そのため市場での取引量の変化を取引回数の変化として処理する。総変動費は取引量と直接比例関係となる。垂直的生産過程にある二つの段階を連結する一つの中間生産物市場があり，その生産過程の各段階で生産する工場はそれぞれ一つしか存在しないと仮定する。また，この市場を均衡させるためにはこれらの二つの企業の総利益を最大化させる必要があると仮定する。

図9.2に示されたように，この二つの企業の総利益はAA_1曲線であり，Bがその頂点である。取引費用をゼロとすると，二つの企業の総利益を最大化させる取引必要数量はq_0であり，すなわちBが均衡取引量を決定する。

いま，内部市場の設置(例えば，企業を買収するあるいは子会社を設立するなど)が外部市場の設立(例えば，購買契約を結ぶ)よりも固定費の負担が大きいと仮定する。そして，内部市場のコストは企業を買収し，統合的なシステムのコントロール・チャンネルを確立するためのコストとして認識される。したがっ

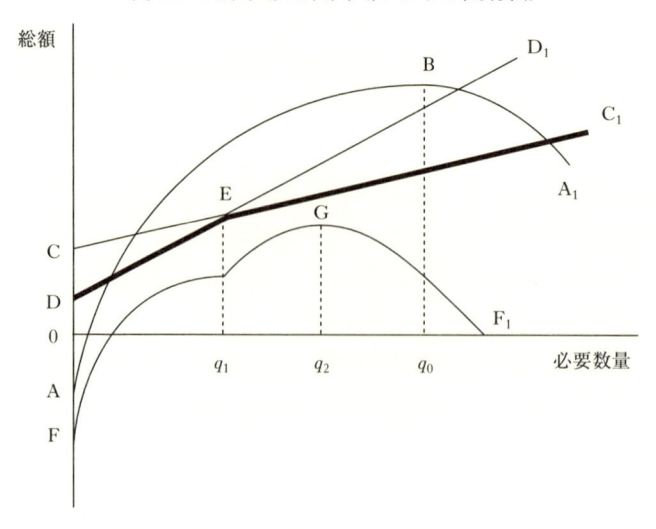

図9.2 内部市場と外部市場における取引費用

出所: Rugman [1981], p. 18.

て，外部市場を設立するためのコストは，内部市場を設置するためのコストよりはるかに小さいということになる。しかし，内部市場において価格のかけひきや支払い不履行を引き起こさないため，内部市場の変動費は外部市場のそれと比較すればかなり小さいと考えられる。

　内部市場の取引費用は直線 CC_1 であり，外部市場の取引費用は直線 DD_1 である。そして，直線 CC_1 と縦軸との接点は直線 DD_1 のそれより高くて，直線 CC_1 の傾きは直線 DD_1 のそれより緩やかなことがわかる。直線 CC_1 と直線 DD_1 は E で交わっている。E の左側では，外部市場での取引費用が最小となり，最小取引費用は直線 DE で示される。なお E の右側では，内部市場の取引費用が最小となり，最小取引費用は直線 EC_1 で示される。市場全体としては，最小取引費用は線 DEC_1 によって示される。その結果，取引量が q_1 を下回れば，企業は別々所有され，市場価格で取引がなされる。一方，取引量が q_1 以上であれば，両企業は統合され，取引は内部化された方が有利である。取引収益 AA_1 から取引費用 DEC_1 をマイナスして算出された収益は線 FF_1 によって示される。G がその頂点となって，利益を最大化する取引量 q_2 が与えられる。この例において，$q_2 > q_1$ であるため，市場は内部化される。しかし，注意しなければならないことは，企業は内部市場を創出することにともなって内部化費用が発生する。そして，内部化を行う利益と費用が限界において均等化するまで，この内部化行動は行われるということである。

　結論として，企業は市場の不完全性から生じるコストと内部化するコストとを比較して前者が後者を上回る場合には市場を内部化するのである。そして，取引費用が大きくなればなるほど，内部化傾向は大きくなり，また内部化の度合いは，取引回数を減少できる長期契約や大量購買などの影響を受けることになる。

　前述したように，バックレー＝カソンおよびラグマンはグローバルな市場の不完全性という観点から特に国際事業活動における中間財取引に焦点をあて取引費用の大きさによって市場メカニズムと組織の利用(内部化)が相互代替的な関係にあると主張している。内部化理論の出発点は価格メカニズムによる資源配分という理想的な経済システムにある。価格メカニズムが効率的に機能するためには多くの前提条件が満たされなければならない。例えば，すべての領域

での市場においては，政府統制や不確実性が存在しないなどといった要件がそれである。これらの要件を欠くとき，いわゆる「市場の失敗」が生じ，市場機構はそのままでは効率的に取引を解決できない事態が発生する。この際，企業は市場を介して取引を行うと多大な取引費用が発生する。

次に内部化理論のロジックに基づいて国内企業との比較を念頭に置きながら海外直接投資の財務活動に関する幾つかの追加的な費用の概念を明確にする。

(2) 国際財務戦略と取引費用

これまでに企業の財務問題を説明するために様々な理論が開発されてきた。その多くは証券ポートフォリオ投資(間接投資)の問題を説明するために有効であるが，海外直接投資の財務行動を説明するには不十分である。というのは，海外直接投資の財務活動は証券ポートフォリオ投資活動とは本質的に異なるものであるからである。海外直接投資の財務活動は，証券投資のように主にリスクとリターンの変化に基づいた資金の流れだけではなく，投資先子会社の経営支配 (control) にともなって実物市場での財の取引を媒介とした資金の移動を中心とするものである。したがって，海外直接投資にかかわる財務行動を説明するためには，国際金融・資本市場という理論的な枠組みの中で，財の取引という実物市場の概念などにかかわる経済理論をも組み入れる必要があると考えられる。

これまでの議論に基づいて財務的な観点からみると，企業は一旦国境を越えて事業活動を行うと国内企業と比べて少なくとも次のような追加的な費用が生じる。すなわち，「異なる税制による追加的な税負担」，「複数通貨の使用による追加的な費用」，「進出先の政府規制や文化の違いによる追加的な費用」および「相違する金融・資本市場の使用による追加的な費用」である。この四つの要素は国内企業と比べて企業の海外事業活動にかかわる財務活動にともなう追加的な費用の性質を規定し，特に海外直接投資の財務戦略に大きな影響を与えている。

この四つの要素からすると，企業が海外直接投資を行う際には明らかに税率の格差，為替リスク，現地政府の規制および利子率の格差などから生じる追加的なコストに直面することになる。これらの追加的な費用は国内企業にとって

存在していなく，グローバルな市場の使用によるものであるため一種の取引費用として捉えることができる。利子率の格差を例としてみてみると，多国籍企業グループ全体では，たとえ各国の利子率がそれぞれの国内通貨需要量によって決定されるという価格メカニズムが完全に機能しているとしても，グローバルな市場が完全に統合されていない限り，多国籍企業は依然として「複数の完全市場(＝世界的に分断された市場)」に直面し，国際的な利子率の格差による余分なコストを負担しなければならない。そして多国籍企業はグループ全体の利益最大化を図るためにこの四つの要因によって生じる余分なコストを軽減しなければならない。

前述したように，ラグマンは，企業が資源配分と流通上の問題を経営管理命令(内部化)を用い，欠陥のある正規市場に関する取引問題を解決することによって取引費用を節約できると主張している。ここでは内部化理論のこのロジックに基づき，特にその取引(資源配分と流通)と経営管理命令(コントロール)との二つのポイントに焦点を合わせて財務活動の一元管理システムを次のように規定する。すなわち，財務活動の一元管理システムとは，「外部市場の不完全性に対応して多国籍企業は企業グループ内に資金の調達・運用，租税対策，グループ企業間取引の価格設定，企業間決済などを含んだ全般的な財務機能センターを創出することによって各子会社の財務行動を経営管理命令で統合・調整し，企業内に金融・資本市場を形成するシステムである」。そして，われわれはこうした概念規定によって日系多国籍企業の国際財務戦略の経済的意義を明らかにすることを試みる。

次節ではまず国際資本移動を妨げる前述した四つの要因に注目しながらその追加的な費用の性質を明確にする。

II. 海外直接投資の財務活動に関する追加的なコスト

本節の主な目的は前述した四つの要因に基づいて国内企業と比較しながら海外直接投資の財務活動に関する幾つかの追加的な費用の性質を明らかにすることにある。

（1） 異なる税制による追加的な税負担

　海外直接投資とは，投資先企業に対する経営の支配をともなう国際的な資本移動であり，現地で事業活動を行う投資行動である。したがって，国際的な税率の格差は明らかに多国籍企業による国際的な事業活動に影響を及ぼすことになる。海外直接投資に対する課税問題の大きな影響の一つは同一の外国源泉所得が二重課税を受けることである。この問題に対して多くの国は外国所得免除あるいは外国税額控除の二つの方式のいずれかを適用している。しかし，これらの措置が採られても海外直接投資に対する国際課税の本質的な問題を解決することはできない。というのは，国際的な税率の格差が存在する限り，資本移動による海外事業活動の納税格差問題は依然として残っているからである。例えば，企業は投資先国が異なれば全く同じ事業活動で同じ売上をあげても税引後利益にかなりの差が生じてくる。つまり，多国籍企業は一旦税率の高い国で事業活動を展開する意思決定を行うと，税率の格差によるグループ全体の税負担が増加するという事態に直面することになる。実際に，多国籍企業が税率の高い国で投資活動を完全に行わないことは困難で非現実的である。OECD加盟諸国において実効税率が最も低いのはアイルランド（10%）[11]，最も高いのはドイツ（56.5%）であり，その税率の格差は46.5%もある[12]。その結果，この税率の大きな格差は海外直接投資による資本移動を阻害する大きな原因になると考えられる。

（2） 複数通貨の使用による追加的な費用

　海外直接投資において投資家は海外での実現利益を本国に持ち帰る必要に迫られたとき，外国為替リスクに直面することになる。この点についてハイマーは次のように述べている。「……（前略）政府の管理を別にすると，資本移動障壁の主要なものは，為替レート変動の可能性である。もし将来の為替レートが不確実であるならば，一定の国における投資収益は，外国人と現地人とで必ずしも同じではない。外国人は，自分が将来手に入れる為替レートを，もっと正確

---

[11] 製造業には10%が適用され，製造業以外の税率は40%である。
[12] OECD [1990].

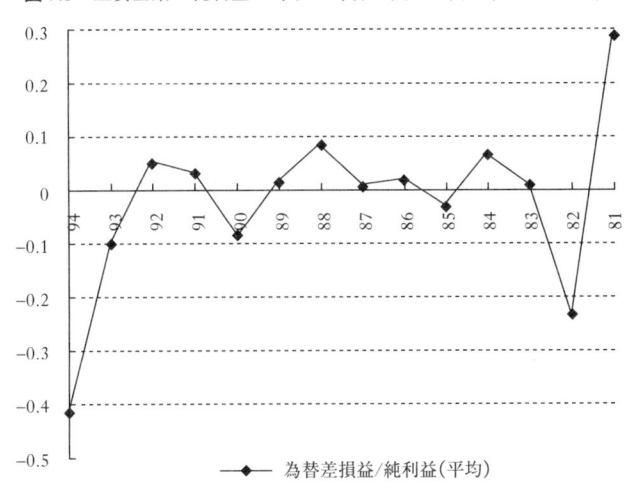

第 9 章 金融子会社，移転価格，タックス・ヘイブンの経済的意義　　189

図 9.3　主要企業の純利益に対する為替差損益の割合（連結ベース）

[図：1981年から1994年までの為替差損益/純利益（平均）の推移を示す折れ線グラフ。1981年が約0.3、1982年が約-0.23、1994年が約-0.42など]

　　　　　　　　　　　　　　　　　　　　　　　─◆─　為替差損益/純利益（平均）

出所：各社の有価証券報告書より作成。

に言えば，将来の為替レートの確率分布を考慮に入れなければならない。これを外国人が計算に入れたならば，危険は増大することもありうるし，減少することもありうる。もし，危険が増大するならば，これは追加費用となる。この費用は二国間の双方に同様に作用する性質のものである」[13]。また，企業は投資先あるいは本国以外の外貨を調達するとき，それを返済する際に為替レートの変化によって損失が生じる可能性が存在する。周知のように，アジア通貨危機が発生した際に，アジア諸国の多くの企業は大量のドル建てで資金を調達したため，自国通貨の大幅な下落により自国通貨建て債務が急増して返済不能に陥ってしまったことはまだ記憶に新しいところである。このような観点からみれば，変動為替相場の存在は明らかに資本移動を阻害する重要な原因の一つである。

　図 9.3 は海外直接投資を行った東証一部上場の日本企業のなかで 117 社の純利益に対する為替差損益（連結ベース）の割合を示したものである。これらの

---

[13] Hymer [1976]（宮崎義一編訳 [1979]，8 頁）.

117社は一般的に規模が大きい(資本金平均714億円),出資比率50%以上の子会社数は平均27社以上,そして進出国数は13ヵ国以上の多国籍企業である。図9.3からわかるように,1981年から1994年度までのこの117社の日系多国籍企業の純利益に対する為替差損益の割合はおよそ10%である。そして1994年度において為替差損はおよそ純利益の4割にも達していることがわかった。つまり,変動為替相場のもとで多国籍企業は為替相場の変動から生ずるリスクを回避しなければならない。多国籍企業がいかにして為替相場の変動リスクを回避するかは特に海外直接投資の財務戦略において重要な課題である。

(3) 進出先の政府規制や文化の違いによる追加的な費用

企業は海外直接投資を行うにあたって国内企業と比べてまた様々な規制に直面する。特に発展途上国の多くは外資に対する規制政策を採用している。財務に関する問題については一般的に為替管理,資金調達,送金・再投資などがある。例えば,ブラジルにおいて通貨審議会は需要拡大によるインフレ高進を防ぐ目的から,あらゆる種類の銀行貸出しに対し5%の中央銀行への強制預託を義務付けている[14]。この強制預託制度によって多国籍企業は相対的に高い資金調達コストを強いられることになる。フィリピンでは外国企業が銀行から現地通貨で融資を受ける際に一定の負債・資本比率(製造業,65:35)を課している。また,日本からの直接投資が急増する中国において外国為替は中国銀行によって国が管理してきた。合弁企業と外国企業のすべての外国為替受取と支払いは,中国銀行外国為替部を通してなされなければならない。たとえ外国企業間であっても,中国内における決済は現地通貨(人民元)によってなされなければならない。しかし,実際にこれらの規制の項目が進出企業にとってどの程度厳しい意味をもっているのかを知るには法令の表面をみただけでは不十分で,現地国の経済社会の実態や規制の運用の実際をみなければならない。例えば,中国に直接投資を行っている「J社では,投資総額のうち,半分は資本金,残り半分は邦銀大連支店から日本円で借り入れる予定だった。ところが,95年5月頃から邦銀から借り入れた日本円を人民元と交換できなくなり(外貨借入金の人民

---

[14] 日本貿易振興会[1997],402頁。

元交換禁止措置），管理費などの運転資金や現地購入の設備(ボイラーや配電盤)などに使う人民元が足りなくなった」[15]。その他に，預金口座からの現金払い出し額が制限されるケース(例えば，一回 1 万元＝約 16 万円)，日本から送金した資金が中国の銀行口座に振り込まれるまで相当の時間を要するケース(その間，中国の銀行が日本から送金した資金を勝手に運用し利鞘を稼いでいるといわれる)などがあげられる[16]。これらの問題は現地政府政策に帰すべきだが，本質的に現地の経済社会の実態，取引慣行や文化をも反映していると思われる。多国籍企業は外国市場を利用する限り，これらの政府規制や文化などの要素による追加的費用を負担せざるをえない。

(4) 相違する金融・資本市場の使用による追加的な費用

最後に相違する金融・資本市場の利用についての問題をみてみよう。各国の資金調達利子率は一般的にそれぞれの国の経済状況や政府政策を反映して決定されている。しかし，多国籍企業全体にとって調達利子率の高低は本来の各国の格差の他にさらに税率の格差，為替リスク，現地政府の規制などの影響を受けている。以下ではこの問題を簡単なモデルでみてみよう。

ある多国籍企業は，N ヵ国にそれぞれ $S_1, S_2, S_3, \ldots, S_N$ の海外子会社を有する。それぞれの子会社資金需要は，$X_1, X_2, X_3, \ldots, X_N$ である。企業全体に対する総資金需要は (1) 式のように表すことができる。

$$X_1 + X_2 + \ldots + X_N = \sum_{S=1}^{N} X_S \tag{1}$$

海外子会社が各自で資金調達を行う場合，その資金需要に対応する利子率をそれぞれ $i_1, i_2, i_3, \ldots, i_N$ とする。このとき企業全体が支払った利子は (2) 式で表される。

$$X_1 i_1 + X_2 i_2 + \ldots + X_N i_N = \sum_{S=1}^{N} X_S i_S \tag{2}$$

各海外子会社はそれぞれの資金需要に対して現地通貨建てで資金を調達し，

---

[15] 高木直人 [1997]，98 頁。
[16] 同上書，98 頁。

そしてすべての利払いが期末に行われると仮定する。ここでは海外子会社による現地通貨建て調達の利子率を本国通貨の実効利子率へ換算することにする。e_{S_0} は本国通貨の現物為替レート，e_{S_1} は本国通貨の先物為替レート，そして i_S は現地通貨建ての利子率である。したがって，各国における本国通貨建ての実効利子率は次のようになる。

$$r_S = \frac{i_S e_{S_1} + e_{S_1} - e_{S_0}}{e_{S_0}}$$

$$= \frac{i_S e_{S_0}}{e_{S_0}} - \frac{i_S(e_{S_0} - e_{S_1})}{e_{S_0}} - \frac{e_{S_0} - e_{S_1}}{e_{S_0}} \quad \text{ただし，} d_S = \frac{e_{S_0} - e_{S_1}}{e_{S_0}}$$

$$= i_S(1 - d_S) - d_S \tag{3}$$

(3) 式の第 1 項 $i_S(1-d_S)$ は本国通貨建ての利子率を示し，第 2 項 d_S は為替差損益を示したものである。そして，各海外子会社の現地法人税率を t_S とすれば，本国通貨建ての実効利子率は次のようになる。

$$R_S = i_S(1 - d_S)(1 - t_S) - d_S \tag{4}$$

(4) 式を (2) 式に代入することによって，多国籍企業全体が支払った本国通貨建て表示の実効利子を計算することができる。それは (5) 式のように示される。

$$X_1[i_1(1-d_1)(1-t_1) - d_1] + \ldots + X_N[i_N(1-d_N)(1-t_N) - d_N]$$

$$= \sum_{S=1}^{N} X_S[i_S(1-d_S)(1-t_S) - d_S] \tag{5}$$

ただし，現地国政府の規制や取引慣行を数量化することが困難であるため，ここではそれを θ として式の最後に付け加えることにすると，多国籍企業が国内企業と比べて世界各国それぞれの金融・資本市場を利用することによる追加的な費用は (6) 式の第 1 項の括弧内および第 2 項の θ に反映されている。

$$\sum_{S=1}^{N} X_S[i_S(1-d_S)(1-t_S) - d_S] + \theta_S \tag{6}$$

多国籍企業にとって (6) 式の第 1 項の括弧内および第 2 項の θ をいかにして最小化するかは大きな課題である。これらの追加的な費用の問題の本質は，多

第9章 金融子会社，移転価格，タックス・ヘイブンの経済的意義　　193

表9.1 国際財務活動に関する幾つかの追加的な費用

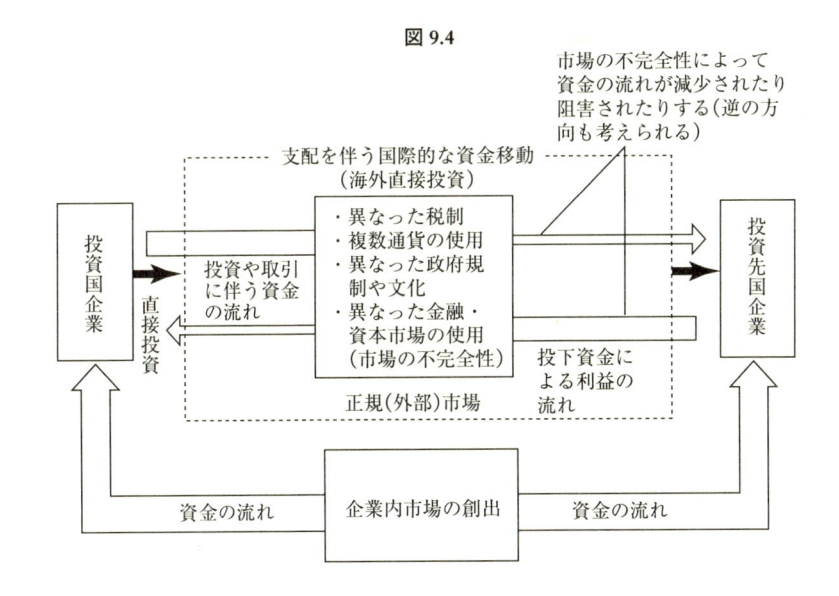

不完全市場の着眼点	追加的な費用（取引費用）を引き起こす要素	取引費用発生の具体例
財・資金の移動を含めた直接投資にかかわる財務活動（国際資本移動）	・異なった税制 ・複数通貨の使用 ・異なった政府規制や文化 ・異なった金融・資本市場の使用	・税率の格差による追加的な負担 ・為替リスクによる損失 ・現地国規制や慣行による追加的な負担 ・利子率の格差による追加的な負担

図9.4

国籍企業がしばしば分断されたグローバルな金融・資本市場で資金を調達することにある。その結果（6）式の i_S, d_S, t_S および θ_S による追加的な費用が発生し，多国籍企業はそれを最小化するために様々な財務戦略を展開していると考えられる。

　以上，われわれは国内企業を念頭におきながら海外直接投資の財務活動に関する幾つかの追加的な費用を分析することによってその性質を明らかにした。表9.1はそれをまとめたものである。

前述したように，多国籍企業は世界的に「分断された市場」で事業活動を行わなければならない。多国籍企業の財務活動はこれらの市場に連結されている相互に関連し合う一連の資金の流れによって構成されている。図9.4に示されたように，多国籍企業の海外事業活動にともなう資金の流れはそれぞれの「分断された市場」に内包される様々な要因(不完全性)によって減少されたり，阻害されたりする。取引費用の節約を中心課題とする内部化理論によれば，この追加的な費用を回避するため，企業は世界的に「分断された市場」に代わって自ら内部市場を創出するインセンティブをもつと考えられる。この内部市場を創出することによって企業はそれらの追加的な費用をある程度節約することができると考えられる。次節では特に日本企業の海外直接投資に関する三つの財務戦略を取り上げ，その経済的意義および内部化との関連性を検討することにする。

III. 取引費用の節減と財務システムの一元的管理体制

　第1章から第8章まで検討してきたように，日本企業は1980年代を通じて急速な海外直接投資により海外生産を急増し，海外子会社の規模を急拡大してきている。さらに金融の自由化と国際化などを背景として日系多国籍企業の財務戦略においては，移転価格戦略，金融子会社の設立およびタックス・ヘイブンの利用という三つの大きな特徴的な動きがみられる。以下では，これまで何度か述べてきたことの繰り返しになるが，特にこの三つの戦略を要約しながら，それと取引費用の節減との関連性を検討することにする。

(1) 移転価格戦略

　移転価格の問題は多国籍企業による国際取引とかかわる問題として企業内貿易と密接な関連をもっている。
　日本の企業内貿易の状況については第1章の表1.1に示されているように，北米の子会社から日本への輸出に占める企業内貿易の比率は80.7％，同じく欧州からは87.6％，アジアからは76.5％と非常に高い比率を占めている。アジアから欧州と北米への輸出に占める企業内貿易の割合はそれぞれ50.5％と58.1％

第 9 章　金融子会社，移転価格，タックス・ヘイブンの経済的意義　　　195

である。さらに，欧州から北米，北米から欧州への輸出に占める企業内貿易の割合もそれぞれ 40.6% と 58.6% と非常に高い割合である。なお，これらの数値は現地法人からの輸出入に占める企業内貿易の割合である。日本から海外への輸出に占める企業内貿易の割合については 57.3% である[17]。また，序章でも述べたように，米議会の調査機関である議会技術評価局（OTA）は，米国内の日系多国籍企業による企業内貿易が欧州系企業などと比べて極めて異質であるとする調査報告書を発表した。さらに，アメリカ商務省の調査[18]によると，1993年度において日本企業の在米子会社から同一グループ企業への輸出は 281 億ドルに達し，日本企業の在米子会社の総輸出額の 65% を占めている。そして日本企業の同一グループ企業からその在米子会社への輸出は 784 億ドルに達し，在米子会社の総輸入額の 84% を占めている。つまり，1993 年度において日系多国籍企業のグループ企業とその在米子会社との間の企業内貿易はおよそ 1,065 億ドルに達しており，日米間の商品貿易（merchandise trade）総額のおよそ 7 割も占めている。したがって，これほど巨額に上る企業内貿易においてその取引にかかる価格の設定は国際的な資金の流れおよび多国籍企業の利益にかなり大きな影響を与えているに違いない。そして多国籍企業はこの移転価格の設定の如何によって企業グループ全体の利益が大きく変わる。

　表 9.2 に示されたように，日本企業の海外投資資金の回収方法においては，企業内貿易および移転価格と関係のある項目は，3 の部品あるいは半製品の供給，4 の製品の供給および 5 のロイヤリティーである。この三つの項目は資金回収方法のおよそ半分を占め，企業内貿易をルートとして行われている。つま

表 9.2　日本企業の海外投資資金の回収方法

回収方法	1	2	3	4	5	6	7	8	合計
企 業 数	5	101	34	49	71	80	3	3	346
％	1	29	10	14	21	23	1	1	100

1: 利益送金　2: 配当金　3: 部品あるいは半製品の供給　4: 製品の供給売上　5: ロイヤリティー
6: 現地投資(拡大)に回す　7: 投資の回収は考えていない　8: その他
出所：　佐藤康男［1991b］，68 頁。

---

[17] 通産省 第 3 回海外事業活動基本調査『海外投資統計総覧』，1988 年 12 月，253 頁。
[18] Roger［1997］, p. 204.

り，移転価格の設定問題は日系多国籍企業における国際取引の内部化の増大にともなってますます重要な財務戦略になっている。

第3章で検討してきたように，多国籍企業は各国の税率や為替レートの変化に注目しながら企業全体の財務戦略を考慮したうえで移転価格を設定する必要がある。換言すれば，多国籍企業はグループ全体の利益最大化という財務目標を達成するために国際為替市場の変化および各国税制度の相違から生じる不完全性を回避しながら移転価格を慎重に設定しなければならない。そこで，移転価格は決して恣意的な数値ではなく，むしろ外生的な市場の不完全性(各国税制の格差や変動為替レートおよび政府規制)に対して，多国籍企業全体の財務戦略を機能させるのに必要とされる企業内部の適正管理価格である。したがって，多国籍企業によって設定された移転価格は外生的な経済事情や金融状況に関する適切な情報をすべて組み込んだものでなければならない。

また，移転価格戦略が企業全体の税引後利益を最大化するだけではなく，投資家の観点からみてもそれが企業価値を高めるような行動にもなるということを第4章で確認した。そして，移転価格戦略は特に多国籍企業全体の投資，資金調達の立地政策によって左右されているため，多国籍企業全体の効率性を達成するためのいわゆる最適移転価格を設定するには中央計画財務という概念が必要となる。

(2) 海外金融子会社の設立

日本企業の海外直接投資の財務戦略の二つ目の特徴は海外金融子会社の利用である。80年代後半以降，日本では海外直接投資の急増にともない，メーカーによるグループ金融の海外金融子会社の設立が多くみられている。グループ金融を主な業務とする海外金融子会社は一般的に親会社の保証を受けることによって調達された資金をグループ企業に提供することを主な業務とする。第5章と第6章で検討してきたように，一般的に企業グループのそれぞれの子会社が当該グループの親会社の保証を受けて自ら資金を調達するよりも金融子会社がグループ企業の必要な資金を一括調達したほうが有利である。というのは，特に子会社数および投資先国数が多ければ，各子会社は親会社の保証を受けても当該子会社の資金調達規模，会社規模およびそれぞれの国の金融・資本市場

の規模や規制に制限される可能性が常に存在しているからである。つまり，特に海外子会社を多数有する企業にとっては資金調達において最も適当な金融・資本市場で親会社の保証をフルに利用できる資金調達専門の子会社を設立することによってグループ全体の必要資金を一括調達して各子会社に分配したほうが効率的である。

　従来，日本企業の海外直接投資の資金調達は主として日本にある親会社や銀行，政府系金融機関に支えられてきた。特に1980年代後半以降，日本企業は海外事業活動に必要とする資金を自力で調達できるような態勢を整えてきている。例えば，松下電器産業のように世界各地に多数の支店・子会社あるいは販売代理店などを持つ場合，その必要とする資金を各子会社が自ら調達するとすれば，あまりにも非効率でコストも高くつくであろう。そこで，資金調達の効率性と資本コストの節約を図るために登場してきたのが海外金融子会社である。第2章で述べたように，松下のアメリカ金融子会社PFIとオランダ金融子会社PNFは，グローバルな拠点網の全体の資金調達と分配の窓口であり，関連企業に対する開発・生産・販売資金を安いコストで一元的に調達するという役割を果たしている。また，資金の流れからみれば，対外窓口としての日・米・欧・アジアの金融子会社を除いて，すべての資金の移動および決済はグループ企業内で行われている。例えば，オランダの金融子会社はユーロ市場で社債，CPなどを発行して調達した資金をロンドンとニューヨークの金融子会社に貸し出す。そしてロンドンとニューヨークの金融子会社は各地の生産，販売子会社に必要とする資金を貸し出す。このようにして，松下は複数の海外金融子会社を設立することによって，基本的に世界各地に散在するグループ企業の資金調達や取引決済などの問題を一応解決したと思われる。

　ここで特に留意すべきことは，日系多国籍企業は，海外金融子会社の一括資金調達を通じて資金の分配とその価格付けを統制することによって各子会社にかかわる資金調達の取引コストを大幅に節約できる。そこで，企業グループ全体の資金調達および資金分配がより効率的になる。特にこうした資金調達戦略は世界的に「分断された市場」に内包される様々な不完全性を回避ないし軽減することができると思われる。

（3） タックス・ヘイブンの利用

　日本企業の海外直接投資の財務戦略のもう一つの特徴はタックス・ヘイブンの利用である。多国籍企業によるタックス・ヘイブンの利用は税率の国際的格差への有効な対応策の一つである。特にタックス・ヘイブンに子会社を有する日系多国籍企業はグループ全体の納税額を引き下げる効果があるということをすでに第8章で実証的に確認した。その仕組みについては，第2章で述べたように，多国籍企業は特に国外源泉軽課税のタックス・ヘイブンを基地とした商品取引を行うことによってグループ全体の税負担を大幅に低減することができる。また，グループ全体の資金調達において，多国籍企業はしばしば利子源泉税などの存在していないタックス・ヘイブンに金融子会社を設立する。そしてこのタックス・ヘイブンにある金融子会社はグループ各社に必要な資金を貸し出すことによってグループ全体の資金調達システムを確立すると同時に税負担を大幅に節約できる。

　これまで述べてきたように，日本では特に1980年代からタックス・ヘイブンの活発な利用が始まった。タックス・ヘイブンへの直接投資は86年度から急速に増加している。1985年から1989年まで毎年タックス・ヘイブンへの進出件数はおよそ3,000件で，5年間合計で14,000件相当の進出件数がある。特に輸出入の動きからみると，日本企業によるタックス・ヘイブンの活発な利用はさらに明らかになる。日本関税協会の『外国貿易概況』によれば，毎年(1980〜1995年)の輸出入総額に占めるタックス・ヘイブン経由の輸出入額の割合は平均としてそれぞれおよそ12%と6%である。そして，1996年においてタックス・ヘイブンへの輸出額は6兆円にも達し，輸出総額の14%に至っている。なお，これらのデータは単なる日本からの輸出入金額を示したものであり，タックス・ヘイブンを経由する子会社間の取引の実態はほとんど知られていないが，かなりの規模に達すると考えられる。

　タックス・ヘイブンの多くはバミューダやケイマン諸島のような人口数十万から数百万人の小さな島や国であり，市場規模がかなり小さいのである。しかし，その取引規模をみれば，それは決して無視できるほどの金額ではない。例えば，1986年におよそ30社の日本企業は人口わずか17万人の島であるオランダ領アンティール諸島に進出し，年間1兆円の資金をそこに蓄積しているとい

う[19]。

（4） 取引費用の節減と一元的管理体制の形成

前述したように，多国籍企業は税率の国際的格差，変動為替相場および政府の規制ないし参入障壁などによって特徴付けられた世界的に「分断された市場」で事業活動を行わなければならない。多国籍企業にとって前節の (6) 式

図 9.5
(1) 従来の海外子会社の資金調達形態

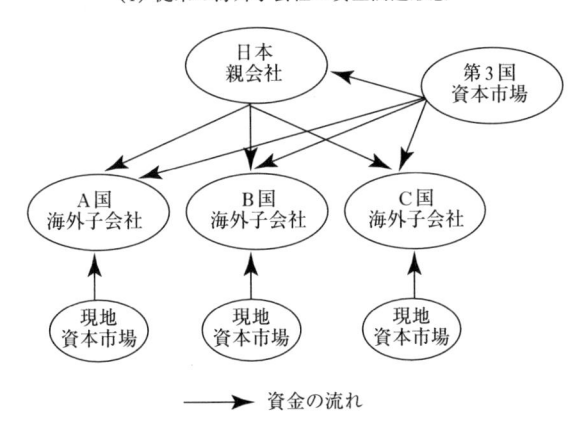

(2) 金融子会社設立後の海外子会社の資金調達形態

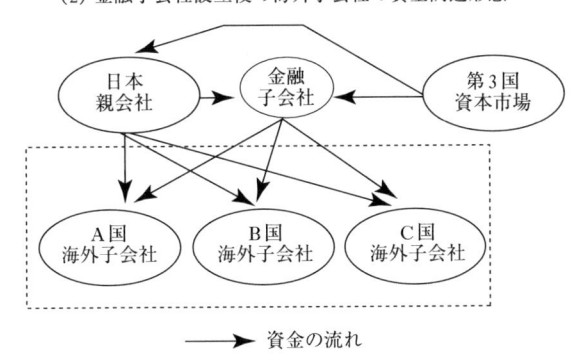

---

[19] NHK 特集＝緊急レポート，1986 年『世界の中の日本・経済大国の試練』，157 頁．

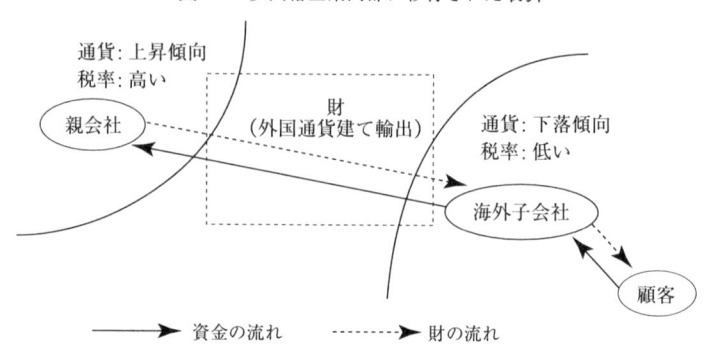

図 9.6 多国籍企業内部に移行された取引

```
通貨: 上昇傾向                                    通貨: 下落傾向
税率: 高い         財                              税率: 低い
  親会社     (外国通貨建て輸出)
                                            海外子会社
                                                      顧客

───▶ 資金の流れ    ┄┄▶ 財の流れ
```

の第1項の括弧内項目および第2項の θ をいかにして最小化するかは大きな課題である。そして明らかに金融子会社によるグループ金融とネッティング・システム[20] は i_S, d_S および θ_S に対する対策であり，移転価格の調整は d_S と t_S に対する対策である。以下，これらの問題について検討することにする。

まず，金融子会社によるグループ金融をみてみよう。図 9.5 は海外金融子会社設立前後の海外子会社の資金調達を示したものである。

図 9.5 の (1) に示されたように，従来の海外子会社の資金需要は主に親会社からの借入および現地あるいは第3国からの調達によって賄われていた。この場合，海外子会社の調達可能な資金量およびその利子率は一般的に当該子会社の財務状況や現地の金融・資本市場の規模および現地国の金融政策などによって決定される。図 9.5 の (2) に示されたように，多国籍企業がグループ金融の金融子会社を設立することによって，海外子会社の調達可能な資金量およびその利子率は金融子会社 (あるいは親会社) によって決定される。点線で囲まれているのは海外子会社の資金調達が親会社や金融子会社の一元管理システムに置かれた部分である。また，いうまでもなく多国籍企業グループ全体の調達可能な資金量およびその利子率は企業グループ全体の財務状況および金融・資本市

---

[20] 為替リスク対策については先物予約などがよく使われているが，現在，海外金融子会社を通じてグループ企業内の子会社の外貨勘定相殺による為替対策も使われつつある (補章を参照されたい)。

場の状況によって左右されるが,少なくとも各海外子会社の i_S, d_S と θ_S の問題は海外金融子会社の利用によってある程度解決できると考えられる。この場合,海外子会社の資金調達は親会社あるいは海外金融子会社による一元管理で行われている。また,ここでいう資金調達の一元管理とは主に各海外子会社からみればその必要資金の供給ないし利子率の決定が親会社や金融子会社の経営管理命令によって行われるということである。

次に,移転価格調整の問題をみてみよう。図9.6は財を海外に供給する際に多国籍企業の企業グループ内部に移行された取引形態を示したものである。

まず,企業が財を海外に供給する際の輸出価格は完全に市場の実勢によって決定されるとする。この場合,図9.6に示されたように多国籍企業はグローバル納税額の増大および為替レートの変動による為替差損を蒙る可能性がある。しかし,親会社はグローバルな経済状況(各国通貨の変動状況や移転価格税制を含む)を勘案しながら財の輸出価格を調整することによって為替リスクおよび税率の国際的な格差,すなわち d_S と t_S の問題をある程度解決できると考えられる。点線で囲まれているのは,海外直接投資による企業内貿易の実施において親会社が市場取引をグループ企業内に取り入れることにともなう価格設定の一元管理部分である。

最後に,タックス・ヘイブンの利用についての問題をみてみよう。タックス・ヘイブンは主にこの財務システムの一元管理ネットワークを形成するプロセスの基盤として利用されている。具体的に,日系多国籍企業は世界各地複数のタックス・ヘイブンで卸売販売子会社を設立し,さらにタックス・ヘイブンを基地とするグループ金融の海外金融子会社を設立することによってグローバルな資金調達および租税戦略を展開している(第2章を参照)。多国籍企業の構成体としてタックス・ヘイブンに子会社を設営することは,企業の事業活動だけでなく企業の財務戦略それ自体が国境を越えて展開することを意味する。この財務的なネットワークの拡大によって,本国の親会社は企業内の独自のシステムを通じて海外の事業活動を直接コントロールすることが可能となるのである。つまり,多国籍企業は企業内ネットワークを構築し,経営管理命令を用いて世界各地で行っている財の取引と資金の流れをその費用の最も低い地域に集中させることによって前述した取引費用を削減しようとしている。このことによっ

て多国籍企業は世界各地に「分断された市場」によってもたらされた費用構造の違いを企業内ネットワークである程度解消し，その最小点を見いだすことができると思われる。そしてこのメカニズムの中でタックス・ヘイブンはその財務戦略を展開するための基盤として極めて重要な役割を果たしていると考えられる。図9.4から図9.6に示されたように，これらの財務戦略のネットワーク・システムは，外部市場に代わって企業グループ内に資金の調達・運用，租税対策，グループ企業間取引の価格設定，企業間決済などを含めた全般的な財務機能センターを創出することになる。このシステムを通じて，多国籍企業は各子会社の財務行動を経営管理命令で統合・調整することによって，完全ではないが市場取引による追加的な費用をある程度軽減することができる。この世界規模の企業グループの財務ネットワーク・システムの形成によって，多国籍企業は商品や中間財および資金の取引をより効率的に行うことができる。このような観点から考えると，日本企業の海外直接投資におけるこれらの財務戦略の本質は親会社と海外金融子会社が一体となって行われたグローバル資金の一元管理にほかならない。そしてこれらの財務戦略はグローバル市場における取引費用を削減するという経済的な意義を内包している。

むすび

本章の主な試みは，取引費用の概念を海外直接投資の財務活動に適用することによってそれらの活動に関するコストの本質を明らかにし，その経済的意義を明確にすることにある。第Ⅰ節では，これまでの取引コストの概念をサーベイ，整理することによって，海外直接投資におけるグローバル金融・資本市場の利用による追加的な費用の性格を明らかにし，その概念を規定した。第Ⅱ節では，第Ⅰ節で規定した取引コストの概念を踏まえて国内企業との比較を念頭に置きながら，グローバル市場のメカニズムを利用するための費用を明らかにすることによって海外直接投資の財務活動にかかわる追加的な費用の性質を明確にした。そして最後に，これまで検討した日本企業の海外直接投資の財務戦略の特徴的な動きを取り上げ，それと取引費用との関連性を論じた。

企業が一旦国境を越えて事業活動を行えば，為替リスクや法人税率の格差な

どの問題は避けて通れないものである。これらの問題の本質は根本的に世界的に「分断された市場」にある。そして日本企業による海外直接投資における財務戦略はこの世界的に「分断された市場」に代わって企業内市場を創出することによって取引費用を削減することができると考えられる。

近年，世界市場は特に欧州通貨統合の発足によって地理的にあるいは経済的な結びつきを基にして統合する方向に転換しつつあるが，依然として分断されたままである。つまり，多国籍企業はグローバル市場で事業活動を行う限り，前述したような財務行動が必要不可欠なものとなろう。

補章　海外金融子会社の
　　　為替リスク・ヘッジ機能

はじめに

　1970年代まで固定相場制が続いたため，それまでの多国籍企業にとって為替相場の問題は無視してもよいであろう。しかし，1973年3月以降，主要国通貨が変動相場制時代に入り，多国籍企業にとって為替相場の問題はもはや無視できなくなった。さらに1985年のプラザ合意以降，日米欧各国の為替相場協調介入によって行われた円高・ドル安誘導の激しさとその持続性はとりわけ日系多国籍企業の財務戦略の在り方に大きな変化をもたらした。近年，急速な海外進出によって海外生産を急増し，グループ企業間取引を急拡大している日系多国籍企業にとって，為替レート変動の問題は極めて大きな関心事である。本章では特に98年4月の改正外為法の施行が日本企業の為替リスク・ヘッジにどのような影響を与えるかについて考察を行う。なお，本章の主な目的は日本企業の為替リスク対策およびその対策における海外金融子会社の役割に関するサーベイにあり，その効率性に関する本格的な検証は今後の課題にしておきたい。

I.　日本企業の為替リスク対策

　近年，日本企業の急速な海外進出による海外生産の急増やグループ企業間取引の急拡大，さらに金融の自由化と国際化などを背景に国際資金調達が活発化し，企業グループ全体としての為替リスク対策などの財務戦略が大きな課題となってくる。図1に示されたように，1980年代半ば頃には1ドル＝250円前後であった為替相場は，いまや128円前後（2002年5月現在）で推移している。

図1 対ドル円相場

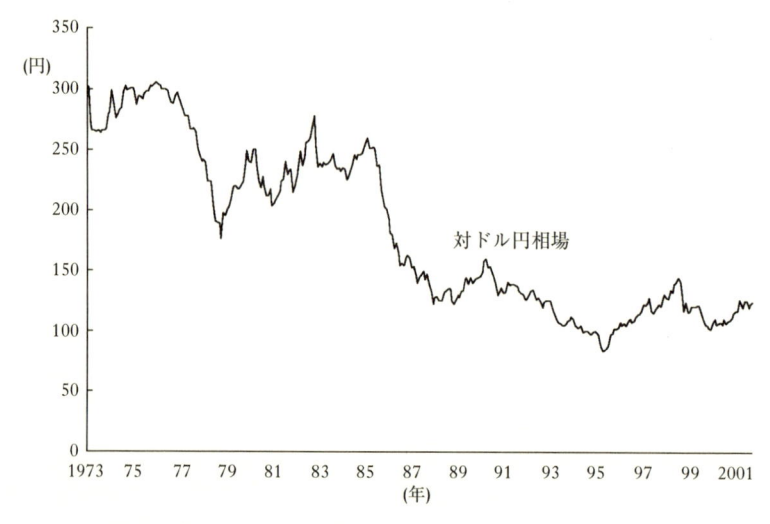

対ドル円相場

出所: 日本銀行統計局『経済統計月報』より作成。

近年の為替相場をみても，1995年4月には史上最高値の1ドル＝70円台を経験したのに，半年も経たないうちに1ドル＝100円台まで戻るなどかなり激しく変動している。そこで日本の多国籍企業がいかにして為替相場の変動リスクを回避するかは特に海外直接投資の財務戦略において重要な課題である。

(1) これまでの為替リスク対策

これまで日本企業がどのような為替リスク・ヘッジ方法を利用してきたかについて，IBI社[1]は1980年末に日本の東証一部上場企業1,000社に対してアンケート調査を行った。このアンケート調査の結果(表1)によれば，リスク・ヘッジ策を講じる企業は全体の75%に達している。そして，先物為替予約は43.2%で最も一般的な方法として採用され，債権・債務のスクウェア維持は25.3%である。高倉信昭氏は1991年末に日本の主要企業を対象にその90年代の財務戦

---

[1] C.T. ラトクリフ編 [1981]，83頁。

表1 日本企業における為替リスク対策

年間売上規模	為替リスク・ヘッジの方法 (%)						
	特になし	スクウェア維持	先物予約	リーズ・アンド・ラグズ	通貨の変更	ネッティング	その他
1,000億円以下	26.4	20.8	43.4	—	1.9	0.9	6.6
	3.0	21.2	39.5	3.0	22.7	7.6	3.0
1,001〜5,000億円	26.1	27.5	43.5	—	—	—	2.9
	13.5	17.3	38.5	7.7	7.7	5.7	9.6
5,001億円以上	22.6	38.7	32.3	—	—	—	6.4
	—	11.5	65.5	7.7	3.8	7.7	3.8
平均	24.5	25.3	43.2	—	0.9	0.9	5.2
	7.4	19.6	41.8	5.5	14.1	6.7	4.9

注: 上段数字が第1位,有効回答229社。下段数字が第2位,有効回答163社。
出所: C.T. ラトクリフ編 [1981],83頁。

略についてアンケート調査[2]を行った。この調査によると,日本企業の為替リスク回避策では,「先物為替予約」と「通貨先物と通貨オプションの併用」がともに44%となっている。オプションの利用度は増加する方向にあるが,伝統的な手法である先物為替予約は依然として企業の主要な為替リスク対策である。ちなみに,海外子会社の為替リスクについては「本社が負担」が46.4%,「各現地法人が自身でヘッジ」が42.9%,「金融子会社に集中」が10.7%となっている。特に「金融子会社に集中」が10.7%であることは日本企業のグローバル化の進展に伴い,地域内での為替を集中管理する必要性が生じている現れとして注目に値する。

(2) これからの為替リスク対策 (1998年4月以降)

日本の多国籍企業では1980年代後半ようやく一部の企業がネッティング・システム(これについては第III節で詳しく述べる)を海外子会社間で実施しはじめていた。これまで日本で外国為替管理法上,海外との相殺決済が自由にできないため,海外金融子会社は主に進出地域内での現地法人相互間あるいはその地域外の現地法人との間の取引を取り込むことによってネッティングを行ってきた。

---

[2] 社団法人企業研究会 [1992],43〜62頁。

表 2 ネッティングを導入する主要企業とその効果

企業名	対象通貨	金　額	年間為替手数料節減効果
トヨタ自動車	数種類	月十数億円	—
日産自動車	米ドル	月 3,000 万ドル	約 2,000 万円
ソニー	米ドル ドイツマルク	月数千億円	—
日立製作所	10 種類	—	数億円
NEC	8 種類程度	—	約 10 億円
丸紅	11 種類	年約 40 億ドル	1～2 億円
日商岩井	17 種類	月 5～8,000 万ドル	1 億円弱
YKK	18 種類	年 50 億円程度	1,000 万円
ミネベア	主に米ドル	月約 1,900 万ドル	約 1,500 万円
ユニ・チャーム	米ドル	98-2000 年度で 2,000 万ドル	約 1,000 万円

出所: 日本経済新聞, 1998 年 4 月 2 日。

しかし，この時期においてネッティングを導入するのは大手企業数社しかなかった。

　1998 年 4 月 1 日の改正外為法実施を受け，トヨタ自動車，日立製作所など大手企業は輸出と輸入の代金を相殺し差額だけを決済するネッティングを開始した(表 2)。これで海外金融子会社は単なる海外子会社間の取引だけではなく親・子会社間の取引をも取り込むことによってネッティングのグローバリゼーションを図り，グループ全体としての資金の効率化をさらに展開することができる。また，98 年 4 月の改正外為法の施行に先駆け，従来は規制されていたドルなどの外貨によるネッティングに乗り出す企業が急増している。例えば，98 年 3 月までは旧大蔵省の許可が必要だが，許可企業数は 2 月末で 200 社と一年前の約 5 倍にもなる。したがって，このネッティング・システムを導入する企業は今後も増え続けると予想される。

II. 海外金融子会社の為替決済機能

　これまで述べてきたように，1980 年代後半以降日本の製造企業による海外金

表3 主要企業における海外金融子会社の為替管理機能

企業名	金融子会社名	海外金融子会社の為替機能拡充・強化	実施時期
NEC	NECインダストリーズ	ネッティング実施	87年12月
パイオニア	PUC（ベルギー）	欧州子会社間のネッティング	91年8月
ソニー	ソニー・ヨーロッパ・ファイナンス	欧州子会社間のネッティング	96年2月時点で既に実施
シャープ	シャープ・インターナショナル・ファイナンス	グループ間為替決済を東南アジアまで広げる	96年3月
三菱電機	三菱エレクトリック/ファイナンスUK	リインボイス方式	96年4月時点で既に実施
ヤマハ発動機	オランダ金融子会社（YMIF B.V.）	欧州子会社間のネッティング	96年8月時点で既に実施
東芝	東芝キャピタル・アジア	子会社の輸出入決済	96年12月
東芝	東芝キャピタル・アジア	本社，欧州，米国の子会社のネッティング	98年5月
ブリヂストン	ブリヂストン・ファイナンス	ネッティング実施	97年夏
ユニ・チャーム	シンガポール金融子会社	本社と各子会社間のネッティング	98年4月
松下電器産業	世界六ヵ所の金融子会社	グループ全体のネッティング・システム	2000年度までに完成

出所：日本経済新聞，日経金融新聞。

融子会社の設立が多くみられるようになった。これまでの日本企業による金融子会社の設立数は87年79社を最高に，バブル崩壊後の91年と92年に激減している。ここで注意すべきことは，バブル崩壊後の金融子会社は資金運用の機能が減少しており依然としてグループ金融に業務の重点を置いているが，グループ企業の為替の集中管理・決済機能を強化しつつあるということである。表3に示されたように，近年多くの日本企業の海外金融子会社はグループ企業間の為替管理機能，特にネッティング・システムを導入している。前述したように，日本版ビッグバンによる改正外為法実施を受け，これからの海外金融子会社は単なる海外子会社間の取引だけではなく親・子会社間の取引をも取り込むことによってグループ全体としての為替決済ネッティング・システムをさらに展開することができる。このシステムを導入することによって海外金融子会社はグループ企業内において資金の調達・運用から海外取引にかかわる外為決

済・為替リスク管理までの国際管理機能をほぼ揃えたといえよう。特に近年の日本企業による海外直接投資の急増によって企業全体の視野に立ったグループ全体の為替リスク管理の合理化機能はこれまで以上に求められている。日本企業は海外直接投資を行うとともに，これからの金融子会社の財務的な機能もますます重要になってくると考えられる。

III. ネッティング・システムの仕組みとその効果

前述したように，海外金融子会社による資金の調達・運用のほかに特に「為替の集中管理・決済」機能はこれからの多国籍企業の財務戦略の一環として重要な役割を果たすと期待される。以下では特に海外金融子会社のネッティング・システムによる為替リスク対策を取り上げて考察することにする。

(1) 基本的な仕組み

海外金融子会社のネッティング・システムとは，海外子会社間の輸出入などで発生する外貨建ての債権と債務を特定の期日に一括して帳簿上で相殺し，差額分のみを資金決済することによって複雑化したグループ内の資金の流れを単純化し，為替リスクの回避や銀行手数料の削減といった資金の効率化を可能にしたものである。基本的に取引相手の数によって次の二つに大別される。①バイラテラル・ネッティング（bilateral netting），②マルチラテラル・ネッティング（multilateral netting）。ただし，マルチラテラル・ネッティングの場合では法人格を持つ清算機構（金融子会社）を設立するなど，高度なテクニックや複雑な手続きが必要となる。

以下では，一つの簡単な例を用いてネッティング・システムを説明することにする。例えば，多国籍企業は英国にA, BおよびドイツにC, Dの四つの海外子会社を持っているとする。まず，ドイツのC社は英国のA社およびB社よりポンド建てでそれぞれ10万ポンドおよび70万ポンドの財を輸入し，英国のA社はドイツのC社とD社からそれぞれ20万ポンドと100万ポンドの財を輸入する。そして英国のB社はドイツのC社から30万ポンドの財を輸入し，ドイツのD社は英国のA社から50万ポンドの財を輸入する。図2はそ

補章　海外金融子会社の為替リスク・ヘッジ機能　　211

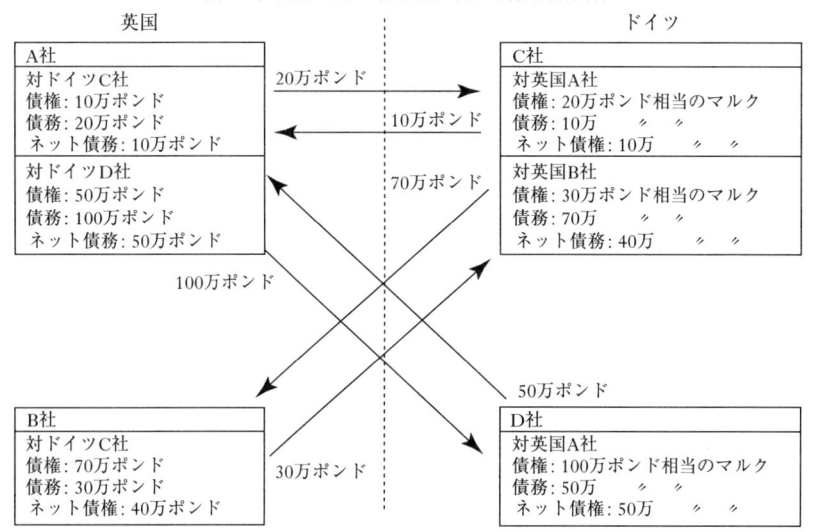

図2　多国籍企業の各子会社間の債権債務関係

英国　　　　　　　　　　　　　　　　　　ドイツ

```
A社                                        C社
 対ドイツC社                                 対英国A社
  債権：10万ポンド      20万ポンド →         債権：20万ポンド相当のマルク
  債務：20万ポンド                            債務：10万　　〃
  ネット債務：10万ポンド ← 10万ポンド        ネット債権：10万　〃
 対ドイツD社                                 対英国B社
  債権：50万ポンド       70万ポンド          債権：30万ポンド相当のマルク
  債務：100万ポンド                           債務：70万　　〃
  ネット債務：50万ポンド                      ネット債務：40万　〃

          100万ポンド

                              50万ポンド
B社                                        D社
 対ドイツC社                                 対英国A社
  債権：70万ポンド                            債権：100万ポンド相当のマルク
  債務：30万ポンド       30万ポンド           債務：50万　　〃
  ネット債権：40万ポンド                      ネット債権：50万　〃
```

グループ全体としての外国送金額(為替発生額)：280万ポンド

れらの海外子会社が多国籍企業グループ内貿易を行った結果の債権・債務関係を示したものである。この場合，グループ全体として発生する外国取引送金額は280万ポンドとなり，この合計額に対して外国送金手数料，為替手数料および為替リスクが発生することになる。特に数多くの海外子会社を有する多国籍企業の財務担当者にとってこれらの費用をいかにして削減するのかは重要な課題である。

　まずバイラテラル・ネッティング・システムをみてみよう。バイラテラル・ネッティングとは各子会社がそれぞれの取引相手との債権・債務金額の差額を基準とするネットで資金を支払いあるいは受け取るという簡単な方法である。このネッティング決済により，英国のA社はドイツのC社D社に対してそれぞれ10万ポンドと50万ポンドを支払い，そして英国のB社はドイツのC社から40万ポンドを受け取ることになる。この場合，グループ全体として発生する外国取引送金額は100万ポンドとなり，ネッティング前の状況と比較すると180万ポンドにかかわる手数料および為替リスクを削減することができる。図3はバイラテラル・ネッティングの基本的な仕組みを示したものである。

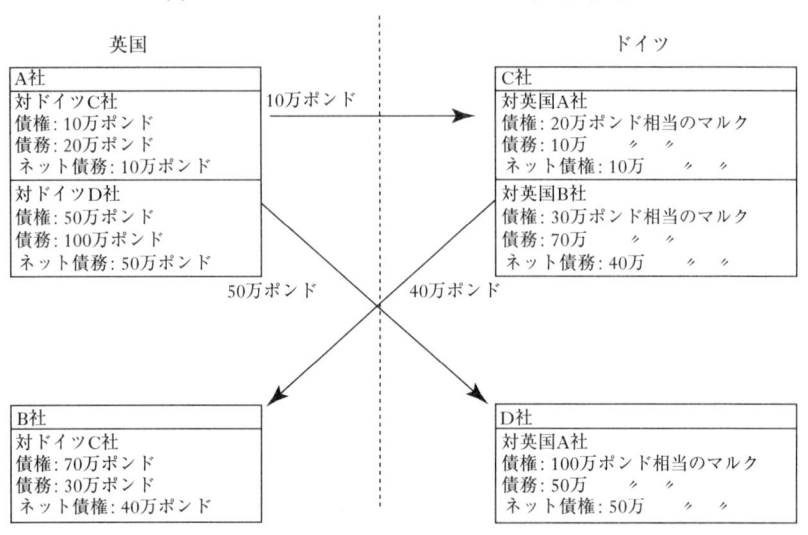

図3 バイラテラル・ネッティング後の債権債務関係

```
        英国                              ドイツ
┌─────────────────┐                 ┌─────────────────────┐
│ A社              │  10万ポンド      │ C社                  │
│ 対ドイツC社      │ ──────────→    │ 対英国A社            │
│ 債権:10万ポンド  │                 │ 債権:20万ポンド相当のマルク │
│ 債務:20万ポンド  │                 │ 債務:10万   〃       │
│ ネット債務:10万ポンド │              │ ネット債権:10万  〃  │
│ 対ドイツD社      │                 │ 対英国B社            │
│ 債権:50万ポンド  │                 │ 債権:30万ポンド相当のマルク │
│ 債務:100万ポンド │                 │ 債務:70万   〃       │
│ ネット債務:50万ポンド │              │ ネット債務:40万  〃  │
└─────────────────┘                 └─────────────────────┘
       50万ポンド        40万ポンド
┌─────────────────┐                 ┌─────────────────────┐
│ B社              │                 │ D社                  │
│ 対ドイツC社      │                 │ 対英国A社            │
│ 債権:70万ポンド  │                 │ 債権:100万ポンド相当のマルク │
│ 債務:30万ポンド  │                 │ 債務:50万   〃       │
│ ネット債権:40万ポンド │              │ ネット債権:50万  〃  │
└─────────────────┘                 └─────────────────────┘
```

グループ全体としての外国送金額(為替発生額):100万ポンド

　次にマルチラテラル・ネッティング・システムをみてみよう。マルチラテラル・ネッティングとは各子会社間での取引による債権・債務に関する情報をネッティング・センター(金融子会社)に送信し，ネッティング・センターでは一定期間内に生じた各子会社間の債権・債務関係を調整してネッティングする方法である。この場合，各子会社は，取引相手ごとではなくすべての取引相手に対する自分の債権・債務関係のネットで資金を支払いあるいは受け取ることになる。このネッティング・システムでは，英国の A 社と B 社はそれぞれ 60 万ポンドの支払ポジションと 40 万ポンドの受取ポジションを持っており，ドイツの C 社と D 社はそれぞれ 30 万ポンドの支払ポジションと 50 万ポンドの受取ポジションを持っている。図 4 はマルチラテラル・ネッティングを示したものである。ネッティング・センターの調整により，英国の A 社は英国の B 社とドイツの D 社にそれぞれ 40 万ポンドと 20 万ポンドを支払い，そしてドイツの C 社はドイツの D 社に 30 万ポンド相当のマルクを支払うことになる。その結果，グループ全体として発生する外国取引送金額は 20 万ポンドとなり，ネッティング前の状況と比較するとグループ企業内の資金の流れがかなり

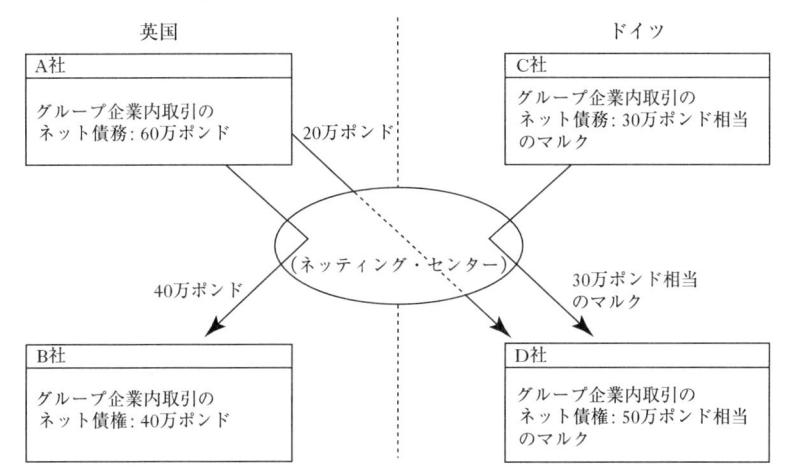

図4 マルチラテラル・ネッティング後の債権債務関係

```
        英国                              ドイツ
┌──────────────────┐              ┌──────────────────┐
│ A社              │              │ C社              │
│ グループ企業内取引の│   20万ポンド  │ グループ企業内取引の│
│ ネット債務:60万ポンド│              │ ネット債務:30万ポンド│
│                  │              │ 相当のマルク       │
└──────────────────┘              └──────────────────┘
           ╲                              ╱
            （ネッティング・センター）
           ╱                              ╲
    40万ポンド                      30万ポンド相当
                                     のマルク
┌──────────────────┐              ┌──────────────────┐
│ B社              │              │ D社              │
│ グループ企業内取引の│              │ グループ企業内取引の│
│ ネット債権:40万ポンド│              │ ネット債権:50万ポンド│
│                  │              │ 相当のマルク       │
└──────────────────┘              └──────────────────┘
```

ネッティング・センターの調整によって各子会社の債権債務勘定を相殺することによってグループ全体としての外国送金額(為替発生額):20万ポンド

単純化され，260万ポンドの外国取引送金額にかかわる手数料および為替リスクを削減することができる。

(2) 財務的効果

① 送金手数料，為替手数料の削減

前述したように，多国籍企業の子会社は国際間取引のたびに為替手数料および送金手数料を銀行に支払う必要がある。ネッティング決済によって多国籍企業は海外送金総額および送金回数を大幅に減らすことができる。

② 為替リスクの最小化

ネッティング決済によって海外への支払い，あるいは海外からの受け取りがネットの部分であるため，各子会社が為替リスクにさらされるのはそのネットの部分だけである。また，マルチラテラル・ネッティング・システムでは，各子会社が決済を同一期日に行うため，送金するタイミングのミスマッチ問題による為替差損を最小化することができる。

③ 短期借入金の削減による金利負担の軽減

ネッティング・システムは送金手数料，為替手数料の節約および為替リスク

の回避という目的のほかに，短期借入金などの削減による金利負担の軽減という効果がある。図2の各子会社間の取引においてはこれらを個々に決済すると各子会社にとって常に資金の過不足を生じる可能性がある。例えば，ドイツのD社は英国のA社に10万ポンドを支払うため，手元に10万ポンド相当のマルクを持たなければ，銀行からそれを借り入れて支払わなければならない。そしてその後まもなく英国のB社から30万ポンドを受け取るとすると，為替・資金管理ともに効率が悪いだけではなく，多国籍企業全体としては余分な金利を支払わなければならなくなる。マルチラテラル・ネッティング・システムにおいてすべての子会社間の取引をネッティング・センターに集中することにより，上述のような短期資金不足の問題を解決できる。そして資金がなお不足するときは海外金融子会社がユーロCP発行によって所要資金を一括調達することができる。

④ 送金事務工数の大幅な削減

従来多国籍企業の各子会社は異なった期日にそれぞれの取引相手に送金手続きを行わなければならなかったが，ネッティング決済を行うことによって各子会社はネッティング・センターに対する手続き一つとなるため送金の事務工数を大幅に削減することができる。それによって多国籍企業グループ全体としては事務的なコストを大幅に削減することができると考えられる。

(3) 事例――NECの金融子会社によるネッティング・システム

次にNECを例として具体的に日本企業の海外金融子会社がいかにしてネッティングを行っているかをみてみよう。NECの海外直接投資の展開に伴い，NECグループ子会社間の取引による資金の流れは次第に複雑さを増してきている。「資金の流れの複雑化はグループとしての資金の不効率化につながり，送金手数料や為替手数料といった銀行手数料の増加を招いている。当社のネッティング・システムはこのような状況下，グループ内取引における資金の効率化を目的として，1987年12月から，まず取引通貨の多い欧州地域で導入された」[3]。NECのネッティング・システムは，英国に設置された海外金融子会社

---

[3] 社団法人企業研究会 [1992]，116頁。

補章　海外金融子会社の為替リスク・ヘッジ機能　　　215

図5　NECの欧州におけるネッティング・システムの具体的な状況

(ネッティング前)　　　　　　　　　　　　(ネッティング後)

〈Ireland〉　〈UK〉　〈Germany〉　〈France〉

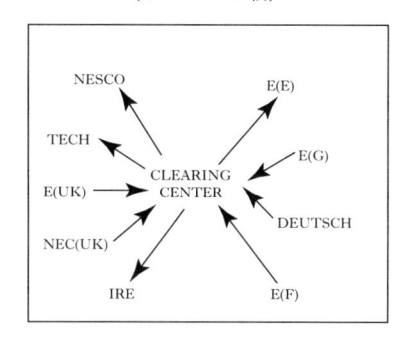

注： IRE: NECセミコンダクターズ(アイルランド)，NESCO: NECセミコンダクターズ (UK)
　　 TECH: NECテクノロジーズ (UK)，E (UK): NECエレクトロニクス (UK)
　　 NEC (UK), E (E): NECエレクトロニクス (ヨーロッパ)
　　 E (G): NECエレクトロニクス (ドイツ)，DEUTSCH: NECドイチュラント
　　 E (F): NECエレクトロニクス (フランス)
出所：　社団法人企業研究会 [1992], 117頁。

であるNECインダストリーズ (UK) によって通貨を決済することを基本としている。図5はNECの欧州におけるネッティング・システムの具体的な状況を示したものである。1987年当初は欧州地域の海外子会社のグループ間取引を対象としたが，その後取引対象を徐々に拡大し，1992年3月現在で欧州地域およびアジア地域の海外子会社間取引を対象にネッティングを行っている。NECは，欧州とアジアのグループ内取引で発生する為替変動リスクを，NECインダストリーズ (UK) に集中して管理する体制を構築した。各グループ企業の国際取引をNECインダストリーズ (UK) を介する形にすることで，同社が各通貨の支払と受取をネッティングする。また，米州の拠点ではほとんど外国為替取引がないため，海外グループ企業の為替リスクが事実上すべて欧州で一元管理できる体制になっている。そして98年4月の改正外為法実施を機に，NECは本社と海外子会社間とのネッティング決済の本格的な導入を開始する。NECはこのグローバルなネッティング・システムを導入することによって年間10億円の手数料の節約を見込んでいるという。

　NECのこのネッティング・システムは具体的に次のような手順で決済が行

われる。まず，取引の決済日を毎月10日，25日に指定しており，決済日の実働1週間前に決済日に決済すべき債権債務を子会社間で確認をとる。そして実働5日前に各子会社は確認済みの決済情報をNECインダストリーズ（UK）へ連絡する。NECインダストリーズ（UK）は各子会社から受けた情報に基づいて各子会社の債権債務を相殺計算し，ネットアウト後の受け取りあるいは支払額をオランダの銀行へ連絡する。オランダの銀行はNECインダストリーズ（UK）から受けた情報に基づいて2日前に各子会社に受け取るべき，または支払うべきネットの金額を連絡する。それによって支払いが生じる各子会社はオランダの銀行に対して支払手続をとり，同銀行は受け取りとなる各子会社に対して支払手続をとる。そしてすべての子会社が決済日に一斉に資金決済を行う。このように，NECは欧州地域の子会社間取引にかかわる為替リスクを大幅に回避でき，銀行手数料をも大幅に節約することができる。

（4） ネッティング・システムにおける金融子会社の役割

特に多数の子会社を有する多国籍企業の場合では明らかにマルチラテラル・システムが効率的である。また前述したように，マルチラテラル・システムの場合では法人格を持つ清算機構，いわゆる金融子会社を設立する必要がある。この場合，金融子会社は少なくとも次の二つの役割を果たしている。

（A） マルチラテラル・システムのネッティング・センター

金融子会社はネッティング参加子会社から受けた取引情報に基づいて各子会社の債権・債務を計算し相殺する。これによって，参加する子会社は取引相手ごとではなくすべての取引相手に対する自分の債権・債務関係のネットで資金を支払いあるいは受け取ることになる。つまり，図4に示されたように，金融子会社はネッティング・システムにおいて記帳や調整センターのように中心的な役割を果たしている。

（B） 各グループ内企業における資金の調節，不足短期資金の調達

（A）の計算によって金融子会社は決済参加企業全体の資金状況を把握することができる。それによって，グループ内企業の資金の過不足を調節することができる。また，資金不足の場合では金融子会社がユーロCPの発行によって所要資金を一括調達することができる。特に，ネッティング・システムではすべ

ての決済参加企業の債務履行が保証されなければ，システム全体がスムーズに運行することができない。この場合，金融子会社は資金調達センターとしてすべての決済参加企業の債務履行を保証する最も重要な役割を果たしている。

むすび

　これまでの日本企業の為替リスク・ヘッジ方法は先物予約に偏重していたことは事実である。しかし，日本ではようやく98年4月1日の外為法改正で企業のネッティングを認めるようになったため，これからネッティング・システムは大いに活用されると考えられる。

　欧米先進国や香港，シンガポールでは特にマルチラテラル・ネッティングを自由に行うことができる。しかし，多国籍企業がネッティングを実施するにあたって二つの国両方ともネッティング決済を認めない限り不可能である。例えば，マレーシア，フィリピン，中国および韓国などアジアの多くの国ではまだ厳しい外為規制を行っているためネッティングを自由に行うことは困難である。近年アジア諸国特に中国に対して積極的な投資を行っている日本企業にとって，これらの国における為替リスク回避策は従来の方法にたよらざるをえないであろう。また，企業が本格的なネッティング・システムを導入するには膨大な投資が必要であるため，取引相手との債権・債務が一定の規模で継続的にしかも適度に均衡して発生するものでなければ，むやみに相殺の対象を増やすと逆に投資効率が悪化しかねない。そして，ネッティング・システムでは完全所有子会社のみを対象にすれば問題がないが，ネッティングに参加する一部出資の企業が倒産したり不正な処理を行った場合では過去にネッティングされたものを最初の個別取引に戻さなければならなくなり，逆にネッティングによるさまざまな財務効果を相殺してしまう可能性がある。

　また，ここで注意すべきなのは，日本企業による特に欧州地域におけるネッティング・システムの実施は多い(表3参照)が，ユーロ単一通貨の発足によって欧州域内でのネッティングが不要になるのではないかということである。確かに特に欧州域内において日本企業は取引先との資金決済やグループ内での送金などをユーロ建てに一本化することは多くなると考えられる。しかし，日本企

業の海外直接投資全体において，米・欧・亜の三極体制がすでに確立したことから考えれば，これからの金融子会社のネッティング・システムは単なる一地域の決済に限られるのではなく，米・欧・亜を含めたグローバルな決済機能を持つようなものになると考えられる。そして多くの日本企業は日本版ビッグバン(特に改正外為法の実施)の始動を機にネッティング・システムを導入することによってグループ全体の為替管理の効率化を図ろうとしている。このシステムの導入によって多国籍企業は海外金融子会社を通して海外のグループ企業や取引先との間で債権・債務を相殺決済することができ，特に為替リスクや銀行手数料の削減などの効果が大きいと期待することができる。

参考文献

[欧文参考文献]

- Aliber, R.Z., 1970, "A Theory of Direct Foreign Investment," in C.P. Kindleberger, *The International Corporation: A Symposium,* chap. 1, Cambridge, Mass.: MIT Press.（藤原武平太・和田和訳，1971『多国籍企業—その理論と行動』第1章，日本生産性本部）
- Aharoni, Y., 1966, *The Foreign Investment Decision Process, Division of Research,* Harvard Graduated School of Business Administration.（小林進訳，1971『海外投資の意思決定』小川出版）
- Buckley, P.J. and Casson, M.C. 1976, *The Future of the Multinational Enterprise,* Published by The Macmillan Press Ltd.
- Booth, James R. and Jensen, O.W., 1977, "Transfer Prices in The Global Corporation Under Internal and External Constraints," *Canadian Journal of Economics,* Vol. 10, August, pp. 434–446.
- Booth, James R., 1992, "Contract Cost, Bank Loan, and the Cross-Monitoring Hypotheses," *Journal of Financial Economics,* Vol. 31, pp. 25–41.
- Casson, M., 1987, *The Firm and the Market,* Basil Blackwell.
- Casson, M., 1990, *Enterprise and Competitiveness: A System View of International Business,* Clarendon Press, Oxford.
- Chung I, Wang（王　忠毅），1997, "Transfer Pricing Strategy of the Multinational Enterprise," *Proceedings of the Eighth International Conference on Comparative Management,* pp. 10–16.
- Coase, R.H., 1937, "The Nature of the Firm," *Ecnonmica,* Vol. 4, November, pp. 386–405.
- Copithorne, L. 1971, "International Corporate Transfer Pricing and Government Policy," *Canadian Journal of Economics,* Vol. 4, August, pp. 324–341.
- Donald, J. S. Brean, 1985, "Financial Dimensions of Transfer Pricing," *Multinationals and Transfer Pricing,* Edited by Alan M. Rugman and Lorraine Eden, Croom Helm.
- Dunning, John H., 1974, *Economic Analysis and the Multinational Enterprise,* London.
- Dunning, John H. (ed.), 1979, "Explaining Changing Patterns of International Production: In Defense of the Eclectic Theory," *Oxford Bulletin of Economics and Statistics,* 41 (Nov), pp. 269–296.
- Dunning, John H. and Rugman, A. M., 1985, "The Influence of Hymer's Dissertation on the Theory of Foreign Direct Investment," *American Economic Review,* Papers and Proceeding, Vol. 75, May, pp. 228–232.
- Eccles, Robert G., 1985, *The Transfer Pricing: A Theory for Practice,* Harvard University

Graduated School of Business Administration.
- Eden, Lorraine, 1978, "Vertical Integrated Multinational: A Microeconomic Analysis," *Canadian Journal of Economics,* Vol. 11, August, pp. 534–546.
- Eden, Lorraine, 1983, "Transfer Pricing Policies under Tariff Barriers," *Canadian Journal of Economics,* Vol. 16, November, pp. 679–695.
- Frederick, H. Wu and Douglas Sharp, 1979, "An Empirical Study of Transfer Pricing Practice," *The International Journal of Accounting,* Spring.
- Giddy, Ian H., 1978, "The Demise of the Product Cycle Model in the International Business Theory," *The Columbia Journal of World Business,* spring, Vol. XIII, No. 1.
- Gould, J., 1964, "Internal Pricing in Firms Where There are Costs of Using an Outside Market," *Journal of Business,* Vol. 37, pp. 61–67.
- Greenwald, Bruce C., 1990, "Financial Market Imperfections and Productivity Growth," *Journal of Economic Behavior and Organization,* Vol. 13, pp. 321–345.
- Harold, Bierman Jr., 1959, "Pricing Intracompany Transfers," *The Accounting Review,* pp. 429–433.
- Hirshleifer, J., 1956, "On The Economics of Transfer Pricing," *Journal of Business,* Vol. 29, pp. 172–184.
- Horst, T., 1971, "The Theory of Multinational Firm: Optimal Behavior under Different Tariff and Tax Rates," *Journal of Political Economy,* Vol. 79, pp. 1059–1072.
- Horst, T., 1977, "American Taxation of Multinational Firm," *The American Economic Review,* Vol. 67, No. 3, pp. 376–389.
- Hymer, Stephen Herbert, 1976, *The International Operations of National Firms: A Study of Direct Foreign Investment,* Ph.D., M.I.T., Published from the MIT Press.（宮崎義一編訳，1979『多国籍企業』岩波書店）
- Julius, DeAnne, 1990, *Global Companies and Public Policy,* Royal Institute of International Affairs.（江夏健一・長谷川信次監訳，1991『グローバル企業と世界経済』ミネルヴァ書房）
- Kindleberger, C.P., 1969, *American Business Abroad,* Yale University.（小沼敏監訳，1970『国際化経済の論理』ペリカン社）
- Klaus, W. Grewlich, 1980, *Transnational Enterprises In a New International System,* Sijthoff & Noordhoff International Publishers B.V.
- Lilienthal, D.E., 1960, "The Multinational Corporation," M. Anshen and G.L. Bach ed., 1985, *Management and Corporation.*
- Lindenberg, Eric B. and Ross, Stephen A., 1981, "Tobin's q Ratio and Industrial Organization," *The Journal of Business,* Vol. 54, pp. 1–32.
- Madura, Jeff, 1989, *International Financial Management,* Second Edition, West Publishing Company.
- Maurice, Levi, 1996, *International Finance: The Markets and Financial Management of Multinational Business,* Third Edition, McGraw-Hill, Inc.
- Nieckels, Lars, 1976, *Transfer Pricing in Multinational Firm,* Stockholm, Almqvist and

Wiksell.
- OECD, 1981, *International Investment and Multination Enterprise: Recent International Direct Investment Trends.*
- OECD, 1986, *Code of Liberalisation of Capital Movement.*
- OECD, 1990, *Taxing Profit in a Global Economy,* Coopers and Lybeand, *International Tax Network, International Tax Summaries: A Guide for Planning and Decisions,* John Wiley and Sons. (中央新光監査法人国際本部監訳, 1990『海外税制ガイドブック』中央経済社)
- Penrose, E.T., 1959, *The Theory of the Growth of the Firm,* Basil Blackwell. (末松玄六訳, 1962『会社成長の理論』ダイヤモンド社)
- Rodriguez, R.M. and Carter, E.E., 1976, *International Financial Management,* Prentice-Hall.
- Roger, Y. W. Tang, 1979, *Transfer Pricing Practices in the United States and Japan,* Praeger Publishers.
- Roger, Y. W. Tang, Walter, C.K., and Raymond, Robert H., 1979, "Transfer Pricing: Japanese vs. American Style," *Management Accounting,* Jan.
- Roger, Y. W. Tang, 1997, *Intrafirm Trade and Global Transfer Pricing Regulations,* Wesport, Conn. Quorum.
- Rugman, A.M., 1980, "A New Theory of the Multinational Enterprise: Internationalization Versus Internalization", *The Columbia Journal of World Business,* Vol. XV, SPRING.
- Rugman, A.M., 1980, "Internalization as a General Theory of Foreign Direct Investment: A Re-Appraisal of the Literature," *Weltwirtschaftliches Archiv,* Vol. 116, pp. 365–379.
- Rugman, A.M., 1981, *Inside the Multinational,* Croom Helm. (江夏健一・中島潤・有沢孝義・藤沢武史訳, 1983『多国籍企業と内部化理論』ミネルヴァ書房)
- Rugman, A.M., 1982, "Internalization and Non-Equity Form of International Involvement," in Rugman(ed.), *New Theory of the Multinational Enterprise,* London & Camberra: Croom Helm.
- Rugman, A.M., 1985, "Internalization Is Still a General Theory of Foreign Direct Investment," *Weltwirtschaftliches Archiv,* Vol. 121, pp. 570–575.
- Rugman, A.M., Lecraw, D. J. and Booth, L. D., 1985, *International Business,* New York: McGrawHill. (中島潤・安室憲一・江夏健一監訳, 1987『インターナショナルビジネス(上)(下)』マグロウヒルブック)
- Senbet, Lemma, 1979, "International Catipal Market Equilibrium and Multinational Firm Financing and Investment Policies," *Journal of Financial and Quantitative Analysis,* September, pp. 455–480.
- Shapiro, Alan C., 1978, "Capital Budgeting for the Multinational Corporation," *Financial Management,* Vol. 7, Spring, pp. 7–16.
- Shapiro, Alan C., 1992, *Multinational Financial Management,* Fourth Edition Allyn and Bacon.

- Teece, David J., 1986, "Transaction Cost Economics and the Multinational Enterprise: An Assessment," *Journal of Economic Behavior and Organization*, Vol. 7, pp. 21–45.
- Teece, David J., 1982, "Toward An Economic Theory of the Multiproduct Firm," *Journal of Economic Behavior and Organization*, Vol. 3, pp. 39–63.
- U.N., 1974, *The Impact of Multinational Corporations on Development and on International Relations*.
- Venkat, Srinivasan and Yong H., Kim, 1986, "Payments Netting in International Cash Management: A Net-work Optimization Approach," *Journal of International Business Studies*, Summer, pp. 1–20.
- Vernon, R., 1971, *Sovereignty at Bay: Multinational Spread of U.S. Enterprise*, Basic Book. (霍見芳浩訳, 1973『多国籍企業の新展開』ダイヤモンド社)
- Williamson, O.E., 1975, *Market and Hierarchies: Analysis and Antitrust Implications*, New York: Free Press. (浅沼萬里・岩崎晃訳, 1980『市場と企業組織』日本評論社)

［和文参考文献］
- 姉川知史, 1983「企業内分業としての多国籍企業―内部化の理論, 企業成長と不確実性―」『組織科学』第17巻第1号。
- 池間 誠, 1989「産業内貿易と相互直接投資」『世界経済評論』世界経済研究会, 6月号。
- 池本 清, 1990「多国籍企業と21世紀のシナリオ」『世界経済評論』世界経済研究会, 9月号。
- 池本 清, 1988「多国籍企業の内部化理論について」『国民経済雑誌』神戸大学, 第158巻。
- 板木雅彦, 1985「多国籍企業と内部化理論―S. ハイマーから折衷理論にいたる理論的系譜とその検討(上)(下)―」『経済論叢』京都大学, 第136巻第2号, 第5・6号。
- 井上 薫, 1995『現代企業の基礎理論―取引コストアプローチの展開―』千倉書房。
- 今井賢一他, 1996『内部組織の経済学』東洋経済新報社。
- 入江猪太郎, 1989「国際貿易と対外直接投資の理論的考察」『世界経済評論』世界経済研究会, 11月号。
- 植草 益, 1982『産業組織論』筑摩書房。
- 上野 明, 1990『多国籍企業の経営学』有斐閣。
- 薄木正治, 1988「日米税金摩擦―日産・トヨタ還付問題」『経済』, 11月号。
- 生方幸夫, 1986『金融子会社』日本経済新聞社。
- 江夏健一, 1984『多国籍企業要論』文眞堂。
- 王 忠毅, 1996a「日本多国籍企業の内部化戦略―アジアにおける直接投資を中心として―」『経済論究』九州大学大学院経済学会, 第94号, 115～139頁。
- 王 忠毅, 1996b「多国籍企業の移転価格戦略―資金調達の側面を中心として―」『九州経済学会年報』34集, 31～37頁。
- 王 忠毅, 1998a「日本の海外金融子会社による資金調達の効率性に関する実証分析―グループ金融を中心として―」『商学論集』西南学院大学, 第44巻第3・4号, 275～

292 頁。
- 王　忠毅，1998b「内部化理論の財務的接近―日本企業の海外直接投資を中心として―」『商学論集』西南学院大学学術研究所，第 45 巻第 2 号，115～135 頁。
- 王　忠毅，1999「日本企業の海外金融子会社の為替リスクヘッジ機能について」『九州経済学会年報』37 集，11～18 頁。
- 王　忠毅，2000「タックス・ヘイブンの利用による節税効果」『商学論集』西南学院大学学術研究所，第 46 巻第 3・4 合併号，245～262 頁。
- 王　忠毅，2002「日系多国籍企業の海外金融子会社と内部資本市場―松下電器産業の事例を中心に―」『商学論集』西南学院大学学術研究所，第 48 巻第 3・4 合併号，319～336 頁。
- 王　保進，1998『統計套装程式 SPSS 與行為科学研究』松崗電脳図書。
- 大塚順次郎，1991『国際財務戦略』有斐閣。
- 大庭清司・山本功，1994『戦略財務マネジメント』日本経済新聞社。
- 片山伍一・後藤泰二，1990『現代株式会社の支配機構』ミネルヴァ書房。
- 片山伍一，1992『現代企業の支配と管理』ミネルヴァ書房。
- 亀井正義，1980『多国籍企業論序説』所書店。
- 亀井正義，1984『多国籍企業論』ミネルヴァ書房。
- 北川哲雄，1987『ファイナンス・カンパニー』東洋経済新報社。
- 神崎克郎監修，1985『企業買収の実務と法理』社団法人商事法務研究会。
- 金融制度調査会専門委員会，外国為替等審議会専門部会合同報告書，1989『金融リスクとその対応について』大蔵省内金融リスク研究会編。
- 経済同友会，1991『企業白書』。
- 公正取引委員会編，1992『日本の 6 大企業集団―その組織と行動』東洋経済新報社。
- 国際連合，OECD 報告書，1980『多国籍企業と価格操作』(竹本正幸など共訳)ミネルヴァ書房。
- 小島　清，1985『日本の海外直接投資』文眞堂。
- 小島　清，1981「対開発途上国投資の新形態」，輸銀『海外投資研究所報』10 月号。
- 小島　清，1982「海外直接投資 "新形態" の進展」，輸銀『海外投資研究所報』9 月号。
- 小宮隆郎，1972「直接投資の理論」，澄田智・小宮隆太郎・渡辺康『多国籍企業の実態』日本経済新聞社。
- 小宮隆太郎・天野明弘，1972『国際経済学』岩波書店。
- 坂本恒夫，1990『企業集団財務論』泉文堂。
- 佐藤定幸，1974「多国籍企業における資本調達の理論と現実―宮崎義一教授の批判に答えて，その『新しい資本過剰論』を駁す―」『経済研究』第 25 巻第 3 号。
- 佐藤康男，1991a「海外現地法人の会計管理―フィールド・リサーチ」法政大学経営学会『経営志林』第 28 巻第 3 号。
- 佐藤康男，1991b「日本企業の移転価格」『企業会計』Vol. 43 No. 10, 中央経済社。
- 榊原茂樹，1986『現代財務理論』千倉書房。
- 社団法人　企業研究会，1992『新しい財務戦略と実際展開』。
- 財団法人　世界経済情報サービス，1972『海外投資の決定要因』6 月。

- C.T.ラトクリフ編，1981『国際財務戦略』日本経済新聞社。
- 柴川林也・高柳曉，1987『企業経営の国際化戦略』同文舘。
- 高木直人，1997『転換期の中国東北経済—拡大する対日経済交流—』九州大学出版会。
- 島田克美，1992『海外直接投資入門』学文社。
- 新保博彦，1989『多国籍企業と南北問題』同文舘。
- 高橋知也，1990「多国籍企業の合併理論」『世界経済評論』世界経済研究会，8月。
- 竹田志郎編，多国籍企業研究会著，1988『経済摩擦と多国籍企業』同文舘。
- 通産省『わが国企業の海外事業活動』各年版。
- 津守貴之，1990「グローバル競争戦略論の展開」『経済学研究』（九州大学）第56巻第3号。
- 徳永正二郎他，1988『現代の貿易取引と金融』有斐閣。
- 徳永正二郎，1989「実質的経営支配と投資の新形態（上）（下）」『世界経済評論』世界経済研究会，2・3月。
- 中垣　昇，1993『グローバル企業の地域統括戦略』文眞堂。
- 中島　潤，1989「内部化理論と小島理論」『世界経済評論』世界経済研究会，1月。
- 中元文徳，1992『世界100ヵ国の法人税』中央経済社。
- 日本貿易振興会，1997『ジェトロ白書・投資編　世界と日本の海外直接投資』。
- 日本輸出入銀行，1991『海外投資研究所報』。
- 日本輸出入銀行/海外投資研究所，1991『直接投資の急増と経営のグローバル化』直接投資問題研究会報書。
- 日本経営財務研究学会，1983『国際経営財務の解明』中央経済社。
- 長谷川信次，1989「多国籍企業の内部化理論」『世界経済評論』世界経済研究会，10月。
- 長谷川信次，1991「ハイマーモデルの再検討」『早稲田社会科学研究』第42号。
- 長谷川信次，1989「内部化理論の批判的検討」『早稲田社会科学研究』第39号。
- 長谷川信次，1990「内部化理論の再構築—多国籍企業の理論(上)(下)」『世界経済評論』世界経済研究会，5・6月。
- 原　正行，1990「M&Aと海外直接投資」『世界経済評論』世界経済研究会，10月。
- 福井博夫，1981『詳解外国為替管理法』金融財政事情研究会。
- 洞口治夫，1992『日本企業の海外直接投資』東京大学出版会。
- 宮坂善寛，1988『対米投資』ジェトロ。
- 宮崎義一，1982『現代資本主義と多国籍企業』岩波書店。
- 村上　睦，1996『多国籍企業と移転価格税制』文眞堂。
- 村田守弘，1994『移転価格戦略ケース・スタディ』中央経済社。
- 村松司叙，1991『国際合弁戦略』中央経済社。
- 村松司叙・佐藤宗彌，1984『国際経営財務』税務経理協会。
- 村松司叙・佐藤宗彌・和久本芳彦，1983『為替リスクと国際財務戦略』有斐閣。
- 向　寿一，1990『現代日本企業と多国籍総合金融機関』同文舘。
- 若杉　明，1994『グローバリゼーションの財務・会計戦略』ビジネス教育出版社。

索　引

[ア行]

IRB　28
IRS　76, 77
アジア通貨危機　189
advanced tax ruling　24, 43
arm's length principle　66
アンティール　54, 61, 86, 198
一元管理システム　187, 199–202
移転価格　47, 63
　――税制　66, 76
　――設定の仕組み　48–50
　――戦略　61, 63, 72, 80
　――調整問題　29–35
　――の設定方法　50–53
MM資本構成無関連命題　81
MTN　27
LIBOR　152
OECD　59
OTA　6

[カ行]

海外金融子会社　40, 45, 102–106, 121
海外直接投資　3, 39
外国所得免除　188
外国税額控除　188
改正外為法　21, 205, 208
株式持合い　139
為替リスク　50, 188
　――ヘッジ　206
完全競争　81
完全所有子会社　142
Keepwell Agreement　41, 110

企業価値　80, 86
企業間統合　182
企業と銀行の関係　147
企業内最適資金配分　23
企業内市場　178
企業内貿易　29–35, 47, 63
強制預託　190
銀行派遣役員　158
金融拠点の設置　26–29
金融子会社　120
　オランダの――　29, 42–43, 150–152
　グループ融資――　40–42
　製造業の――　43
　総合商社の――　148
　メーカーの――　148
金融資本　98
キャプティブ保険　54
CAPM（資本資産評価理論）　81
銀行借入　28
グループ企業
　――内取引　30
　――内ネットワーク　60
グループ金融　103
経営管理命令　179
経営資源　179
経営自主権　146
経営支配　140, 145–146, 186
限界コスト　66
原価基準　50
原価プラス基準　50, 51
現地資金調達比率　85
減量経営　21
高度成長期　21
購買力平価　81
国外源泉所得　35

国際 CAPM　81
国際財務環境　23
国際財務戦略　61
国際資本移動　79
国内企業　177

［サ行］

債権・債務のスクウェア維持　206
最適移転価格　50, 63, 67, 71, 98, 196
最適資金調達量　133
最適送金経路　55, 167
財テク　148
財務活動の国際化　4
財務政策　80
財務ネットワーク　22–23
先物為替予約　206
差別的価格　182
三極体制　26
参入障壁の克服　48
CMS（キャッシュ・マネジメント・システム）　28, 47
CP　5
市価基準　50, 51
市価マイナス法　50
資金移動の複雑化　22
資金運用　12
資金調達
　——の間接効果　69, 72
　——の多様化　4
　——の直接効果　69, 71
資金調達効果　71–73
　二重の——　71
資金調達コスト　117
資金の一括調達　106, 114, 121
資源配分　179
市場価格　66
市場の失敗　186
市場メカニズム　185
実物資本　98

支配と優位性との関係　145
資本構成　81
資本コスト　81
資本蓄積　64
　——の促進　48, 65
自由貿易　182
情報の非対称性　182
証券ポートフォリオ　186
正味現在価値　130
信用補強　41
スイス外債市場　18
垂直統合　178
正規市場　134, 179
節税効果　23
設備投資資金調達　19
租税節約　20, 23, 60
租税戦略　39, 61
租税逋脱　60

［タ行］

第1次石油ショック　21
多国籍企業　15–16
妥協的な価格　53
タックス
　——シェルター　35, 54
　——パラダイス　35, 54
　——ヘイブン　35–37, 53–54, 56–59, 165–167
　——ヘイブン利用の仕組み　54–56
　——リゾート　35, 54
単独決算　76
地域統括本部（OHQ）　25
中間財市場　180
中央計画財務　99, 196
超過利潤　135
通貨オプション　207
適正管理価格　77, 196
転換社債　21
ドイツマルク市場　18

索　引　227

特殊優位性　120, 134–135
取引費用　71, 117, 178–187

[ナ行]

内部価格　92
内部化誘因　181–182
内部化理論　134, 179
内部金融市場　152
内部市場　63, 72, 135
ニクソン声明　16
ニューメレール　81
ネッティング　47, 207
　　——センター　212
　　バイラテラル・——　211
　　マルチラテラル・——　212

[ハ行]

バブル崩壊　102, 103, 105
パレート最適　182
販売会社　166
比較優位　183
ファイナンス・カンパニー　154
不確実性　178
不完全性　71, 77, 79, 135
不完全市場　63
負債比率　91
負債依存度　169
プラザ合意　22

ブレトン・ウッズ体制　16
分断された市場　187, 194, 197
貿易金融　40

[マ行]

メインバンク　139, 146
持株会社　166

[ヤ行]

役員派遣　158
ヤンキーボンド市場　18
ユーロドル市場　18
余資運用　40
弱い通貨　48, 50

[ラ行]

利益最大化　23, 79, 133
利子源泉税　5
リスク・プレミアム　130–133
レディング学派　179
レバレジッド・リース　28
連結決算　76

[ワ行]

ワラント債　140
割引率　130, 131

著者紹介

王　忠毅（おう　ちゅうぎ）

1963 年　台湾・台北生まれ。
1986 年　台湾・国立中山大学企業管理学部卒業。
　　　　台湾義務兵役（2 年間）・民間企業勤務（1 年間）をへて
1997 年　九州大学大学院経済学研究科博士課程修了
1997 年　西南学院大学商学部専任講師
2000 年　博士（経済学・九州大学）
現　在　西南学院大学商学部助教授

日系多国籍企業の財務戦略と取引費用
──金融子会社，移転価格，タックス・ヘイブンをめぐって──

2002 年 11 月 1 日　初版発行

著　者　王　　忠　毅
発行者　福　留　久　大
発行所　（財）九州大学出版会
　　　　〒812-0053　福岡市東区箱崎 7-1-146
　　　　　　　　　　九州大学構内
　　　　電話　092-641-0515（直　通）
　　　　振替　01710-6-3677
　　　　印刷・製本　研究社印刷株式会社

© 2002 Printed in Japan　　　　　ISBN 4-87378-749-1